Jesus Christus

Eine etwas andere „Biographie" – auf der Grundlage des Evangeliums nach Johannes

W. Merkle

Impressum
Bibliografische Information der Deutschen Nationalbibliothek: Die
Deutsche Nationalbibliothek verzeichnet diese Publikation in der
Deutschen Nationalbibliografie; detaillierte bibliografische Daten sind im
Internet über http://dnb.dnb.de abrufbar.
© 2020 Walter Merkle
Herstellung und Verlag: BoD – Books on Demand, Norderstedt
ISBN: 978-3-7526-1018-5

Inhaltsverzeichnis:

9

Vorwort:

Es gibt ganze Bibliotheken über das Verstehen und Verständnis der Evangelien. Das gilt auch für das hier zugrundeliegende Johannesevangelium. Das Leben Jesu ist ebenfalls bekannt, enthält jedoch soviele Facetten, dass viele Ihn dennoch nicht wirklich kennen. Die vielfältigen wissenschaftlichen Problematiken, die somit evident sind, sind mir bewusst, aber mir ging es nicht um eine habilitationsgeeignete Auseinandersetzung mit Jesus und Seinem Leben auf der Basis des Johannesevangelium, sondern um ein – durchaus subjektives, wenn auch durch Fakten begründetes – Verständnis aus heutiger Zeitsicht heraus. Soll heißen, Jesus besser kennen zu lernen, sich Ihm besser nähern zu können.

So habe ich versucht, das Leben Jesu anhand seiner Lehrworte und wahrscheinlichen Äußerungen zu verstehen bzw. verständlich zu machen, wo uns Heutigen das unmittelbare Verstehen fehlt, fehlen muss aufgrund des großen zeitlichen und kulturellen Abstands zur Zeit Jesu. Dafür halte ich das Johannesevangelium für besonders geeignet.

Die damit entstehende Problematik ist mir bewusst und wird immer wieder thematisiert; man siehe gerade auch dazu das Nachwort.

So hoffe ich, dass ich Jesu Lehre im Laufe des Schreibens besser verstehen kann. Wenn es allein mir geholfen hat, Jesus und Seine Lehre besser zu verstehen, hat sich das Schreiben bereits gelohnt. Dennoch hoffe ich, dass auch andere Gläubige von meinen Gedanken und Erläuterungen profitieren können und werden. Ich wünsche ihnen jedenfalls, dass ihnen der Hl. Geist dazu hilft.

Wiesbaden, im Sommer 2020

Prolog

Heute morgen in der Kirche – Frank hatte wieder einmal sehr inspirierend gepredigt. Er sprach darüber, dass in den Tagen zwischen Himmelfahrt und Pfingsten eine Art Leerraum liege, denn „Jesus ist dann mal weg", der Hl. Geist aber noch nicht gekommen.

Dabei ist er bekanntermaßen das A und O, also nach der Ordnung des griechischen Alphabets, in dem die LXX (Septuaginta-Bibel) geschrieben worden war, der Anfang und das Ende.

Man kommt in Kontakt mit Gott bei der Geburt bzw. Taufe am Lebensanfang, dann beim Sterben und Tod am Lebensende.

Nur, so fragte Frank, was ist dazwischen? Viele leben ihr Leben zwischen A und O, zwischen Alpha und Omega, mehr oder weniger gottfrei. Er ist dann eben mal weg. Vermisst wird er leider viel zu oft nicht mehr. Selbst in der Kirche, die ja Gottes Repräsentanz auf Erden darstellen soll, fehlt er nicht selten, wenn im eigenen Haus Missbrauch und Vergewaltigungen stattfinden. Wo ist dann Gott?

Sitzt er auf seiner himmlischen Wolke und ist weg, weil er mit dieser Kirche nichts mehr zu tun haben will? So könnte man mit einiger Berechtigung fragen.

Aber das ist die Fragesicht aus der Menschenperspektive. Wenn wir Menschen mit einer Sache nicht mehr klarkommen, ziehen wir uns zurück, sind dann eben weg. Aber diese Menschenperspektive kann man nicht auf Gott übertragen. Gott ist anders. Er ist nicht weg, er ist immer präsent. Das Problem, dass wir das nicht spüren, liegt an uns. Wenn wir angestrengt in eine andere Richtung schauen, nämlich in den Spiegel, sehen wir zwangsläufig nur uns selbst, halten uns für den Nabel der Welt – und dann ist Gott in der Tat weg – nicht wirklich, aber aus unserem Gesichtsfeld. Wenn wir jedoch den Spiegel beiseiteschieben, steht Gott weiterhin da. Er war nie weg. Er schaut die ganze Zeit in unsere Richtung.

Die Liebe Gottes würde das auch gar nicht anders zulassen. Liebe ist ewig und nicht einfach mal weg. Sie nimmt ihr „Liebesobjekt", also in diesem Falle uns Menschen, immer in den Focus. Bleibend.

Die ganze Geschichte Jesu bzw. Gottes schon in der Zeit vor Jesu menschlicher Geburt auf Erden vor gut 2000 Jahren zeigt dies immer wieder auf. Solange die Menschen auf Gott hören, ist alles gut. Sobald sie aber in den Spiegel schauen, geht alles schief. Wie solche Selbstsucht zu verhindern ist, müssen wir selbst merken. Aber Gott/Jesus vor allem gibt uns unendlich viele Hinweise, wie der Weg richtig ist. Wenn wir endlich begriffen haben, ändern wir uns; dann ist Sein Wille geschehen. Dann haben wir angefangen, Seine Liebe zu entdecken und zu erwidern.

Alles das steckt in dem Buch verzeichnet, das wir Bibel nennen, steht in beiden Teilen, die wir AT und NT nennen. Man muss aber bereit sein, darin zu lesen und sich ansprechen zu lassen.

Deshalb will ich meinen eigenen Weg zu Gott beschreiben – und gleich betonen, dass Er mir auf mehr als dem halben Weg entgegengekommen ist.

Nun könnte man – und tausende Theologen und Gläubige vor mir haben das schon getan – einfach nachlesen, was andere geschrieben haben. In der Bibel steht das ja auch alles.

Ich möchte die „Biographie" aber nicht theologisch verbrämen, sondern gläubig entfalten. Ich will schreiben, wo Gott mich berührt hat, was und wie ich Ihn verstehe. Am Alpha und Omega – und dazwischen. Dabei, so bin ich überzeugt, wird summa summarum die „Biographie" Jesu bzw. Gottes bzw. Seine Botschaft sichtbar werden. Danach bin ich dann weg als irdischer Mensch, bin dann aber als Christ und Gläubiger sichtbar geworden. Biographie meine ich in diesem Zusammenhang wörtlich – graphein heißt Schreiben.

Bios heißt Leben. Jesus hat mit und durch Sein Leben die Schrift mit Leben erfüllt, Sein Leben „geschrieben" – später schriftlich in den uns überlieferten Evangelien niedergelegt; Schrift hier verstanden im Sinne der Bibel, der Lehre von Gott.

Ich begebe mich nun auf den Weg der Vergangenheit im Spiegel von Gottes Wort und bin selbst gespannt, wo ich laufen werde und wo ich ankommen werde. Ich hoffe, bei Gott selbst.

Gedanken zu Beginn

Am Anfang war das Wort, und das Wort war bei Gott, und Gott war das Wort.

Kein noch so goldenes Kalb oder ein Urdrache. Nein – das Wort Gottes als Ausdruck seiner selbst ist der Anfang von allem. Auch von uns Menschen. Bios – graphein – das Leben durch Worte geschrieben.

Es gibt aber noch einen zweiten Gottesaspekt – die Liebe. Die Liebe aber sucht immer ein Gegenüber, ein Du. Dieses Du hat Gott in uns Menschen geschaffen, als Frau und als Mann.

Aus dem Wort „Du" wurde der Mensch.

Gleichzeitig hat Gott – aus Liebe her konnte er gar nicht anders – dieses Gegenüber so frei gestaltet, dass es in seinem Paradies leben durfte. Einziger Unterschied: Das Gegenüber, also der Mensch, war die Nummer 2 nach Gott. Aber immerhin allen anderen Lebewesen und Pflanzen übergeordnet.

Es wäre dabei alles gut geblieben, wenn nicht irgendwann und irgendwo und irgendwie das stattgefunden hätte, was wir summarisch den Sündenfall nennen. Das hätte uns Menschen also letztlich nicht weiter interessieren müssen, wenn, ja wenn dabei nicht das sogenannt Böse entstanden wäre. Da der Mensch frei geschaffen wurde, durfte er sich auch das Böse ansehen. Er durfte wählen. Und der Mensch hat sich neben Gott teilweise auch für das Böse entschieden um seines eigenen Vorteils willen. Nur, er hat nicht bedacht, was später die Römer so formulierten: Quidquid agas, prudenter agis, sed rescipe finem. (Was immer du tust, tue es richtig aber bedenke die Folgen)

Sonst hätte er bedacht, dass seine Wahl (als falsche, damit schlechte Wahl beim „Apfeltest") zum Ausschluss aus dem Paradies führen musste und geführt hat, mit der Folge des Verlusts der

Ewigkeit durch seine neu entstandene Sterblichkeit. Das Versprechen, dass dem Menschen die Augen geöffnet werden, wenn er vom Baum der Erkenntnis essen würde – diese Versprechen ist in Erfüllung gegangen – aber um den Preis des Bösen und um den Preis der Sterblichkeit, der Vertreibung aus dem Paradies, wo der Mensch von Gott ursprünglich gedacht leben sollte. So hat der Mensch sich selbst ausgesperrt. (Er ist nämlich den ersten Fakenews – du wirst sein wie Gott – aufgesessen.) Dumm gelaufen – aber Menschen handeln oft unüberlegt und damit fehlerhaft. Dieses Risiko ist der Preis der Freiheit, die der Mensch von Gott erhalten hat in der Hoffnung, dass er klug handele. Hat er aber nicht. Was nun?

Gott hat unter diesem Zustand am meisten gelitten. Aber Er hatte den Menschen die freie Wahl gelassen – mit allem Konsequenzen.

Nur durch die Wiedergutmachung dieses Fehlers kann der Mensch wieder mit Gott vereint werden, wieder bei und mit Ihm leben.

Das Geheimnis, wie das funktionieren kann, ist in mühsamer Kleinarbeit entstanden – Kleinarbeit für den Menschen, wenn er denn einem Lehrmeister folgen will, den wir von Gott geschickt bekommen haben, nämlich Jesus. Gott hat es ermöglicht, durch die Inkarnation eines seiner Wesensbestandteile in seiner Trinität, den Abfall der Menschen soweit zu heilen, dass wir wieder zu ihm zurückkommen können. Wir brauchen allerdings diesen, einen Helfer, denn auf direktem Wege können wir das nicht mehr. Der direkte Weg zurück ins Paradies ist verschüttet, haben wir selbst verschüttet. Dieser Helfer, dieser Vermittler ist Gott selbst. Vielmehr - ein Wesensbestandteil von Ihm, nämlich in der Person Jesu.

Jesu Stellvertreterbuße, d.h. seinen Kreuzestod, hat Gott aus Liebe zu seinen Menschengeschöpfen inauguriert. Wir Menschen haben dabei aber die Freiheit behalten, Seine Liebestat demütig anzunehmen im Glauben – oder weiter dem Bösen anzuhaften. Eigentlich sollte die Wahl klar sein; jedoch – dem Weg des Guten fehlt oft der „Spaßfaktor", der dem Bösen seinen Reiz gibt. Anfangs erscheint das Böse deshalb scheinbar attraktiver, aber am Ende führt der Weg des Bösen zum Verderben. Deshalb – Recipe finem… . Noch ein Gedanke dazu: Warum musste dieser Stellvertretertod in sich selbst sein? Gott hätte doch einfach „mit dem Finger schnicken" können, um das Böse abzuschaffen. Schwierige Fragestellung, die ein Mensch nicht beantworten kann. Aber über sie nachzudenken, ist nicht wirklich zielführend. Was zielführend ist, ist die Erkenntnis, dass wir Menschen immer wieder drastisch vor Augen geführt bekommen müssen, dass unsere gottgegebene Freiheit zwei Wege zulässt – zum Guten und zum Bösen. Gottes Güte, Barmherzigkeit und Liebe sind das Gute. Wir dürfen es „einfach so" annehmen in Dankbarkeit. Das Böse jedoch hat Konsequenzen, nämlich den Ausschluss von Gottes Nähe. Wenn wir uns verrannt haben, wäre das die logische Folge. Gott hat jedoch einen Ausweg geschaffen, den wir Menschen verstehen können – drastischer Ausweg, der er ist, nämlich der grausame Tod des Menschensohnes. Zwar war Er hier Stellvertreter, quasi Sündenbock für uns Menschen, aber nur durch diese „Pädagogik" ist uns Menschen hoffentlich begreiflich zu machen, was es kostet, wenn wir den „Spaßfaktor" der Sünde höher bewerten als den scheinbar langweiligen richtigen Lebensweg. Dabei – der richtige Lebensweg ist so spannend, wenn man sich die Mühe macht, dem vordergründig Schnellen das Entdecken der Tiefe der Schöpfung vorzuziehen. Dann entdeckt man Wunder auf Wunder. Und das sollen wir uns durch das Fast-food des Bösen entgehen lassen?

Was nun der Weg der Annahme von Gottes Wort ist, will ich nachfolgend darstellen, so wie ich ihn verstehe. Nicht verbum e verbo aus der Bibel heraus, sondern sensus de sensu aus der Liebe Gottes heraus, die es ermöglicht, Gottes eigenes Wort zu verstehen und zu halten, im eigenen Leben umzusetzen. Das ist trotz allem schwierig für die Nr. 2 der Schöpfung, so dass wir trotz aller unserer Bemühungen darauf angewiesen bleiben auf Gottes Barmherzigkeit, Hilfe und Vergebung unserer Fehler und Irrtümer. Damit das gelingen kann, hat Gott uns Hilfe geschickt, die wir in Jesus als „Unseresgleichen", als Menschgewordener und geistig allgegenwärtig als Hl. Geist erleben dürfen, so wir denn wollen.

Das ist ein durchaus langwieriger Prozess gewesen.

Der Sündenfall im Himmel und dann im Paradies ist vor undenklich langer Zeit geschehen. Aber es hat ebenfalls extrem lange gedauert, bis sich dann aus den ersten Menschen außerhalb des Paradieses eine Menschheit entwickelte, die anfing zu verstehen, dass sie nicht einfach so entstanden ist, sondern es etwas Höheres geben musste, das der Urgrund allen Seins auf Erden ist.

Der Prozess des Begreifens, zumindest in Anfängen, begann vor ca. 5000 Jahren mit Muttergottheiten, dann einem bunten Götterhimmel und schließlich der Erkenntnis, durch Gott an einem exemplarischen kleinen Volk in Gang gesetzt, dass Gott EINER ist, kein Göttergewimmel.

Schließlich hat aber auch das nicht ausgereicht, so dass eine „greifbare" Person helfen musste, die wir in Jesus kennenlernen durften. Aber auch bei ihm hat es gedauert, bis wir Menschen verstehen konnten, dass Jesus nichts anderes ist als die Inkarnation Gottes, des Unsichtbaren. Also ein Gnadenbeweis Gottes, um unserer menschlichen Sichtbehinderung entgegenzukommen. Dabei kann man die Bibel in ihren beiden Teilen als „Liebesbrief" verstehen, als Wort gewordene Liebe. Aber auch das hat gedauert – Jesus hat sich erst zum Schluss seines irdischen Lebens offenbart als Messias, als Sohn des lebendigen Gottes. In letzter Konsequenz sogar erst durch die Vermittlung des Hl. Geistes.

Dabei hat er durch sein Leben, sein Beispiel, seine Taten uns Menschen zeitlose Hinweise gegeben, wie wir Gott näherkommen

19

können, um schließlich wieder mit Ihm leben und zu Ihm zurückkehren zu können. Zeitlos meint hier, dass wir Menschen uns mit unserer je eigenen Umwelt und unserem sich entwickelnden Weltverständnis Gott immer besser nähern können, so dass Sein Wort zwar ewig gültig ist, aber immer in der jeweiligen Gegenwart verstanden werden muss, aber auch kann und darf. Denn Gott ist nicht weg, wir müssen Ihn aber suchen.

Darüber möchte ich nun berichten.

Technische Überlegungen

Dennoch muss ich zuvor noch ein paar Vorbemerkungen zum besseren Verständnis einfügen, bevor ich beginne. Ich habe das Johannesevangelium als „Gerüst" ausgesucht. Das hat mehrere Gründe. Es enthält viele Reden Jesu, so dass ich versuchen kann, diese für uns Heutige zu beleuchten und zu entschlüsseln. Das haben viele vor mir getan und werden viele nach mir ebenfalls tun. Bin ich schlauer? Nein, aber ich will auf diese Weise meinen Zugang zu Gott darlegen. Zumal: Jesus ist die lateinische Form von Jeshua, also: JHWH rettet. Gibt es einen besseren Zugang?

Weiter – von Jesus gibt es keinen einzigen schriftlichen Satz, obwohl er schreiben konnte; er hat das dokumentierterweise auf dem Boden getan, als es um die Bestrafung der Ehebrecherin ging. Aber auf dem Boden der Erde, und damit vergänglich. Alles, was wir an „wörtlicher" Rede von Jesus überliefert bekommen haben, haben andere berichtet. Also alles Fantasie? Nicht zwingend, denn anders als wir Heutige, die einfach alles aufschreiben, weil wir es können und weil das präziser ist, hat man damals viel besser auch lange Redepassagen auswendig gekonnt – und konnte sie auch jahrelang ziemlich wortgetreu wiedergeben. Das wird so auch mit den Reden Jesu gewesen sein, so dass wir grosso modo darauf vertrauen können, dass im Johannesevangelium die Reden Jesu ganz gut festgehalten sind. Zu beachten ist, dass sich deshalb Wortglaubereien verbieten. Aus diesem Grund weise ich auch ausdrücklich auf den Unterschied zwischen der Auslegung „sensus de sensu" und „verbum e verbo" hin, der im Text auch wieder zur Sprache kommen wird, ja muss. Da Jesus Aramäisch gesprochen hat, also über das Koine, das Lateinische und erst durch die Deutsche Übersetzung zu uns Heutigen, haben wir bereits eine Unschärfe. Jede Sprache nutzt eigene Ausdrücke und Bilder, um einen Sachverhalt zu zeigen. Somit sind definitiv selbst die offizielle Einheitsübersetzung oder die Lutherbibel oder die NGÜ eine nur näherungsweise Widergabe der Worte Jesu. Also alles Unsinn, sich auf Jesu Worte beziehen zu wollen? Wenn man davon ausgeht, dass man nur wörtlich – also verbum e verbo – den richtigen Text hat, dann wäre Jesu Rede für alle Menschen nach Seinem Tod unverständlich gewesen und geblieben, spätestens, nachdem das Aramäische als Alltagssprache ausgedient hatte. So aber ist es nicht – egal von welcher Sprache man in welche andere Sprache man Texte überträgt – man muss sich jedoch dieser immanenten Übersetzungs-/Sprachproblematik bewusst sein, darf nicht phantasieren, sondern muss sorgfältig versuchen, die Bedeutung der Worte sensus de sensu zu übertragen. Dann hat man die Chance, den Inhalt des ursprünglich Gesagten und damit Gemeinten weitgehend zu verstehen. Auf dieser Basis nutze ich die aktuelle Sprachfassung des Johannesevangeliums in Deutscher Sprache. Mir geht es also darum zu verstehen bzw. verständlich zu machen, was ich von Jesu Worten/Rede verstanden habe. Das Einzelwort ist für mich damit i.d.R. zweitrangig. Jesu Lebensweg wird dann biographisch in Seinen Worten erkennbar. Es ist nur zweitrangig, wo Jesus war. Vorrangig ist Seine Lehre, sind Seine Worte.

Und noch ein Aspekt – jede Sprache verändert sich, jedes Zeitalter hat andere Bezüge. Ich will – ohne das weiter auszuführen – darauf verweisen, wie das Wort „Dirne" sich im Laufe der

Jahrhundertein der Bedeutung von „Mädchen" zu „Prostituierte" verändert hat (siehe unterschiedliche Fassungen des Buches Ester) – und auch darauf, dass sich die Umwelt verändert hat – wir geben heute unseren Anteil am Gemeinwesen nicht mehr dem Kaiser, sondern dem Finanzamt. Will heißen – wir müssen deshalb versuchen, den Inhalt zu verstehen, die Aussage, aber nicht das einzelne Wort in einem Abstand von 2000 Jahren. Das ist die einzige Chance für uns Heutige, ein Jesuswort zu verstehen. So habe ich das nachfolgend versucht. Wort-Hardlinern sei das gesagt.

Warum also Johannes? Das Johannesevangelium ist dasjenige, das am meisten Jesusrede enthält. Es eignet sich damit m.E. am besten, um seiner Botschaft nachzuspüren. Dennoch ist mein Text keine Biographie i.e.S., wie wir sie heute über Personen kennen. Insofern sind alle Evangelien nicht mit der heutigen literarischen Brille zu lesen und zu bewerten. Dennoch enthält jedes Evangelium einen biographischen Inhalt.

Nun gibt es auch noch die Diskussion um den historischen und den kerygmatischen Jesus. Ich will da gar nicht einsteigen, sondern zur historischen Frage stellvertretenderweise auf das Buch von Angelika Strotmann: Der historische Jesus: eine Einführung. Utb 3553, 2. Auflage hinweisen.

Mir geht es also in meinem Text nachfolgend um die Glaubensinhalte, wie ich sie verstehe und interpretiere. Jedoch muss man, um diese Inhalte zu verstehen, doch einige Tatsachen aus der Lebenszeitumgebung von Jesus wissen. Man muss seine „Zeitbrille" aufsetzen, um ihn verstehen zu können, nicht unsere „Zeitbrille" 2000 Jahre später. Sonst ist das Missverstehen quasi vorprogrammiert. Das ist ein Fehler, der heute oft gemacht wird, gerade mit angeblich guten naturwissenschaftlichen Argumenten. Auch dazu später mehr.

Ich habe nachfolgend versucht, weil mich Gott bzw. Jesus angesprochen hat, mein (durchaus begrenztes und subjektives) Verstehen und meinen eigenen Glauben im Lichte des Johannesevangeliums dazulegen. Das soll also keine wissenschaftliche Abhandlung sein i.e.S., auch wenn ich mich um entsprechende Korrektheit bemühe, sondern soll Anregung zum *Nach*-Denken sein. Es geht mir nämlich um das Verstehen von Jesu, also Gottes Botschaft.

Ich weiß auch, dass das Johannesevangelium anders verfasst ist als die drei sog. synoptischen Evangelien. Vor allem ist es später als die anderen geschrieben, als sich nach dem jüdisch-römischen Krieg mit der Zerstörung des Tempels um 70 n.Chr. das tradierte Judentum*) und das Neu-Judentum, das Jesus als den Messias anerkannte und sich dann zum (Früh-)Christentum weiterentwickelte, im Laufe der Jahrhunderte trennten.

*) Gemeint ist damit für die Zeit, die Jesus auf Erden erlebte, das Judentums aus der Zeit des zweiten (herodianischen)Tempels, das aus heutiger Sicht als sog. Frühjudentum bezeichnet wird – im Gegensatz zum sog. rabbinatischen Judentum, das sich ca. 200 bis 400 n. Chr. entwickelte (das ist der Zeitbereich, in dem sich Frühchristentum und rabbinatisches Judentum trennten) und den Talmud in seinen zwei Versionen hervorbrachte (den galiläischen Talmud = Talmud Jerushalmy und den babylonischen Talmud Bavly). Die Lehre aus der Tempelzeit, also die eigentliche Tora, war ein vergleichsweise kurzes Buch, vor allem als sog. Mischna, wohingegen der rabbinatische Talmud wesentlich umfangreicher wurde, bis er spätestens ca. 800 n Chr weitgehend kodifiziert vorlag, mit dem Gesetz aus der Zeit Jesu aber nur noch wenig gemeinsam hatte, so dass wir Heutigen nicht das, was wir von den gegenwärtigen Juden unseres Landes kennen, automatisch auf den „Juden Jesus" übertragen dürfen. Das rabbinatische Judentum hat sich nach dem Untergang des Landes auf der Levante vor allem aus der sog. jüdischen Diaspora (Ägypten, Babylon, Ephesus, Rom) genährt und erneuert gebildet, weshalb z.B. die LXX, wie wir sie heute auch im Christentum kennen, griechisch geschrieben wurde. Saulus/Paulus stammte übrigens aus dieser hellenistisch-jüdischen Diaspora.

Das Verständnis für die christliche Lehre wurde dabei für die Kirchenväter gerade auch unter Bezug auf die hellenistisch-jüdische Lehre des Philo v. Alexandrien (Zeitgenosse Jesu) gegründet, wohingegen Philo bis in unser Mittelalter hinein aus jüdisch-rabbinatischer Sicht bei der Formung des neuen

Judentums nach Zerstörung des Tempels quasi übersehen wurde. Insgesamt sind Frühjudentum und christliches Bekenntnis Parallelentwicklungen, quasi Schwesterreligionen, die auf der gleichen Grundlage von Tora/Mischna und LXX begannen und sich erst im Laufe der Jahrhunderte trennten. Interessant in diesem Zusammenhang ist, dass Philo schon damals der Ansicht war, dass menschlich Sprache unzulänglich sei, um ausreichend über Gott sprechen zu können. Philo unterschied dabei auch zwischen einer wörtlichen, literalen Bedeutung der Texte und einer metaphorisch-exegetischen Herangehensweise. Ich zeige das für unsere Zeit an mehreren Stellen im Buch ebenfalls.

Da die Stützen des vielschichtigen Judentums, das es zur Zeit Jesu gab, im späteren Krieg 70 n.Chr. umkamen, also Essener, Sadduzäer vor allem, musste das Stamm-Judentum neu aufgerichtet werden, was ein Pharisäer und Rabbiner tat. Das ist deshalb wichtig zu erwähnen, weil Pharisäer vor der Tempelzerstörung nur eine relativ unbedeutende Gruppe innerhalb des Judentums darstellten, aber eben danach übrig blieben und dann aus ihrer Sichtweise das Judentum wieder aufrichteten, so dass das rabbinatische Judentum des Talmud entstand (federführend war Rabbi Jehuda Ha Nasi um 200 n. Chr.) Das bedeutet, dass die Tora Jesu vor dem Krieg und nach dem Krieg bestehen blieb, so wie wir sie als AT übernommen haben, aber sehr umfangreiche Ergänzungen (Tosefta, Gemera) innerhalb der nächsten Jahrhunderte erfuhr und eben zum jüdischen Talmud wurde. Die damaligen jüdischen Messiasanhänger passten aufgrund der geschichtlichen Veränderungen aus vielerlei Gründen deshalb nicht (mehr) ins Bild, so dass die „Stammjuden" und die „Messiasjuden" sich trennten, wohl auch bekämpften. Das Johannesevangelium stammt aus dieser Zeit, weshalb der Begriff „Juden" hier einen anderen Hintergrund hat als in den anderen Evangelien; er ist kritischer, abgrenzender gemeint. Analoges gilt für „Pharisäer"; zur Zeit Jesu war das eine Gruppe unter den Juden, nach dem Krieg jedoch die zur Führung gewordene Gruppe. Das rabbinatische Judentum entstand so – mit allen positiven wie kritischen Besonderheiten dieses Weges. Wir müssen das im Hinterkopf haben, wenn im Johannesevangelium besonders die Pharisäer kritisiert werden.

Wieviele Problempunkte davon schon zur Zeit Jesu bestanden, muss offen bleiben.

Auf der anderen Seite ist das Johannesevangelium wohl gedacht als Stütze der Christusanhänger in bedrängter Zeit. Es will deshalb mehr die göttlich-helfende Seite hervorheben als die geschichtliche Darstellung des Lebenszeit Jesu; das war wichtig ganz am Anfang. Jetzt ist die Lehre der Focus. Das muss man mitbedenken, wenn man die wörtliche Rede Jesu liest.

Ich habe vorhin gesagt, dass sicherlich einige Originalsätze Jesu mittradiert worden sind; aber trotzdem ist seine Rede im Evangelium wohl mehr ein Gedächtnisprotokoll oder eine Nacherzählung.

Und ob Johannes derjenige war, der als bester Freund Jesu bekannt ist, oder nur ein namensgleicher Gemeindeleiter aus Ephesus, wissen wir nicht; auch die Bibelwissenschaftler tappen hier letztlich im Dunkeln von Theorien. Auf der anderen Seite kann es aber durchaus auch sein, dass der anonyme Johannes (der Autor nennt sich selbst nicht im Evangelientext) doch der Jesusfreund war.

Angesichts der unklaren Datenlage, aber der intensiven Botschaften ist die Klärung letztlich wohl zweitrangig, denn die Botschaftsinhalte sind deutliche Lehre. Und um diese soll es nachfolgend gehen.

Es gibt noch Eines vorweg zu sagen – es gibt prinzipiell zwei Wege, mit Jesu Botschaft umzugehen – historisch und theologisch korrekt oder mystisch. Was bedeutet das für den nachfolgenden Text?

Historisch wissen wir- wie gezeigt - eben wenig, und jeder Versuch, den historischen Jesus aus den vorhandenen Quellen, biblischen wie außerbiblischen, quasi heraus zu destillieren, führt letztlich in die Irre, ja sogar irgendwie zu einem Nihilismus, der vom Glauben wegführen könnte. Auch die theologische Sichtweise wissenschaftlich betrachtet, unterliegt dieser Gefahr. Es ist zwar beeindruckend, was die Bibelforscher herausfinden und belegen konnten, aber letztlich bleibt das dennoch Stückwerk, jedenfalls weit weg von einem sauberen historischen und unzweifelhaften Historikerbericht. Den kerygmatischen Jesus zu finden durch „Entkleidung" der überlieferten Botschaft von den historischen Fakten, so wenig und unsicher sie auch sein mögen, führt ebenfalls zu dem Risiko, scharf denkend an Jesus als Gottessohn vorbeizureden. Fazit – wir wissen einfach im modernen Sinne viel zu wenig von diesem Gottessohn, um darauf eine Überzeugung gründen zu können. Es gibt für mich deshalb nur einen Weg – mich von dem Inhalt der Botschaft Jesu berühren zu lassen. Subjektiv. Besser möchte ich das mystisch nennen. Ich glaube an Gott – und Seine Botschaft. Einschließlich Seiner Inkarnation als Jesus Christus.

Und ich bin glücklich, sagen zu dürfen, dass ich Ihm in meinem Bewusstsein begegnet bin. Das war sehr real. Ich weiß, dass Gott existiert, dass Jesus lebt nach Seiner Auferstehung. Auf der Basis dieser wissenden Überzeugung versuche ich also, das, was über Ihn und von Ihm überliefert ist, zu verstehen und daraus zu lernen. Ich bin mir bewusst, dass das alles nicht naturwissenschaftlich überzeugend ist. (Dabei: Psychologie kann man nicht mit dem Metermaß messen, aber eine Wissenschaft ist sie durchaus – und erklärt, warum Gedanken zum Handeln werden und Konkretes, also Messbares schaffen.) Aber Naturwissenschaft ist eine Sache, Glaubensüberzeugung eine andere. Sie widersprechen sich nicht, sind zwei Seiten einer Medaille, die wir Leben nennen, die wir Liebe nennen.

So habe ich mich von beiden Seiten genähert – wissenschaftlich und gläubig. Für mich ist das integrativ und verhindert die jeweilige Blindheit der Naturwissenschaft einerseits, wenn es um Gott geht, und des Glaubens andererseits, wenn es um unser irdisches Dasein in der Welt geht, wie wir sie entdecken können.

Ich glaube, dass das ein sinnvoller Weg ist, dem Thema und seinen Schlussfolgerungen am besten gerecht zu werden.

Mein Focus liegt also auf dem Glauben. Da dieser heute oft nicht mehr selbstverständlich ist, weil man „das nicht glauben kann", was tradiert ist, möchte ich Botschaften dechiffrieren und Texte erläutern, wo ich das für das Verständnis wichtig finde. Es gibt für mich letztlich kein Sachargument gegen den Glauben – sondern vor allem Unkenntnis von Dingen, so dass man Manches falsch einschätzt und fehlinterpretiert. So möchte ich etwas Licht in das Verständnis des alten Textes bringen. Eine immer wieder versuchte moderne, naturwissenschaftliche Sachbegründung gegen den Glauben, wie sie heute immer wieder versucht wird, ist m.E. also falsch. Das sehen auch und gerade „trockene" Naturwissenschaftler, wie es Physiker oft sind, nicht anders. Naturwissenschaften sind also keine Widerlegung von Gott, sondern eine bessere Verstehensbasis für Gott.

Auch darauf werde ich nachfolgend zurückkommen.

Alles beginnt mit Weihnachten.

Es wurde Licht, steht in der Genesis ganz am Anfang, noch bevor die Welt, wie wir sie kennen, von Gott erschaffen wurde. Aber dann kommt auch gleich: *Ich bin das Licht der Welt* – sagt Jesus; Johannes hat das so tradiert. Und damit sind wir eben bei Weihnachten, dem zentralen Fest der Christenheit. Anfangs noch verborgen, nämlich im Dunkel eines Mutterschoßes, dann aber strahlend nach bzw. in der Auferstehung, eben Lumen Christi an Ostern. Weihnachten ohne Ostern geht jedoch nicht, aber Ostern ohne Weihnachten auch nicht. Also Weihnachten.

Gleich eine Zumutung Gottes – die Jungfrauengeburt. Aber – wie sollte Gott anders auf die Erde kommen in menschlicher Gestalt? Etwa „aus allen Wolken fallen"? Wohl kaum. Aber einen „normalen" menschlichen Zeugungsakt konnte es auch nicht geben. Gott war schließlich nicht Zeus, der sich eine Menschenfrau griff, sie schwängerte und einen Halbgott zeugte.

Gott hat genialerweise seine Allmacht eingesetzt, die auch über die Quantenphysik gebietet. So konnte er zeitweise das uns Menschen verständliche Leben verändern, sich in Jesus „menschlich" zeigen, und nach Beendigung seiner irdischen Aufgabe durch die Himmelfahrt wieder aus dem Menschenalltag herausnehmen, aber als Geist präsent bleiben – bis heute und darüber hinaus. Die Menschwerdung wird quantenmechanisch durch die Himmelfahrt „physikalisch" ausgeglichen. Man bedenke – das war vor 2000 Jahren geschehen, steht so in vielen Berichten, als es noch keine Kenntnisse in Quantenphysik gab. Dennoch ist die Quantenphysik mit ihren von Gott gemachten Gesetzen die „Technik", mit der Gott in Seine Schöpfung eingreifen konnte, jedoch ohne physikalisch-archäologische Relikte zu hinterlassen. Sonst wäre die irdische Balance aus den Fugen geraten. Menschwerdung und Himmelfahrt kann man als sog. entgegengesetzte Spins interpretieren, die sich gegenseitig irdisch aufheben. Die moderne Naturwissenschaft lässt uns hier einen Einblick in Gottes Werk tun. Gott lässt das zu.

Dabei hat sich unser Gott erst einmal vollständig in die Abhängigkeit von uns Menschen begeben. Als Säugling, der gestillt und gewickelt werden musste, denn Menschen kommen nicht selbständig lebensfähig auf die Welt. Aber auch als Flüchtling, der mit seinen irdischen Pflegeeltern vor bösmeinenden Menschen fliehen musste und in der Fremde vollständig vom Goodwill einer anderen Gesellschaft, gar einer prinzipiell feindlichen abhängig war. Das alles würde man nun nicht gerade einen gelungenen Start ins Leben nennen. Aber immerhin konnte Jesus nach der Rückkehr lernen und dann sogar am religiösen Leben teilhaben, sogar in früher Jugend den Tempel besuchen – und dort sogar lehren.

Man stelle sich das so vor, dass ein heutiger Jugendlicher in den Vatikan marschiert und dort die Pfingstpredigt hält!. Unvorstellbar, aber so prinzipiell damals im Jerusalemer Tempel geschehen.

Lernen wir daraus, dass nicht das Alter, nicht die äußeren Erscheinungsformen wichtig sind, sondern die Inhalte. Fridays for future ist auch nicht gerade eine Etabliertenbewegung, sondern von Jugendlichen, die unsere Welt zum Besseren verändern wollen. So müssen wir uns das Lehren im Tempel durch Jesus emotional vorstellen. Die Schriftgelehrten damals ließen es sich erstaunt gefallen. Danach war Jesus erst einmal wieder der brave Zimmermannslehrling, bis er auf seinen Wegbereiter im Glauben, auf Johannes den Täufer traf, dessen Wirken in diesem Sinne Gott schon bei den Schwangerschaften von Maria und Elisabet vorbereitet hatte.

Am Jordan hat Gott dann Jesus autorisiert – öffentlich. Eine Sensation in der Bibel, vorher so noch nie geschehen.

Erst danach konnte der menschliche Jesus seinen öffentlichen Auftrag erfüllen.

Dies ist mein geliebter Sohn, auf ihn sollt ihr hören! – Den Satz kennen wir aus der Taufgeschichte am Jordan. Semantisch eindeutig, inhaltlich klar, und ein Apell dazu. Gott selbst hat diesen Menschen Jesus als seinen Sohn bezeichnet, also unmissverständlich klar gesagt, dass der Sohn Gottes nicht nur Mensch ist, wie er auf den ersten Blick zu erkennen war, sondern zusätzlich auch Gott. Historisch wird bezweifelt, dass diese göttliche Proklamation stattgefunden hat. Durchaus verständlich, denn schon im NT steht ja, dass manche nur ein Donnergrollen vernommen hatten, keinen Satz. Erstaunt das? Nicht wirklich. Man muss seine Sinne öffnen, dann kann man Dinge erleben und feststellen, die an anderen völlig vorbeigehen. Kleines Beispiel: The invisible gorilla. Das ist im Internet zu finden und zeigt beispielhaft, dass man Offensichtliches völlig übersehen kann. So ähnlich ist das wohl auch am Jordan gewesen.

Donnergrollen und ähnliches in Zusammenhang mit Gottes Botschaft ist eigentlich nichts Neues. In Ex 19,3 ff. wird berichtet, dass Mose am Sinai mit Gott gesprochen habe. Dabei gab es gewaltigen Hörnerklang, Feuer, Blitz und Donner sowie Rauch. Es heißt: Mose redete und Gott antwortete ihm mit verstehbarer Stimme. Also ist der Schall durchaus verständlich, wenn man sich Gott nähert. Zwar ist der Donnerhall am Sinai etwas anders als bei der Taufe am Jordan geartet – mal für das gesamte Volk, mal für einen einzelnen Menschen. Aber mir scheint, dass es wesentlich davon abhängt, ob man ein gläubiges Herz hat, ob die eigenen Antennen auf Empfang der göttlichen Botschaft ausgerichtet sind. Dann kann man Gott hören, Seinen Hl. Geist empfangen, Seine Botschaft verstehen. Glaube ist das „Abstimmungsinstrument" für die göttliche Sendefrequenz.

Also verstehe ich Donnergrollen als bunte Schallwellenmischung wie die bunte Radiofrequenzmischung – nur wenn wir die richtige Frequenz mit unseren Instrumenten (Radiogerät) herausfiltern, können wir die Sendung – und damit den Sender – verstehen. Glaube ist metaphorisch unser „Radiogerät" für das Hausfiltern der Sendefrequenz und die Sendung Gottes.

Nochmals einen Schritt zurück: In den Evangelien wird berichtet, dass einige Anwesende ein Donnergrollen gehört hätten, andere aber in der Tat einen Satz in Menschensprache, also damals wohl in Aramäisch, ggf. auch in Hebräisch. Was stimmt nun? Donnergrollen oder Worte? Aus heutiger Sicht kann man trotz ausführlichster Exegese der Bibelschriften diese Frage nicht eindeutig beantworten. Das ist die Skepsis der Historiker. Das ist richtig, wenn wir nur das unter Hören meinen, was man mit den akustischen Perzeptionsorganen, nämlich den Hörorganen versteht. Aber schon Eltern sagen ihren Kindern, wenn sie etwas tun sollen, sie sollen hören. Hören? Akustisch ist das wohl nur selten das Problem. Aber Hören meint schon hier bei den Elternansagen mehr als nur Schallwellenperzeption, sondern ganz klar Verstehen und dann folgerichtig handeln. Also alles klar? Nun ja, viele Sprösslinge hören Worte, verstehen sie eventuell auch, aber folgerichtig handeln, also gehorchen? Oft Fehlanzeige. Wenn wir nun die Stimme am Jordan analog differenzieren, dann ist verständlich, dass einige akustisch Hörende nur Schallwellen bemerkten – also Donnergrollen - , andere dagegen mehr aus den Schallwellen herausgehört haben, nämlich Gottes Stimme. Und dann auf diese Stimme auch mit Glauben reagierten, gehorchten. So kam es zu den ersten Jüngerberufungen – wenn das nur Donner am Jordan gewesen wäre – bei Schönwetter etwa? - , dann wäre das eine unsinnige Reaktion. Aber wir sehen nur mit dem Herzen gut – analog ist das auch beim Hören – wir hören nur mit dem Herzen gut. So sind für die einen, Skeptischen die Schallwellen nur Donner, für die anderen, die auch ein weiteres Perzeptionsorgan – das „Herz" für – für Gott hatten, dagegen Worte Gottes, die den im Jordan untergetauchten Jüngling als Sohn Gottes erkannten.

Glaube in der Papua-Sprache heißt „Jesus mit dem Herzen sehen" – und hören, dürfen wir wohl ergänzen (vergl. A. Kühner, Fastenkalender 2020, 4. Fastensonntag 22.März).

Dem feinen Unterschied zwischen Physiologie des Sehens und Hörens und Kognitiver Wahrnehmung werden wir später nochmals begegnen, dann aus der Perspektive des Sehens.

Die logische Folge des Geschehens nach kognitivem Verstehen des Vorgangs am Jordan wäre eigentlich gewesen, dass bei dieser klaren Ansage alle Menschen hätten begreifen müssen, dass Jesus wahrer Mensch UND wahrer Gott ist. Aber nur wenige Menschen haben außer der Physiologie des Hörens auch die kognitive, eigentlich wichtigere Dimension wahrgenommen. Die Menschen hätten Jesus anbeten müssen, wenn sie verstanden hätten. Und was haben sie mehrheitlich getan? Sie haben ihn für überspannt gehalten und ihn wegen seiner für sie so anstößigen Botschaft der Liebe allen Menschen gegenüber, auch öffentlichen Sündern gegenüber, dann schließlich abgelehnt, dann verurteilt und den Menschen Jesus getötet. So war es vor 2000 Jahren, so unlogisch wie es nach diesem Statement am Jordan uns Heutigen erscheinen mag. Aber Vorsicht – wir sehen die Sache ex post, also aus heutiger Perspektive nach 2000 Jahren Christentum. Dabei kann man sich für oder gegen etwas bzw. jemanden nur ex ante – also voraus - entscheiden. Die Zeitverfügung rückblickend Dinge zu ändern, liegt nicht in Menschenhand. Also muss man die Frage stellen, was die eigentliche Ursache für die damalige Fehlentscheidung vieler Menschen war, das eigentlich klare Statement zu übersehen bzw. abzulehnen. Sicher, wir können das nicht wirklich wissen. Historisch betrachtet, stimmt dieser Satz. Aber logisch wird er, wenn wir uns klar machen, dass wir prinzipiell in der gleichen Situation stecken. Wir haben die Religionen, die

Verkündigung – und trotzdem gibt es zahlreiche Ablehnungen, gibt es Atheisten. Warum?

Glauben ist damals nicht gerade populär gewesen, heute genauso wenig. Dafür gibt es viele Gründe, aber einer wird wohl auch in der Art und Weise liegen, wie früher verkündigt wurde und wie unsere Gesellschaft heute denkt. Glauben wurde von der Amtskirche – auch der anderer Konfessionen - über etwa 2000 Jahre als Verbotsreigen, als Spaßbremse verkündet. Das ist nicht gerade die beste Vorbereitung für eine Spaßgesellschaft heutiger Prägung. Der „liebe" Gott wurde verunstaltet. Er wurde zum Rächer und Bestrafer von Fehlhandlungen. Das ganze Mittelalter hindurch war diese Angst Alltag. Noch Luther, also 1500 Jahre nach Jesu irdischem Leben aus Liebe zu den Menschen, hatte anfangs noch geglaubt, dass er besondere Werke vollbringen müsse, um Gnade zu finden. Welch schräger Gedanke – wissen wir heute. Aber noch Jahrhunderte nach Luther wurde weiter der strafende Gott als Machtinstrument von den Mächtigen – auch der Kirchen – missbraucht. Dabei – Gott ist die Liebe, also wirklich der „liebe Gott". Nur dieser Begriff wird ebenfalls heute missbraucht – die Sünden und die Katastrophen in der Welt sind evident. Ein „lieber" Gott tut so etwas nicht. Da diese Schrecknisse aber Alltag sind, ist die Schlussfolgerung: den lieben Gott gibt es gar nicht – Gott gibt es nicht, denn die Schrecken widersprechen einem gütigen, liebenden Gott. Stimmt. Diesen so falsch verstandenen Gott gibt es in der Tat nicht – Gott hilft uns gegen das Böse. Das Böse, s.o., ist Realität, wird aber heute oft negiert. So kommt man dann zu dem falschen Schluss, dass Gott als „Guter" nicht vorhanden sei, mithin gar nicht. Dazu später nochmal mehr.

Ein weiterer Grund für die Ablehnungen wird auch darin zu finden sein, dass wir denken, die alten Bibelgeschichten stimmten nicht, weil man sie naturwissenschaftlich widerlegen könne. Kann man das wirklich? Nun, wir wissen, dass die Entstehung der Arten durch Evolution stattfand, die Bildung unserer Erde Milliarden Jahre brauchte. Also klarer Widerspruch zur Schöpfungsgeschichte binnen weniger Tage. Nur, wer so denkt und schlussfolgert, ist einem banalen, wie typischen Irrtum aufgesessen. In der Bibel stehen wirklich 7 Tage für die gesamte Schöpfung, aber 7 Tage für Gott. Für Gott sind aber Milliarden Jahre kaum anders als ein Tag. Das ist also der erste Irrtum, diese 7 Tage nur nach Menschenmaßstab zu verstehen. Der göttliche Maßstab ist an die Genesis anzulegen. Dann passen Bibel und Naturwissenschaft prima zusammen. Überhaupt – so langsam merken die fortgeschritteneren Naturwissenschaftler, gerade die sonst so trocken-rationalen Physiker, dass die Naturkonstanten quasi ein System darstellen, das nur so, nicht irgendwie anders, unser Weltall zusammenhalten kann. Schon eine winzige Abweichung in der 7-ten Stelle nach dem Komma würde dafür sorgen, dass die Welt im wahrsten Sinne des Wortes auseinanderfallen und aus ihrer Planetenbahn geworfen würde. Auch die Tatsache, dass autonome Prozesse entstanden sind, die wir Leben nennen, ist von dieser präzisen Einstellung von Naturkonstanten abhängig. Das alles als Zufall deuten zu wollen, erscheint frech und ignorant. Alles passt zu gut zueinander als dass man ein Design, eine Gestaltung dahinter leugnen könnte. Naturwissenschaft auf dem Wege des Gottesbeweises? Danach sieht es fast aus – siehe die obigen Ausführungen zur Quantenphysik. Es werden zwar immer nur Indizien sein, aber das System der Indizien wird immer dichter. Vergl. Albrecht Kellner: Christsein ist keine Religion, und: Stephan Lange: Begründet glauben.

Weiter - die Schöpfungsgeschichte ist nicht als wissenschaftliche Abhandlung verfasst mit experimentellen Belegen, sondern als Schöpfungsmythos, um Menschen das Handeln Gottes und ihre Herkunft verständlicher zu machen. Immerhin stammt der Schöpfungsmythos aus der vornaturwissenschaftlichen Menschheitsgeschichte. Trotzdem lässt er sich mit heutigem

Zugang verstehen, wie schon angesprochen.

Wer aber einen Mythos verbum e verbo anstatt sensus de sensu liest, versteht anstatt railwaystation nur Bahnhof. Mithin also nichts. Dieses Fehlverständnis der modernen Menschen sagt folglich mehr über ihr Unverständnis aus, als dass es die Schöpfungsgeschichte ad absurdum führte.

Nochmal eine Rückblende zur Naturwissenschaft – ihre modernen Entdeckungen wurden schon vor tausenden von Jahren quasi vorhergesagt. Sicher – die damalige Sprache hat das anders formuliert, aber wenn man mit etwas Phantasie an die alten Prophezeiungen herangeht, dann wird plötzlich ein modernes „Gemälde" daraus, dann passen alte Prophezeiungen und moderne Physik erstaunlich gut zusammen. Zufall? Ich mag das einfach nicht zu glauben.

Die Folge dieses verbum-e-verbo-Irrwegs ist auch, nicht zu verstehen, dass Jesus ganz klar Mensch war mit allen Fähigkeiten und Begrenztheiten darin, also sich hierbei unseren Regeln unterwarf. Aber Jesus war mehr – er war auch ganz klar Gott. Er hat zwar weitgehend auf diesen „Status" verzichtet. Dennoch hat er ihn nicht wirklich verschleiert. Wasser in Wein zu verwandeln oder Lazarus von den Toten aufwecken – das kann ein Mensch-Mensch nicht. Jesus als Gott-Mensch dagegen schon. Und es gibt Bibelstellen, in denen er ganz klar formuliert, wer Er ist. Die Menschen haben Ihn durchaus verstanden. Deshalb wollten sie ihn ja in der Synagoge von Kafarnaum steinigen, als sie das begriffen hatten.

Und erst die Auferstehung – es gibt inzwischen sogar naturwissenschaftliche Belege dafür am sog. Turiner Grabtuch. Selbst im Koran gibt es eine passende Geschichtsstelle dazu – Sure 4, Vers 157 (Shubi al la houm;). Sicher, wer nicht glauben will, weil Glauben auch irgendwie Folgen für das eigene Handeln hervorruft, wischt das alles vom Tisch und bleibt in seiner begrenzten Nische gefangen. Aber es erfordert doch erhebliche Klimmzüge, all das, was man heute über Jesus weiß und im Staub des Hl. Landes ausgraben konnte, wegzudiskutieren.

Über all dem Wegdiskutieren steht dann auch noch die Sorge: Was ist, wenn das alles doch stimmen sollte? Nein, das darf nicht sein! Deshalb macht man Glauben lächerlich, verbietet ihn. Dass das weitgehend funktionieren kann, zeigt die ehemalige DDR. Die konsequente Leugnung Gottes durch die Staatsmacht hat inzwischen dazu geführt, dass Glauben im Bereich des ehemaligen Staatsgebiets der DDR nur noch selten vorkommt. Dabei war es die (evangelische) Kirche in Leipzig, die durch ihr Handeln im Gottvertrauen die friedliche Revolution von 1989 geschafft hat. Gottvertrauen kann also gewaltige Kräfte in Gang setzen, die selbst eine Diktatur hinwegfegen kann.

Aber das alles sind Vorgriffe. Hier soll erst einmal vom Handeln und von den Selbstaussagen Jesu die Rede sein, so wie sie in der Bibel tradiert sind. Hinzu kommen noch sog. Apokryphen.

Also: was hat Jesus selbst gesagt?

„Selbst gesagt" – dazu siehe die andernorts im Buch gemachten Anmerkungen zur „Wörtlichkeit" der im Text enthaltenen Redepassagen.

Auch wenn ich nun nach Beendigung meines Berufslebens als Arzt Theologie an einer Jesuitenhochschule studiere, muss ich doch feststellen, dass zwischen der reinen Lehre und dem persönlichen

Glauben Unterschiede aufscheinen. Deshalb kann man zwar die Lehre des Christentums wissenschaftlich untersuchen und versuchen, aus all dem Schlussfolgerungen zu ziehen. Alles gut und schön. Aber wie schon gesagt, kann man nur mit dem Herzen gut sehen – und damit glauben. Für mich ist deshalb die theologische Wissenschaft irgendwie grau, wenn auch faszinierend. Wenn ich aber – und das geschieht durchaus – an Inkongruenzen zwischen Theologie und persönlichem Glaube komme, dann prüfe ich, ob ich evtl. etwas falsch oder unvollständig verstanden habe; schließlich bin ich relativ neu in diesem Gebiet, wenn ich auch als Wissenschaftler gewohnt bin, Theorien und Ergebnisse zu durchleuchten und Rückschlüsse zu ziehen. Wenn aber ein Missverstehen eher nicht wahrscheinlich ist, dann folge ich meiner „Glaubenserkenntnis", wohl wissend, dass das subjektiv (im Sinne von persönlich, individuell) ist und meiner Zwiesprache mit Gott entspricht. Hier habe ich schon viele, bewegende, ja mich überwältigende Glaubenserlebnisse in der persönlichen Begegnung mit Gott erleben dürfen. Das ist die Basis meines Lebens geworden. Der Prüfstein ist für mich, dass ich mich ganz auf Gott verlasse, indem ich Seinen Geist einlade, Seinen Willen mir zu zeigen und mich zu führen. Ps: 23 sagt es klar: Du bist bei mir!

Letztlich ist das auch der eigentliche Grund für dieser Buch. Ich habe schon oft in der Bibel gelesen. Aber dennoch: jeden Tag erlebe ich mit ihr Neues. So auch beim Durchgehen des Johannesevangeliums.

Also:

Die Bibel, vor allem das NT, berichtet über Jesus und tradiert einen Teil seiner Worte und Taten. Das wird nun nachfolgend Gegenstand dieses Buches sein. Aber die Unterschiede zwischen gedrucktem Wort und persönlichem Glauben sind nicht wegzudiskutieren. Warum gibt es sie, kann ich etwa nicht lesen und verstehen? Nun, ich bin durchaus in der Lage, Schriftquellen zu lesen und zu verstehen. Jedoch weiß ich auch, dass zwischen einer Deutsch gedruckten Bibel und dem Original einer LXX in alt-griechischer Sprache (in der Version der Koine) doch Unterschiede vorhanden sind. Das liegt einfach daran, dass jede Sprache ihre eigenen Sinnbilder durch Worte kodiert, mithin also z.T. ganz andere Bilder für die gleichen Sinn-Inhalte nutzt. (Ganz zu schweigen davon, dass jeder Mensch ein anderes inneres Bild hat bei mehr komplexen Begriffen. Schon der Begriff „Vater" ist so vielschichtig – im Spannungsfeld zwischen Güte und Tyrannei –, dass kaum jemand das Gleiche bei diesem eigentlich einfachen Wort versteht). Man sieht dann auch, dass Sprachen unterschiedliche Bilder für Ähnliches verwenden. Wenn man sich aber dessen nicht bewusst ist, versteht man die Bibel bzw. das NT u.U. falsch. Daraus wird dann eine "neue" Bibel, denn man projiziert die eigene Sozialisation auf eine Sprache einer Gesellschaft vor 2000 Jahren. Missverständnisse sind vorprogrammiert, wenn man sich dieser unterschiedlichen Zeitbrille und der unterschiedlichen Gesellschaften und der eigenen Sozialisation nicht bewusst ist. Viele Bibelwissenschaftler versuchen deshalb in mühevoller Kleinarbeit nun aus dem Original ein für heutige Menschen verstehbare Textfassung herzustellen. Die im aktuellen Lesejahr verwandte neue Evangelienfassung ist ein aktueller Beleg davon. Dabei ist der „alte" Text gleich – weshalb es sich immer wieder lohnt, den altgriechischen Originaltext selbst zu lesen, Wortbedeutungen selbst zu bewerten und dann zu übersetzen. Wo nötig, habe ich das auch selbst schon getan. Siehe später diesbezüglich beim Stichwort „Feindesliebe".

Damit kommen wir zum bereits angesprochenen zweiten Punkt – persönlicher Glaube. Das ist etwas, das nur zwischen Gott und dem jeweiligen Gläubigen entsteht, also einmalig ist. Sog. Mystiker haben hier einen besonderen Zugang zu Gott und dem Verständnis Seiner Botschaft, aber auch wir anderen gläubigen Menschen dürfen solche Begegnungen haben. Mir selbst ist so etwas schon geschehen – es war „umwerfend" im wahrsten Sinne des Wortes. Mein Leben hat sich seither verändert.

Die Folge ist, dass ich manche Bibelstellen auch subjektiv aus dem Verständnis meiner Begegnung mit Gott verstehe. Das sei zur „Warnung" an die Leser gesagt. Sie werden es merken daran, wie ich versuche, das Jesuswort zu verstehen. Das zu kritisieren als „unwissenschaftlich" und nicht textgebunden, führt nicht weiter. Es sei vielmehr als Aufforderung gedacht, aus dem „allgemeinen" Bibeltext heraus sich persönlich ansprechen zu lassen und das, was man verstanden hat, mit Gott im Gebet zu besprechen, Ihn um die richtige Auslegungsführung zu bitten. Es wird dabei sogar viele Wahrheiten geben. Nicht im dem Sinne, dass Gott uneindeutig sei und nicht wahr, sondern im dem Sinne, dass Gott so vielschichtig und allumfassend ist, dass Er viele persönliche Zugänge gestattet. Dabei ist das Ziel immer gleich: ER.

Johannesevangelium – Schritt für Schritt

Ich folge nun dem Johannesevangelium und seinen Zitaten von Jesu Worten. Warum Johannes? Weil dieses Evangelium anders als die sog. synoptischen Evangelien von Mk, Mt und Lk schon rein sprachlich eine Sonderstellung einnimmt und viele Jesusworte tradiert, die die Synoptiker nicht aufgeschrieben haben. Außerdem soll ja Johannes der Lieblingsjünger von Jesus gewesen sein. Es ist deshalb zu hoffen, dass er einen persönlicheren Zugang hatte, so dass er Jesu Worte besser verstehen und weitergeben konnte.

So schreibt auch die neueste Evangelienausgabe der Paulus-Schwestern in der Einleitung des Johannes-Evangeliums: „Die zentrale Botschaft dieses Evangeliums ist die Selbstoffenbarung Jesu in Wort und Schrift, in der er sich als der von Gott gesandte Sohn, als Licht und Leben der Menschen bezeugt."(p. 442)

Was ich bereits zur Person des Johannes geschrieben habe, bleibt dennoch bestehen. Wie habe ich mich entschieden? Für mich ist das Johannesevangelium der beste Zugang zur Person Jesu als unser Erlöser. Von daher ist es mir gleichgültig, ob Johannes als der persönliche Freund und Lieblingsjünger der Autor des Evangelientextes war, oder ein anderer Autor, der evtl. Johannes – oder anders? – hieß.

Es geht also um den Textinhalt – nicht so sehr um die Äußerlichkeiten.

Die Grundlage des Evangeliums ist das Buch Genesis

Bezeichnenderweise beginnt das Johannesevangelium mit den Worten der Genesis: *Im Anfang war das Wort und das Wort war bei Gott und das Wort war Gott. Dieses war im Anfang bei Gott.*

Einen klareren Hinweis, dass das Johannesevangelium durch seine Beschreibung des Lebens Jesu, der der Sohn Gottes ist, deshalb auch der Beginn der Welt ist, kann es nicht geben. AT und NT sind hier identisch. Jesus ist nämlich genauso ewig wir der Vater. Beide senden zu gegebener Zeit ihren Geist aus, nämlich das Wort, das ihnen immanent ist. Das Wort geht also allem voraus und gleichzeitig allem nach als Conclusio. Trinität als Einheit kommt hier erstmals augenscheinlich zur Darstellung.

Der alte, formale Streit zwischen römischer und orthodoxer Kirche, ob der Geist aus Jesus oder aus dem Vater zuerst hervorgegangen sei, also der sog. filioque-Streit, ist angesichts der Einleitung des Johannesevangeliums etwas „schräg". Gott ist eben trinitarisch, damit untrennbar Einer, egal wie Er uns erscheint, als Vater, als Sohn, als Geist. Es sind drei Aggregatzustände Eines Gottes. Siehe hierzu später.

Alles ist durch das Wort geworden und ohne es wurde nichts, was geworden ist. In ihm war das Leben und das Leben war das Licht der Menschen.

So geht es deshalb im Evangelientext weiter. Erst nach dieser quasi Präambel kommt dann die aktuelle Geschichte mit der Erwähnung des Auftretens von Johannes (dem Täufer). Das wird gleich nochmals zur Bestätigung: *Er (Johannes) kam als Zeuge, um Zeugnis abzulegen für das Licht.* Der Rahmen ist damit klar abgesteckt. *Das wahre Licht, das jeden Menschen erleuchtet, kam in die Welt … , aber die Seinen nahmen ihn nicht auf.* Gleichzeitig ist aber auch das gesamte Drama der Menschheit in diesen Einleitungssätzen vorgestellt. Trotzdem gibt es Hoffnung: *Allen aber, die ihn aufnahmen, gab er die Macht, Kinder Gottes zu werden, allen, die an seinen Namen glauben.*

41

Nun tritt Jesus „menschlich" auf: *Und das Wort ist Fleisch geworden und hat unter uns gewohnt.*

Weiter steht im Evangelientext, dass wir Gnade empfangen haben, *die Gnade und die Wahrheit kamen durch Jesus Christus.*

Bei der Berufung der ersten Jünger machte Jesus, anders als wir Menschen dies in einer Wahlrede tun würden, nur wenige Worte: Er fragte: *Was sucht ihr?* Dann auf die Entgegnung, dass er das Ziel der Suche sein, ergänzte er: *kommt und seht.* Die Folge dieser ersten Begegnung noch im Umfeld des taufenden Johannes war die Feststellung: *Wir haben den Messias gefunden.* Andreas führt daraufhin seinen Bruder Simon zu Jesus, der ihn mit folgenden Worten begrüßt: *Du bist Simon, der Sohn des Johannes, du sollst Kephas heißen, das bedeutet: Petrus, Fels.*

Das nächste Wort Jesu ist wieder: *Folge mir nach*, diesmal an Philippus gesprochen.

Bei der Begegnung mit Natanael folgt*: Ihr werdet den Himmel geöffnet und die Engel Gottes auf- und niedersteigen sehen über dem Menschensohn.* Das ist die Einführung Jesu bei seinen Jüngern. Die, die ihm nachfolgen, erkennen dadurch, dass Jesus der Sohn Gottes ist, der als Menschensohn auf die Erde gekommen ist. Allein die Bezeugung dessen ist die Folge des: *Kommt und seht!* Jesus macht nicht viele Worte, er richtet keinen flammenden Appell an die Männer, dass sie an ihn glauben sollen. Er überzeugt schon hier durch sein Handeln.

Männer? Warum nicht auch Frauen? Erstens hat Jesus Frauen in keiner Weise zurückgesetzt. Im Gegenteil – Er ist Frauen vor den Männern nach Seiner Auferstehung erschienen. Aber Jesus ist immer behutsam vorgegangen. So hat Er berücksichtigt, dass in der damaligen Welt das Patriarchat vorherrschte, Frauen gesellschaftlich zweitrangig waren. Das ist ein historisches Faktum. Bis zu Seinem Tod hat Jesus sich an diese menschengemachte

Situation gehalten, dann aber hat er diese menschlichen Fesseln gesprengt und ist zuerst einer Frau erschienen. Das ist das Entscheidende. Weiter hat er viele Frauen berufen – durch alle Jahrhunderte hindurch. Zum Auferstehungsgeschehen siehe an der nachfolgenden, entsprechenden Stelle; dort wird auf die besondere Rolle von Frauen Bezug genommen.

Eine kleine Information zur Gendersprache: Das damalige androzentrische Weltbild hat zwar immer nur von Jüngern (maskulin) berichtet. Aber wir wissen, dass auch viele Frauen bei Jesus waren und mit ihm zogen. Es sollen sogar Ehepaare darunter gewesen sein. Dieser historischen Tatsache der androzentrischen Verkürzung in der Berichterstattung müssen wir immer eingedenk sein, wenn nur „männlich" berichtet wird. Wir Heutige sehen das kritisch und versuchen, darauf mit einer „Bibel in gerechter Sprache" zu reagieren. Das ist im Sinne der Gleichberechtigung von Frau und Mann sehr verständlich. Aber es bleibt unhistorisch. Deshalb sollte man den Text der LXX lassen, wie er ist, nämlich androzentrisch geschrieben. Aber man muss diese historisch einseitige Berichterstattung immer bedenken, wenn man eine Geschlechterdifferenzierung, gar eine Geschlechterhierarchie daraus konstruieren will. Verbum e verbo – klar maskuline Sprache, aber sensus de sensu m.E. klar geschlechtsneutrale Jüngerschaft: Schwestern und Brüder gleichermaßen.

Außerdem – die aktuelle Bibelwissenschaft hat zeigen können, dass die Jüngergruppe um Jesus meist aus Ehepaaren bestand. Damit ist auch verständlich, dass Jesus fordern konnte, dass die Großfamilie von Seinen Jüngerinnen und Jüngern verlassen werden sollte; Er hat aber nicht das Verlassen der Ehefrauen verlangt (Mk 10,29; Mt 19,29; Mt 10,35-37). So hat Jesus auch die bestehenden Paare zusammen ausgesandt – sie kannten sich und konnten sich aufeinander verlassen. So ist auch verständlich, dass Jesus das Scheidungsgebot ausgesprochen hatte – Er meinte offensichtlich die Trennung Seiner Jünger-Ehepaare, nicht aber ein allgemeines Verbot (Jesus hat als Jude die Tora hochgehalten; in ihr gab es mögliche Scheidungen). Auch das Vermeiden des lüsternen Blicks ist so verständlich (also Vermeidung von Flirts, die in Trennung/Scheidung münden könnten). Diese Paarsituationen in Jesu Umkreis muss man kennen, um Seine Botschaften auch diesbezüglich richtig verstehen zu können. Hier ist in den vergangenen Jahrhunderten viel Falsches geschlussfolgert worden. Auch von der Amtskirche. (vergl. St. Schreiber: Begleiter durch das Neue Testament, p248, Patmos 2014). Welche Auswirkung diese historische Erkenntnis zur Genderfrage besonders auf die katholische Kirche hat, ist noch offen und soll hier nur angerissen werden: Zölibat, Frauenordination sind damit künftig neu zu diskutierende Punkte – sind sie wirklich von Jesu begründet oder vor allem durch unsere menschliche Fehlinterpretation von Worten und deren Inhalten, woraus Scheuklappen wurden, weil in androzentrischen Gesellschaften anderes als die eigene (falsche) Sichtweise gar nicht gesehen werden konnte bzw. wollte? Für mich sind Frauen und Männer gleichwertig - und damit von Jesus auch gleichermaßen für die Nachfolge und Verkündigung berufen.

Wer die „Frauenfrage" auch historisch-wissenschaftlich nachlesen möchte, wird hier fündig: Stefan Schreiber: Begleiter durch das Neue Testament, Patmos 2014.

Um es also ganz klar zu sagen: Jesus war nicht frauenfeindlich, ist mit einer „gemischten Truppe" von Männern und Frauen durchs Hl. Land gezogen. Seine Jünger bzw. Apostel waren fast ausnahmslos verheiratet und hatten ihre Frauen dabei. Also auch Petrus, dessen Schwiegermutter Jesus ja vom Fieber geheilt hatte – so steht es im Evangelium seit 2000 Jahren (Mk 1,30). Nur – ohne Ehefrau auch keine Schwiegermutter und vice versa. Dass Jesus zölibatär lebte, soweit wir wissen, ist Seine Entscheidung. Von Seinen Jüngerinnen und Jüngern hat Er das jedoch weder erwartet noch Scheidungen der Ehepaare verlangt.

Also ist es ein Denkfehler vor ca. 1000 Jahren gewesen, das Zölibat als „gottgefordert" anzunehmen. Genauso wenig gibt es eine Begründung gegen weibliche Priesterschaft daraus abzuleiten. Alles was in diesem Zusammenhang in der katholischen Kirche geschrieben und verfügt wurde, ist aufgrund menschlicher Entscheidungen geschehen – und deshalb kann man diese menschlichen (Fehl-)Entscheidungen wieder korrigieren. Angesichts der gegenwärtigen Lage in der Kirche ist es dafür höchste Zeit.

Wer nun sagt, dass gerade auch Paulus ein ausdrückliches Scheidungsverbot ausgesprochen habe, hat vordergründig Recht. Jedoch – Paulus ist ein Mensch, der seiner Zeit verhaftet war. Man lese beispielsweise seine Stellungnahme zur „Macht über dem Kopf" der Frauen, was als Begründung der Nachrangigkeit von Frauen gegenüber Männern (fehl)interpretiert wird. Ganze kirchliche und weltliche Hierarchien wurden damit begründet. Wenn man die Paulusbriefe unter zeitgerechten und gesellschaftsrelevanten Gesichtspunkten gegenliest, stellt man fest, dass das eine Aussage zur Zeit des 1. Jahrhunderts nach Christus ist, aber keine Allgemeingültigkeit für andere Gesellschaften und historische Zeiten sein kann. Das gilt auch für andere Punkte wie Sexualität – ich habe dazu ein ganzes Semester in St. Georgen Vorlesung gehört. Wenn man den griechischen Originaltext liest, stellt man z.B. fest, dass so manche persönliche Meinung des Übersetzers z.B. in den deutschen Text hinein kam, was Paulus so expressis verbis nie gesagt hat. Das ist das grundsätzliche Übersetzungsproblem von allen Sprachen in alle anderen Sprachen (und damit deren Verwendung der jeweiligen eigenen Bildsprache und „Voreinstellungen/Vorurteile"). Fazit – Paulus als „Verstärker" der angeblich harten Haltung Jesu heranzuziehen, muss bei genauer Betrachtung scheitern – und sei es, weil er Mensch und nicht Gottessohn ist – trotz aller

Erleuchtung und allen Glaubens. Allein wenn man die richtige „Zeitbrille" aufsetzt, ist das schon erhellend.

Es liegt also an uns Menschen, vorurteilsfrei (anders als z.B.: was kann schon Gutes aus Nazaret kommen?) auf Jesus zu schauen und dann unsere Schlüsse zu ziehen. Allein das reicht, um offenherzige Menschen zu überzeugen und sie in den Glauben an den Menschensohn zu führen. Besser als viele Worte sind überzeugende Taten. Jesus ist uns hier so entgegengekommen, dass wir Ihn erkennen durften – und konnten. Merke: Er IST wahrlich barmherzig.

Man höre einmal Paulus direkt: Weil wir aber erkannt haben, dass der Mensch nicht durch Werke des Gesetzes gerecht wird, sondern durch den Glauben an Jesus Christus, sind wir auch dazu gekommen, an Christus Jesus zu glauben, damit wir gerecht werden durch den Glauben an Christus und nicht durch Werke des Gesetzes, denn durch Werke des Gesetzes wird niemand gerecht (Gal 2,16). Heißt. Gesetze aller Art sind der falsche Weg; und wenn dann diese Gesetze auch noch durch Menschen fehlgestaltet werden um der eigenen (gesellschaftspolitischen = männlichen) Machtgier willen, dann ist ihnen nicht zu folgen, dann sind sie zu korrigieren. Folglich sagt Luther zurecht: Sola Dei gloria! -als Grundlage der Rechtfertigung der Sünder. Gott allein ist das Maß der Dinge – und wenn Gott/Jesus die Frauen gleichberechtigt akzeptiert hat, wer ist dann ein Mensch, selbst wenn er Paulus heißt, eine Hierarchie herauszulesen? Auch wenn es langweilig ist, das schon wieder zu sagen – sensus de sensu müssen wir Gottes Wort, Gottes Lehre verstehen, nicht verbum e verbo, indem wir aus irgendeiner Bibelstelle meinen, etwas hauszupressen zu können.

Also nochmals – Frauen sind in allem gleichwertig und gleichberechtigt vor Gott. Das ist die Benchmark an uns Menschen. Das steht, wenn man lesen kann, in den Evangelien bzw. der Bibel, wie sie heute kanonisiert ist. So haben also auch Ehepaare zusammen geholfen, den Glauben zu verbreiten – man denke z.B. an Priska und Aquila oder Andronikus und Junia – (Röm 16,3 f, Apg 182; bzw. Röm 16,7). Und Petrus hatte auf seinen Reisen Hilfe und Begleitung durch seine Frau (1 Kor 9,5). Fazit: Frauen verkündeten den Glauben genauso wie die Männer (Röm 16,3 6 12; Phil 4,2 f). Ja, das steht gerade auch bei Paulus in seinen Briefen.

Jesus und die Relativität der Zeit und andere Zusammenhänge

Jesus IST der Mensch gewordene Sohn Gottes als immanenter Anteil an der Trinität. Deshalb konnte Johannes d.T. auch bezeugen: „Seht das Lamm Gottes, das die Sünden der Welt hinwegnimmt. Er ist es, von dem ich gesagt habe: Nach mit kommt ein Mann, der mir voraus ist, weil er vor mir war. … Dieser ist der Sohn Gottes." Der Geist Gottes war nämlich über ihn gekommen.

Auf den Bericht, dass eine Stimme vom Himmel gesagt hat, dass dieser Mensch Gottes Sohn sei, verzichtet das Johannesevangelium. Das steht ausschließlich bei den Synoptikern verzeichnet. Auch ohne diese öffentliche Proklamation bei der Taufe Jesu im Jordan ist völlig und unmissverständlich klar – allein durch sein Beispiel, das man sehen kann und darf - , dass Jesus der Messias ist. So werden dann auch die weiteren Handlungen Jesu verständlich, angefangen mit seinem Wunder auf der Hochzeit in Kanaan, von der das Johannesevangelium berichtet.

Auch wenn Jesus auf den Antrag seiner irdischen Mutter fragt: *Was willst du von mir Frau? Meine Stunde ist noch nicht gekommen*, so lässt er sich doch bewegen, Wasser in Wein zu verwandelt, also sein erstes Wunder zu tun. Für mich bedeutet das, dass Gott einen Willen hat und ihm folgt, aber dass Er doch auf Gebete und Bitten von Menschen achtet und sie auch durchaus erfüllt. Wichtig scheint mir dabei, dass seine Mutter einfach Vertrauen hat in Ihn, dass Er ihre Bitte erfüllen wird. Genau dieses Vertrauen ist Vorbild für uns

47

Nachgeborene, uns mit allem – und sei es etwas so Banales wie zu Ende gegangener Wein auf einer Hochzeitsfeier - an Jesus zu wenden. Dieses Vertrauen führt zur Erlösung der glaubenden Menschen. Jesu irdische Mutter hat das Vertrauen, sich wegen Irdischem wie dem Wunsch, eine Blamage zu vermeiden, weil der Wein aufgebraucht war, an Jesus zu wenden. Solange wir das aber ebenfalls gläubigen Herzens tun in dem klaren Bewusstsein: *Dein Wille geschehe!* solange wir also klar wissen, dass die Erfüllung unserer Bitten eine „freiwillige" Handlung Gottes ist, solange dürfen wir hoffen und uns, wenn unsere Bitte Seinem Willen parallel ist, darüber freuen, wenn Er sie erfüllt. Gott ist kein Automat, in den man die Münze des Gebetes wirft und dann die Erfüllung der Bitten herauskommt. Das wäre der Glaube, wie ihn z.B. die alten Griechen und Römer hatten – Bittenerfüllung als Geschäft, quid pro quo.

DAS ist Gott, ist Jesus fremd. Barmherzigkeit Gottes führt oft zur Gebetserhörung, aber als Gnade, nicht als Gegenleistung. Gott ist die Liebe. Liebe aber kann man nicht kaufen, womit auch immer. Liebe ist jedoch der Auslöser, dem geliebten Gegenüber Gutes zu tun. Liebe ist aber immer auch Gegenseitigkeit. Liebe kann man nicht fordern, sondern sie nur dankbar und freudig entgegennehmen. DEIN Wille geschehe!

Liebe sagt: Alles, was du tust, ist für mich als dein geliebtes Gegenüber, richtig und gut. Liebe ist dabei immer gegenseitig. Vertrauen – blindes Vertrauen in Gott – ist die Folge. Ich bin geliebt und dadurch geborgen, was immer geschieht. Eine weitere Folge sollte sein, dass man diese Liebe unbedingt nach Kräften aus einem inneren Bedürfnis heraus erwidert. Da wir Gott nicht direkt Gutes zurückgeben können, hat Er uns ein Ersatzobjekt für unsere Gegenleistung, unsere Gegenliebe geben: unseren Nächsten. *Was immer ihr dem Geringsten unter meinen Brüdern getan habt, habt ihr mir getan.* Auf diese Weise finden Liebe Gottes und Gegenliebe des Menschen zu Gott doch zusammen.

Eine Folge des Wunders in Kana war, dass die Jünger umso mehr an ihn glaubten. Das ist die richtige Reihenfolge. Jesus verlangt keinen Gehorsam aus einer Machtposition heraus – die er durchaus hatte –, sondern Er geht aus Liebe in Vorleistung, so dass wir Menschen sehen dürfen, woraus wir unsere Schlussfolgerungen ziehen können: *Kommt und seht*!

Liebe

Jesus ist die Liebe. Richtig, ich durfte das schon erleben. Aber Jesus kann auch streng sein. Dass er die Händler aus dem Vorhof des Tempels hinauswarf, darf nicht verwundern. Streng meint hier, dass Jesus nur die Konsequenzen aus dem materiellen Handeln der Menschen gezogen hat, die noch in unmittelbarer Nähe zum Allerheiligsten, wenn auch im äußeren Vorhof, ihren irdischen Geschäften nachgingen. Als wenn es nicht möglich gewesen wäre, das Geldwechseln und den Verkauf von Opfertieren irgendwo unterhalb des Tempelbergs zu organisieren. So aber zeigte Jesus, dass Liebe und Materielles Denken und Handeln nicht zueinander passen. *Ihr könnt nicht Gott und dem Mammon dienen*, hat Jesus an anderer Stelle gesagt.

Jesus hat nichts gegen materielle Güter. Er weiß, dass wir sie zum Leben brauchen. *Mein Vater weiß, dass ihr das alles braucht und gibt es euch.* Auch das hat Jesus gesagt. Insofern muss man richtig verstehen, dass Jesus nicht gegen Materielles ist. Aber er ist ganz klar dagegen, Gott und das Materielle zu vermischen. *Macht das Haus meines Vaters nicht zu einer Markthalle.*

Ohne Markthalle zum Einkaufen des Lebensnotwendigen geht es nicht. Es geht aber darum, dass wir Menschen verstehen, dass Gott unser erstes Begehren sein muss. Alles andere kommt danach. Vergessen wir also nicht, was wirklich wichtig ist, nämlich Gott. Er muss – in moderner Sprache – unsere Priorität 1A sein. Wenn wir lieben, dann ist es für uns klar: Wen wir lieben, der bzw. die hat bei uns die Priorität. Wenn wir also Gott lieben, drückt sich das in unserer Prioritätenliste aus: Gottesliebe an oberster Stelle! Hoffentlich.

Durch die Zeichen, die Jesus während des Paschafestes tat, kamen viele zum Glauben an ihn – also letztlich durch eine thomasische Haltung des Begreifens. Deshalb hat Jesus sich ihnen nicht anvertraut, *denn er kannte sie alle und brauchte von keinem ein Zeugnis über den Menschen, denn er wusste, was im Menschen war. Seelig, die glauben auch ohne zu sehen*, hat Jesus dem Thomas gesagt. Liebe braucht keine sichtbaren Handlungen als Beweis. Sichtbare Handlungen sind jedoch die sichtbare Folge vorhandener Liebe. Wenn wir Menschen also unsere Liebe zeigen wollen, müssen wir in Liebe handeln. Gott gegenüber heißt das, dass wir unseren Nächsten gegenüber in Liebe handeln sollen. Das heißt nicht: Hutschi-Putschi. Das kann auch mal harte Kritik sein, um das Gegenüber wach zu rütteln. Aber es heißt immer: Handeln in Liebe. So muss man Jesu Handeln im Vorhof des Tempels verstehen.

Ob wir Menschen diesem Anspruch gerecht werden, ist leider eher die Frage. Zurecht, wenn selbst unser derzeitiger Papst sich als Sünder unter Sündern versteht. Aber der Anspruch ist klar -. Letztlich wird die „Erfolgsbilanz" unseres Handelns an unserem Todestag erstellt werden. Bemühen wir uns also, viel auf die „Habenseite" der Liebe zu bringen, indem wir Jesus nach besten Kräften nacheifern.

Theologische Profis

Nobody is perfect. Das waren auch die Pharisäer (wofür sie stehen, s.o.) nicht, wiewohl sie „Profis" im Umgang mit Gott waren. So auch Nikodemus, der bemerkt hatte, dass Jesus Zeichen tat, die nur dann möglich sind, wenn Gott mit ihm ist. Er traute sich, Jesus direkt danach zu fragen: Jesus antwortete ihm daraufhin: *Amen, amen, ich sage dir: wenn jemand nicht von oben geboren wird, kann er das Reich Gottes nicht sehen.* Nikodemus verstand nicht. Ich glaube, auch wir würden diesen Satz nicht verstehen – dass wir das heute glauben, was Jesus sagte, und die Nase über die Pharisäer rümpfen, ist kurzsichtig gedacht: Wir haben immerhin über 2000 Jahre die „Sache mit Jesus" immer wieder erläutert bekommen. Da sollte ein rudimentäres Verstehen (nicht Verständnis, dazu braucht es viel mehr) möglich sein. Lesen wir weiter Jesu Wort: *Amen, amen ich sage dir: Wenn jemand nicht aus dem Wasser und dem Geist geboren wird, kann er nicht in das Reich Gottes kommen. Was aus dem Fleisch geboren ist, das ist Fleisch; was aber aus dem Geist geboren ist, das ist Geist. Wundere dich nicht, dass ich dir sagte: Ihr müsst von oben geboren werden. Der Wind weht, wo er will; du hörst sein Brausen, weißt aber nicht, woher er kommt und wohin er geht. So ist es mit jedem, der aus dem Geist geboren ist.* Nikodemus hat auch das nicht ganz verstanden und fragt erneut nach. Jesus setzt zu einer längeren Rede an: *Du bist der Lehrer Israels und verstehst das nicht? Amen, amen, ich sage dir: Was wir wissen, davon reden wir, und was wir gesehen haben, das bezeugen wir und doch nehmt ihr unser Zeugnis nicht an. Wenn ich zu euch über irdische Dinge gesprochen habe und ihr nicht glaubt, wie werdet ihr glauben, wenn ich zu euch über himmlische Dinge spreche? Und niemand ist in den Himmel hinaufgestiegen außer dem, der von Himmel herabgestiegen ist: der Menschensohn. Und wie Mose die Schlange in der Wüste erhöht hat, so muss der Menschensohn erhöht werden, damit jeder, der glaubt, in ihm ewiges Leben hat. Denn Gott hat die Welt so sehr geliebt, dass er seinen einzigen Sohn hingab, damit jeder, der an ihn glaubt, nicht verloren geht, sondern ewiges Leben hat. Denn Gott hat seinen Sohn nicht in die Welt gesandt, damit er die Welt richtet, sondern damit die Welt durch ihn gerettet wird. Wer an ihn glaubt, wird nicht gerichtet werden; wer nicht glaubt, ist schon gerichtet, weil er nicht an den Namen des einzigen Sohnes Gottes geglaubt hat. Denn darin besteht das Gericht: Das Licht kam in die Welt, doch die Menschen liebten die Finsternis mehr als das Licht; denn ihre Taten waren böse. Jeder, der Böses tut, hasst das Licht und kommt nicht zum Licht, damit seine Taten nicht aufgedeckt werden. Wer aber die Wahrheit tut, kommt zum Licht, damit offenbar wird, dass seine Taten in Gott vollbracht sind.*

Alles klar? Im Prinzip ist das in Kurzform die Lehre Jesu. Er sagt offen, dass Er weiß, dass Er verkannt wird, obwohl alles offen vor aller Augen stattfindet. Jesus verbreitet ja keine Geheimlehre, sondern redet und wirkt öffentlich. Aber ohne Hinsehen geht es auch bei Ihm nicht. Wer aber nicht genau schaut, wird zwar optisch sehen, aber nicht verstehen, was er sieht. Das ist es, was Jesus letztlich meint. Mit dem Wissen aus 2000 Jahren kann ich diese Jesusworte nun leichter verstehen als seine Zeitgenossen. Dennoch muss man folgendes erkennen: Jesu Rede an dieser Stelle, lange vor seinem Kreuzestod, der in dieser Rede angerissen wird, kann wirklich erst verstanden werden, auch von dem Theologen Nikodemus, nachdem er geschehen sein wird. Insofern braucht es die Evangelien, um all die Geschehnisse erinnern zu können. Erst mit diesem Erinnern und der Auslegung z.B. durch Petrus und Paulus in den Briefen wird einigermaßen verständlich, dass Jesus unser Erlöser als Inkarnation des dreifaltigen Gottes ist. Dann auch, was dieser Kreuzestod bewirkt und wie er verstanden werden muss, dass Jesus damit unsere Sünden gesühnt hat – stellvertretend. Dennoch – trotz all dieser Worte bedarf es der eigenen, höchstpersönlichen Begegnung mit Gott selbst, um anfangen können zu begreifen, dass Gott die Liebe ist, die Wahrheit und das Leben. Ob Nikodemus das dann irgendwann nach Jesu Tod verstanden hat, wird im Evangelium allerdings nicht berichtet. Dass wir einen liebenden Gott haben, keinen Erbsenzähler unserer Sünden, die gerächt werden müssen – das ist erst in den letzten Jahrzehnten besser verstanden worden. Das hat also immerhin um 2000 Jahre gedauert. Aber besser spät als nie, obwohl früher besser gewesen wäre, weil gerade durch das Bild des Rächergottes viele Ängste und Ungerechtigkeiten in die Welt gekommen waren. Also nochmals deutlich: Jesus ist das Resultat von Gottes Liebe. Deshalb rettet der Glaube an Ihn, denn wer geliebt wird, hat von dem, der wahrlich liebt, nichts zu befürchten. Jesus ist eben der Menschensohn. Jeshua heißt ja: Gott rettet.

Trotzdem nochmals zum „Rächergott"-Missverständnis. Es ist alt, war auch bei den Juden so. Auch sie hatten nicht verstanden, dass Gott zwar Gebote und Gesetze erlassen hat, aber nicht, um dann erbsenzählenderweise nachzuprüfen, ob auch alles von den Menschen eingehalten worden ist. Das Gesetz, das Er Seinem Volk gegeben hat, war als Richtschnur für das Verhältnis unter den Menschen selbst gedacht. Ist das ein neue Gedanke? Nun, ein Gebot lautet: Du sollst nicht töten. Das kennt jeder. Aber wie ist es gemeint? Es kann nur als Handlungsleitline für die Menschen im Umgang mit ihresgleichen gedacht sein – also: ein Mensch darf einen anderen nicht töten (Notwehr einmal ausgenommen). Wenn das aber auch für Gott gedacht wäre, hätte Er sich selbst beschränkt und damit sich selbst untersagt, unbotmäßige Menschen zu richten – hinzurichten, also zu töten. Was also? Gott als ggf. durch Hinrichtung handelnder Rächergott – oder als Gesetzgeber, der das Töten nicht will und es untersagt? Wie auch immer man das denken will – das Ergebnis ist, dass Gott eben KEIN Rächergott ist. Das war also im AT/der Tora so, ist im NT so geblieben. Jesus steht hier ganz in der Tradition des „alten"

Glaubens. In der vorgenannten Rede Jesu wird das einmal mehr deutlich. Gott gibt Seinen eigenen Sohn hin zur Rettung der Menschen. Er vergibt ihnen aus grenzenloser Liebe heraus. Davon und dadurch leben wir − trotz all der Verfehlungen, die wir Menschen gewohnheitsmäßig begehen. Wie also die Menschheit auf dieses Missverständnis kommen konnte, dass wir einen strafenden Gott hätten? Das ist Menschenprojektion. Wie diese Geschichte von vor 2000 Jahren zeigt, ist das zwar üblich − aber definitiv nicht Gottes Absicht. Vor allem dieses Missverständnis ist somit auch der Grund für die heutige Gottlosigkeit, den Atheismus, weil dieser „menschliche" Rächergedanke in Gott hineinprojiziert wird, in einen Gott, den man sich aber als „gut" denkt. Das passt also in der Tat nicht zusammen. Aber deshalb dann Gott gedanklich „abzuschaffen", weil das ja nicht zusammenpasst, ist die eine Schlussfolgerungsmöglichkeit. Leider ist sie die falsche, denn die engstirnige Menschensichtweise der Lieblosigkeit ist die Ursache für die Diskrepanz, die nicht zusammenpasst. Also müssen sich die Menschen ändern, nicht Gott negieren. Denn Gott IST die Liebe − kein Rächer.

Menschliche Jünger

Weiter in Judäa kam es zum Streit über das Taufen zwischen den Jüngern von Johannes und Jesus. Johannes rückt dann die Werte zurecht, indem er sich zurücknimmt und auf Jesus hinweist. Dabei zeigt er die Trinität Gottes auf als Vater, Sohn und Geist. Dies ist die Grundlage des christlichen Glaubens, der damit integrativ das zusammendenkt, was zusammengehört. Gott Vater ist der Schöpfer und dem Volk Israel wohlbekannt. Auch der Geist − genauer die ! Ruach − schwebte über den Wassern − schon so in der Genesis berichtet. In der Tora steht dann auch die

Prophezeiung des Messias als der Menschensohn. Schon im AT gibt es also die Trinität. Sie wird aber so nirgends zusammengedacht; das ist erst im Christentum so.

Von Jesus selbst hat man das auch erst später erfahren – nachdem er den Geist verheißen hat. Er verließ zunächst Galiläa und kam nach Samarien, dort auch an den sog. Jakobsbrunnen. Dort traf er eine Frau – zufällig... Er bat sie um Wasser aus dem Brunnen. Das verwunderte die Frau, da Samaritaner als zweitrangig neben den Juden galten. Jesus nahm das zum Anlass zu einer Grundsatzantwort: *Wenn du wüsstest, worin die Gabe Gottes besteht und wer es ist, der zu dir sagt „Gib mir zu trinken", dann hättest du ihn gebeten und er hätte dir lebendiges Wasser gegeben. ... wer von diesem Wasser [aus dem Brunnen] trinkt, wird wieder Durst bekommen; wer aber von dem Wasser trinkt, das ich ihm geben werde, wird niemals mehr Durst haben; vielmehr wird das Wasser, das ich ihm gebe, in ihm zu einer Quelle werden, deren Wasser ins ewige Leben fließt.*

Wieder Sätze voller metaphorischer Bedeutung, die einer Auslegung bedürfen, um verstanden zu werden. Das himmlische Wasser ist die Frohe Botschaft, also das Evangelium Gottes. Es fließt unaufhörlich und wird für die Menschen, die es annehmen, zu einer unversiegbaren Quelle des Lebens. In der damaligen Zeit war das ziemlich neu. Die Menschen dachten vor allem konkret, nicht so sehr in Metaphern. Heute „wissen" wir – glauben wir das aber auch? -, dass Jesus als Sohn Gottes überfließt voll Gnade und Barmherzigkeit und Liebe – wie Wasser aus einem Gefäß überfließt, wenn es übervoll ist. Dieser Überfluss ist genau das Prinzip Jesu – Liebe ohne Maßen, eben im Übermaß und Überfluss.

Als Jesus die Frau bittet, ihren Mann zu holen, zeigt Er ihr ihr Eheleben auf. Er weiß um die problematische Situation, verurteilt die Frau aber nicht. Jesus ermahnt sie, nachdem Er ihr vergeben hat, nicht mehr wieder zu sündigen. Das ist es, was Er auch uns verheißt – keine Verurteilung, wohl aber Klarstellung. Er ist eben kein Rächergott, wie er jahrhundertelang fälschlicherweise auch und gerade von der Amtskirche dargestellt worden ist. Übrigens – das alte Gesetz der Tora zeugt ebenfalls von Gottes Barmherzigkeit und Vergebung – immer wieder hat Er so gehandelt. Dabei hätten die in der Tora dokumentierten Sünden durchaus zu Strafe und Rache Anlass geboten – aus Menschensicht. Jesus handelt in gleicher Weise. Auch Er verzichtet auf Rache, wenn Buße getan wird. Insofern setzt Jesus den jüdischen Glauben fort, wie Er ihn vorgefunden hat. Erst weit nach Seinem Tod haben sich christliche und neu-jüdische Haltung voneinander fortbewegt. Ab dem 2. Jahrhundert nach Chr., nicht zu Christi Zeiten. Auch das gilt es zu beachten, wenn man christlich-arrogant über das Judentum meint urteilen zu müssen. Jesus war schließlich Jude – und hat in diesem Glauben auch gelebt und immer wieder darauf Bezug genommen. Die „jüdische" Tora ist das „christliche" AT. Wer also die jüdische Tora verurteilt, verurteilt das AT – oder er weiß nicht, dass die Trennung von Judentum und Christentum erst weit nach dem jüdisch-römischen Krieg stattgefunden hat, als sich das Judentum wegen der Niederlage neu formierte und sich in den Jahrzehnten danach der ausschließlich jüdische Talmud des pharisäisch geprägten Rabbinertums herausbildete; das aber erfolgte über 100 Jahre nach Christi Geburt und Auferstehung.

Jesu Vorhersage, dass in Zukunft Gott nicht mehr in Samarien auf dem Berg angebetet werden wird, folgt: *Aber die Stunde kommt und sie ist schon da, zu der die wahren Beter den Vater anbeten werden im Geist und in der Wahrheit, denn so will der Vater angebetet werden. Gott ist Geist und alle, die ihn anbeten, müssen im Geist und in der Wahrheit anbeten.* Gott ist Geist – Jesus hat uns das klipp und klar gesagt. Es kann sich also keiner dahinter verstecken, dass er Gott noch nicht gesehen hätte. Der Geist ist viel umfassender und damit göttlich zu verstehen, denn er durchweht alles. Er ist der Geist der Wahrheit. Die Anbetung Gottes in

Samarien fand später in der Tat nicht mehr auf dem Berg statt. Auch der Tempel wurde entbehrlich – und auch nach seiner Zerstörung nie mehr aufgebaut.

Und dann kommt DER entscheidende, alles offenbarende Satz, weil die Frau weiß, dass der Messias, der Christus kommen wird, der alles verkünden wird. *Ich bin es, der mit dir spricht.*

Das ist eine klare Selbstoffenbarung, die den Jüngern in dieser Klarheit bisher auch noch nicht so gesagt worden ist. Auch die Frau hat Schwierigkeiten, den bedeutungsschweren Inhalt zu verstehen; immerhin aber informiert sie ihr Dorf, dass der Christus gekommen sein könnte. Aufgrund dieser Vorkommnisse kamen schließlich viele Samaritaner zum Glauben an Jesus. Sie bekannten dann: Er ist wirklich der Retter der Welt.

Nochmal möchte ich das Augenmerk auf diese Tatsachen richten – die Selbstoffenbarung Jesu als Messias erfolgt einerseits einer Nicht-Jüdin gegenüber und andererseits einem Nicht-Mann, eben einer Frau. Jesus, also Gott, stellt damit die herrschenden Verhältnisse auf den Kopf. Weder war eine Samaritanerin ein bei Juden geachteter Mensch, noch war eine Frau glaubwürdig, zeugnisberechtigt in der damaligen Männerwelt. Jesus denkt offensichtlich anders. Er stellt gerne die Dinge auf den Kopf. War das (mit) ein Grund dafür, dass sein glasklares Statement der Selbstoffenbarung bei den Juden, bei der Männerwelt damals nicht ankam und missachtet wurde, weil es gar zu radikal erschien? Nun, Jesus ist nach Seiner Auferstehung dieser Marschroute gefolgt und hat sich als erstem Menschen einer Frau gezeigt. Dazu später mehr.

Jesus ein Jude?

Ja, Jesus war als irdischer Sohn einer jüdischen Mutter auch Jude (das ist das Gesetz: Jeder, der von einer jüdischen Mutter geboren wird, ist automatisch Jude.) Das blieb Er also bis zum Tode.

Also hat ein Jude das Christentum gegründet? Ja und nein. Jesus hat keine Religion im formalen Sinne gegründet. Das war eine Folge der geschichtlichen Entwicklung, besser der Auseinanderentwicklung der Gläubigengruppen als Anhänger der abrahamitischen Glaubens- bzw. des Christlichen Glaubensausrichtung (s.o.).

Wir merken das heute noch, denn unser christlicher Glaube hat zum Ursprung immer noch den gleichen Gott, den auch die Juden verehren. Dennoch sind wir keine Juden. Warum? Weil man unterscheiden muss zwischen Menschen, die an einen Gott in einer bestimmten Weise glauben (also jüdisch, also christlich, also islamisch, also …) und Menschen, die zu einer Stammesgruppe gehören, also Franzosen, Engländer, Israelis, Ägypter, Deutsche etc.(auch das ist durch die vielen Migrationsbewegungen der Geschichte oft nicht mehr richtig; Völker, die ein Staatsgebilde zusammen teilen, sind heute genetisch aus vielen Weltgegenden zusammengefügt, fühlen sich aber als Franzosen etc. – aber auch als Christen etc. – es geht formal völlig durcheinander). Alle diese Menschen können glaubensseitig Juden sein, Christen, Muslime etc., sind aber immer noch Franzosen etc. Deshalb muss man auch bei Jesus differenzieren – Er war Jude, war aber auch Judäer, also Angehöriger der Stammesgruppe, die auf der Levante lebte. (Formal war er sogar Bewohner des römischen Weltreichs; aber anders als Paulus hatte er als Angehöriger eines besiegten Vasallenvolkes nicht das römische Bürgerrecht). Das ist oft deckungsgleich, aber nicht immer. Außerdem gab es innerhalb der Gruppen auch Untergruppen wie Galiläer, Samaritaner etc.

Wer sich für diese Problematik näher interessiert – hier kann man nachlesen: A. Strotmann: Der historische Jesus. Paderborn 2015, p. 68 ff. Hier werden die möglichen Herkunftsbezeichnungen für Jesus als Jude bis hin zum Galiläer aufgeschlüsselt. Alles ist richtig – es kommt auf den Blickwinkel an.

Ich folge deshalb dem Sprachgebrauch, wenn ich im Text auf „Juden" Bezug nehme, weiß aber, dass einmal eher die jüdisch Gläubigen gemeint sind als Ethnie, einmal dagegen eher die in Judäa lebenden Judäer als Volk. Da man das i.d.R. kaum trennen kann, gerade in der damaligen Zeit, sei mir diese Unschärfe verziehen. Ggf. muss man an manchen Stellen nachdenken und differenzieren, aber auch hier der Hinweis: Bitte meine Ausführungen sensus de sensu verstehen, nicht am Wort festkleben.

Zeichen

Auch Irdisches nimmt Jesus zum Anlass, seine Jünger zu lehren, nämlich das Essen. Als sie besorgt sind um ihn, entgegnet er ihnen: *Meine Speise ist es, den Willen dessen zu tun, der mich gesandt hat und sein Werk zu vollenden. … Einer sät und ein anderer erntet.* Das hat Er auch auf die Jünger bezogen. Jesus hat Seine Botschaft auf Erden verkündet. Aber außerhalb des Jüngerkreises, zu dem auch zahlreiche Frauen gehörten, fruchtete sie zunächst kaum. Erst durch die menschliche Verkündigung im Auftrag des Hl. Geistes wurde die Lehre Jesu bekannt und dann zur „Massenbewegung". (Das aber geschah erst nach Jesu Tod.) Das war einerseits das, was Jesus wollte und wozu Er auch zu Lebzeiten die Jünger berufen und geschult hatte. Andererseits kam aber damit ein Webfehler ins Christentum – nämlich der Mensch. Damit konnte das Böse ein Stück weit eindringen und die Lehre Jesu verbiegen, so dass z.B. der

„Rächergott" gedacht wurde anstatt des Gottes voll Liebe und Barmherzigkeit – Menschen bleiben halt Sünder. Sogar in der Hl. Kirche zeigte sich Unheiliges – eben Menschliches, damit auch Verwerfliches. Unter diesem Problem litt nicht nur die Kirche mit z.B. Papst Alexander VI. , was Anlass zur Reformation gab, sondern auch heute – mit Missbrauch etc. Wir müssen also unter der Saat, die Jesus ausgestreut hat, das Unkraut des Menschlichen zupfen, damit wir die Frucht Jesu ernten können.

Anschauungsunterricht

Jesus zog weiter durch Galiläa, seine Heimat, und war erneut in Kana. Dort kam ein königlicher Beamter aus Kafarnaum zu ihm, als sein Sohn sterbenskrank war. Auf die Bitte, dass Jesus ihn heile, bekam er zu hören: *Wenn ihr nicht Zeichen und Wunder seht, glaubt ihr nicht*. Der Beamte bat ihn trotzdem, zu ihm zu kommen. Jesus sagte ihm daraufhin: *Geh, dein Sohn lebt*. Und nun reagiert der Mann, indem er glaubte und machte sich auf dem Weg. Sein Sohn lebte in der Tat – und der Mann glaubte fortan zusammen mit seinem ganzen Haushalt. Die Reaktion von Jesus auf das Ansinnen des Mannes ist erst einmal abweisend und tadelnd. Aber die pure Verzweiflung des Mannes lässt Jesus doch seiner Bitte entsprechen. Daraus können wir entnehmen, dass Jesus eben nicht der billige Erfüllungsgehilfe in jeder Lebenslage ist. Hier gibt es keinen Automatismus. Jedoch – echter Glaube wie bei dem Mann ist der Zugang zu Ihm. Hier kann Jesus helfen und tut es auch. Das entspricht genau Jesu Botschaft, dass Er der Weg zum Vater ist und die Wahrheit und das Leben. *Wer an mich glaubt, wird leben, auch wenn er stirbt*. Eine bessere Zusage für uns Menschen gibt es nicht. Jesus macht also nicht leere Worte, sondern lässt ihnen auch Taten folgen. Wir dürfen auch darauf hoffend vertrauen, dass Gott unsere Gebete erhört – wohl wissend aber, dass letztlich „Sein Wille geschehe" – Jesus hat das wiederholt dargelegt; diese

Erkenntnis hat deshalb auch Eingang in das zentrale Gebet aller Christen gefunden – in das Vaterunser. Das gilt auch trotz der Zusage Jesu, das Gott die Bitten der Menschen erhören wird – Worum ihr im Glauben bittet, wird der Vater erfüllen. Demut ist erforderlich; Glauben ist erforderlich, Vertrauen ist erforderlich – von uns.

Das Volk hatte also in der Tat „Anschauungsunterricht" in Jesu Handeln. Man musste schon blind und ignorant sein, seine Taten zu leugnen. Obwohl – es gab Menschen, die behaupteten, dass seine Taten durch Belzebub verursacht seien. Auch wenn Jesu Taten und Worte nicht immer spontan – also ohne weitere Reflexion - verstanden werden konnten, so hat Er sich doch geoffenbart. Als Er nämlich am Teich Betesda war, fragte Er einen Kranken, der nicht in den Teich gelangen konnte: *Willst du gesund werden?* Ganz gerade heraus hat Jesus gefragt. Als der Kranke ihm sagte, dass er nicht aus eigener Kraft in den Teich kommen könne, reagiert Jesus spontan: *Steh auf, nimm deine Liege und geh*. Und der Mann war augenblicklich gesund. Das alles geschah in der Öffentlichkeit. Doch wie ist die Reaktion auf dieses eindeutig zu erkennende Wunder? Die Menschen halten sich an die Formalie, dass am Sabbat Heilen und Tragen einer Liege nicht erlaubt sei. Wie schräg, das Wesentliche beiseite zu schieben. Die Juden verfolgten Jesus sogar wegen der Verletzung des Sabbatgebotes. Zuvor hatte Er noch dem Mann gesagt: *Sieh, du bist gesund geworden; sündige nicht mehr, damit dir nicht noch Schlimmeres zustößt*. Das Erkennen und dankbare Annehmen des Wunders wäre eigentlich eine Selbstverständlichkeit - sollte man meinen. Aber die so überfrommen Juden reagierten wie auch wir oft – was formal nicht erlaubt ist, ist verboten, selbst wenn ein höheres Gut, nämlich Heilung, die Formverletzung rechtfertigt. In diesem Fehlverhalten ist schon der Grund verborgen, warum Jesus, der keine böse Tat getan und viele Menschen geheilt und Wunder getan hatte, dann doch getötet worden war. Schon hier am Teich von Betesda wollten

61

viele Menschen lieber einer festgefügten Ordnung, hier des Sabbatgebots, folgen als dem Erlöser – auch von solchen strengen Vorschriften. Sie konnten nicht sehen, dass der Erlöser und Messias zu ihnen gekommen ist, um ihnen als Menschen zu helfen. Sie zogen die menschliche Ordnung vor. Das ist auch heute noch eine nicht unübliche Handlungsweise. Es gibt Kirchen und Konfessionen, die strikt auf die Einhaltung von Formalien achten, den Zugang zu Gott damit aber verstellen. Man erkennt an diesen formalen Hardlinern das menschliche Unvermögen, den menschlichen Kleingeist. Die Großzügigkeit und Barmherzigkeit Gottes wird negiert, ja unterdrückt. Das Gesetz wird zwischen Gott und die Menschen gestellt anstatt das Gesetz als Handlungsrichtlinie für den Umgang der Menschen untereinander zu nutzen.

Gibt es eine allzeit gültige Fassung der Evangelien?

Dazu eine Anmerkung zum Nachdenken bei der wortklebende Text-/Übersetzungsversion der Hardliner: Die Übersetzungen beruhen auf ca. 1000 Jahre alten Texten (Codex Aleppo bzw. Codex Leningradensis), also 1000 J nach der Zeitenwende. Nachdem die umfangreiche Sammlung biblischer Texte in Qumran (und andere alte Sammlungen in Palästina) gefunden worden waren, die nochmals ca. 1000 Jahre älter sind (ca. 330 J v. Chr. bis ca. 100 J n. Chr.), wurden Feinkorrekturen vorgenommen. Also ist der Text nun sakrosankt? Nein, in Qumran fand man nämlich mehrere Varianten gleicher Textstellen, so dass letztlich mehrere Versionen z.B. auch bei Jeremia vorliegen. Ohne in die Textkritik einsteigen zu wollen – zur Zeit Jesu waren die biblischen Texte noch nicht endgültig festgelegt. Das erfolgte erst ca. 200 J später und gilt sowohl für die jüdische, wie auch für die christliche Tradition der Textvermittlung. Wenn sich also ein „Hardliner" auf einen biblischen Text des AT bzw. der Tora beziehen will – auf welche Version/Fassung bitte? Beim NT gilt das Gleiche, zumal es 4 sog. kanonische NT-Evangelien sowie noch andere Evangelientexte gibt, die nicht im sog. Kanon Eingang gefunden haben. Das bedeutet: Das Thomasevangelium ist hier nicht mitgerechnet, sog. Sondergut und weitere, fragmentarische Evangelientexte sind noch gar nicht einmal mitbedacht. Fazit – man kann es nicht oft genug sagen – verum e verbo ist fast immer falsch. Es gibt nicht den einen, ewig korrekten Evangelientext. Deshalb wird auch immer wieder eine Aktualisierung der im Gottesdienst gebräuchlichen Textfassungen publiziert; das hängt damit zusammen, dass man einerseits einmal wissenschaftliche Entdeckungen macht und einarbeitet, andererseits sich unser moderner Sprachgebrauch wandelt, so dass sich auch das Verständnis von Worten verschiebt (vergl. an anderer Stelle der Hinweis zur Wortbedeutungsverschiebung von „Dirne" im Spannungsfeld von alt: „Mädchen" zu neu: „Prostituierte"). Man kann aus heutiger Sicht deshalb nur versuchen, die Botschaft Jesu und ihre Aussagen nach bestem Wissen und Gewissen zu verstehen, eben sensus de sensu. So verfahre ich also auch in diesem Buch. Wortklauberei ergibt dagegen blanken Unsinn.

Jesus hat mit seinem Reden und Handeln trotz Bezug und Berücksichtigung sowie prinzipieller Einhaltung des „alten" Gesetzes eine neue Ordnung begründet – die der Barmherzigkeit und Liebe. Wer sie annimmt, dem kommt Jesus entgegen und sühnt später im Kreuzestod sogar seine Sünden. Aber wer nur auf Menschenwegen wandelt, verpasst Gott. Diesen Menschen wird dann das Gesetz vorgehalten – und das Gesetz ist eindeutig; alles muss gesühnt werden von den Tätern anstatt von Jesus als unserem Erlöser von dem gnadenlosen Gesetz. Diese Verkennung des Messias ist bezeichnend für Menschen, wiewohl Jesus ganz klar und unmissverständlich gesagt hatte: *Mein Vater wirkt bis jetzt und auch ich wirke.* Der messerscharfe Schluss der Juden war: Jesus stellt sich auf die gleiche Stufe wie Gott Vater – und handelt sogar so. Aber es kann nicht sein, was nicht sein darf – war denn die Reaktion vieler Juden. Dass ihnen Neues und Herrliches gezeigt wurde, haben sie nicht verstanden, abgelehnt und schließlich deshalb Jesus getötet. Neues ist so erschreckend – man müsste ja dann sein Verhalten ändern. Alles, nur das nicht. Dann werden die Tatsachen eben uminterpretiert. Ein solcher Weg führt in die Verderbnis, denn zu Lebzeiten können wir es gar nicht schaffen, ohne Sünde zu bleiben. Sei sie auch noch so klein – sie muss gesühnt werden. Egal durch wen – und sei es durch einen „Sündenbock". Diese Gesetzestreue wendet sich also gegen die Sünder. Das ist jüdisches Gedankengut.

Juden?

Ich schreibe „die Juden". Das ist richtig und falsch zugleich. Das sog. einfache Volk war es, das, solange es nicht beeinflusst und verführt worden war, viel mit Jesus und seiner Lehre anfangen konnte. (Siehe auch meine vorherigen Ausführungen zum Wort/Begriff „Jude"). Die Juden, die hier allerdings jetzt gemeint sind, sind die Führungselite des Landes, die so voller Theologie und ihrer Vorschriften war, dass sie sie für das höchste Gut hielt. So hoch sogar, dass sie Jesu Botschaft trotz seiner Selbstaussagen verpassten, weil sie nicht in das jahrtausendealte System von Schuld und Sühne passten. Das alte System war seinerzeit richtig und wichtig. Aber es hatte sich überlebt und war zur Bürde geworden. Jesus hat dagegen angekämpft. Aber weil Er das Gesetz sinnvoll umsetzen wollte, nicht jedoch rein formal, was durchaus immer wieder widersprüchlich sein kann, wurde seine Lehre verworfen. Als wenn der Begründer des Rechts nicht das Recht hätte, es zu verändern und anzupassen. Zumal – bei Gott ist nichts unmöglich. Der Mann in Bethesda, die Frau aus Samarien und viele andere hatten es am eigenen Leib erfahren dürfen.

Erschwerend hinzu kommt noch der Begriff Pharisäer. Zu Jesu Zeiten waren sie eine Gruppe unter mehreren im Judentum.

Andere waren z.B. die Sadduzäer oder die Essener etc.. Die „Problematik" der Pharisäer ist z.T. auch eine spätere Entwicklung, die zur Abfassung des Talmud ab ca. 200 n. Chr. Führte. Dazu siehe an anderer Stelle mehr. „Juden" ist also im Text damals wie heute ein schillernder Begriff mit vielfältigen Bedeutungsmöglichkeiten. Dessen muss man sich immer beim Gebrauch des Wortes bewusst sein.

Gottessohn und Gerechtigkeit

Jesus bestärkt dann die Menschen in der Erkenntnis, dass Er Gottes Sohn ist. *Amen, amen, ich sag euch: Der Sohn kann nichts von sich aus tun, sondern nur, wenn er den Vater etwas tun sieht. Was nämlich der Vater tut, das tut in gleicher Weise der Sohn. Denn der Vater liebt den Sohn und zeigt ihm alles, was er tut und noch größere Werke wird er ihm zeigen, so dass ihr staunen werdet. Denn wie der Vater die Toten auferweckt und lebendig macht, so macht auch der Sohn lebendig, wen er will. Auch richtet der Vater niemanden, sondern er hat das Gericht ganz dem Sohn übertragen, damit alle den Sohn ehren, wie sie den Vater ehren. Wer den Sohn nicht ehrt, ehrt auch den Vater nicht, der ihn gesandt hat. Amen, amen ich sage euch: Wer mein Wort hört und dem glaubt, der mich gesandt hat, hat das ewige Leben; er kommt nicht ins Gericht, sondern ist aus dem Tod ins Leben hinübergegangen. Amen, amen ich sage euch: Die Stunde kommt und sie ist schon da, in der die Toten die Stimme des Sohnes Gottes hören werden; und alle, die sie hören, werden leben. Denn wie der Vater das Leben in sich hat, so hat er auch dem Sohn gegeben, das Leben in sich zu haben. Und er hat ihm Vollmacht gegeben, Gericht zu halten, weil er der Menschensohn ist. Wundert auch nicht darüber! Die Stunde kommt, in der alle, die in den Gräbern sind, seine Stimme hören und herauskommen werden: Die das Gute getan haben, werden zum Leben auferstehen, die das Böse getan haben, werden zum Gericht auferstehen. Von mir selbst aus kann ich nichts tun; ich richte, wie ich es vom Vater höre, und mein Gericht ist gerecht, weil ich nicht meinen Willen suche, sondern den Willen dessen, der mich gesandt hat. Wenn ich über mich selbst Zeugnis ablege, ist mein Zeugnis nicht wahr; ein anderer ist es, der über mich Zeugnis ablegt, und ich weiß: Das Zeugnis, das er über mich ablegt, ist wahr. Ihr habt zu Johannes* [der Täufer; Anmerkung des Autors] *geschickt und er hat für die Wahrheit Zeugnis abgelegt. Ich aber nehme von keinem Menschen ein Zeugnis an, sondern ich sage dies nur, damit ihr gerettet werdet. Jener war die Lampe, die brennt und leuchtet, doch ihr wollet euch nur eine Zeit lang an ihrem Licht erfreuen. Ich aber habe ein gewichtigeres Zeugnis als das des Johannes; Die Werke, die mein Vater mir übertragen hat, damit ich sie zu Ende führe, diese Werke, die ich vollbringe, legen Zeugnis dafür ab, dass mich der Vater gesandt hat. Auch der Vater selbst, der mich gesandt hat, hat über mich Zeugnis abgelegt. Ihr habt weder seine Stimme je gehört noch seine Gestalt gesehen und auch sein Wort bleibt nicht in euch, weil ihr dem nicht glaubt, den er gesandt hat. Ihr erforscht die Schriften, weil ihr meint, in ihnen das ewige Leben zu haben; gerade sie legen Zeugnis über mich ab. Und doch wollt ich nicht zu mir kommen, um das Leben zu haben. Ehre von Menschen nehme ich nicht an. Ich habe euch jedoch erkannt, dass ihr die Liebe zu Gott nicht in euch habt. Ich bin im Namen meines Vaters gekommen und ihr nehmt mich nicht an. Wenn aber ein anderer in seinem eigenen Namen kommt, werdet ihr ihn annehmen. Wie könnt ihr zum Glauben kommen, wenn ihr eure Ehre voneinander annehmt, nicht aber die Ehre sucht, die von dem einen Gott kommt! Denkt nicht, dass ich euch beim Vater anklagen werde; Mose klagt euch an, auf den ihr eure Hoffnung gesetzt habt. Wenn ihr Mose glauben würdet, müsstet ihr auch mir glauben; denn über mich hat er geschrieben. Wenn ihr aber seinen Schriften nicht glaubt, wie könnt ihr dann meinen Worten glauben?*

Jesus lässt also die „Katze aus dem Sack", er bezeichnet sich als Sohn Gottes und begründet das auch. Dennoch glauben die Schriftgelehrten ihm nicht. Ganz klar ist auch sein Hinweis zum Gericht. Das Gesetz des Mose, also die 10 Gebote, geben eine ganz klare Richtung vor: du sollst, du sollst nicht. Das bleibt auch unter Jesus so. Der entscheidende Unterschied ist, dass dem mosaischen Gebot die menschliche Weiterentwicklung folgt, also von Gebot zu Gesetz. Gesetz – so lehrten es die Völker in der Umgebung Israels – erfordert aber Strafe bei Nichteinhaltung. Damit unterschiedet Jesus jedoch zwischen Gebot und Rache, denn er hat die Sühne auf sich selbst genommen. Das hat die Schriftgelehrten gestört, denn sie waren nicht nur Theologen, sondern auch Juristen, denn die religiösen Gebote waren die Basis für das jüdische Rechtsleben. Das ist die Begründung, warum die „Rechtsreform" Jesu hin zur Barmherzigkeit nicht ankam. Sie war ein Paradigmenwechsel. Eine Justizreform aber stößt immer auf Widerstand. Das ist durchaus verständlich – das ist zunächst auch einmal nicht zu kritisieren. Jedoch – der Gesetzgeber war Gott – und deshalb musste Sein Gesetz beachtet werden, es sei denn – es sei denn, der Gesetzgeber selbst führt die Justizreform durch. Genau das aber ist das Ziel von Jesus. Er zeigt sich offen als Gott, zeigt damit auch, dass Er berechtigt ist, das Gesetz hin zur Barmherzigkeit zu reformieren. Damit wäre alles unproblematisch gewesen, wenn die Schriftgelehrten anerkannt hätten, dass Jesus Gott ist. Das hätte allerdings ihr Leben, ihre Daseinsberechtigung auch als Juristen infrage gestellt, zumindest sie wieder auf die Schulbank der neuen Gesetzeslehre zurückgebracht. Das aber hätte auch Privilegien gekostet – das war wohl der entscheidende Punkt – Privilegien gibt es nur in der Kombination mit Macht. Was solch missbrauchte Macht bewirken kann, wird spätestens bei der Kreuzigung sichtbar. Das Gesetz Gottes wird also gegen Ihn selbst in Stellung gebracht. Welche Tragik.

Dabei – ist Gott nicht das Synonym für Gerechtigkeit? Nicht wirklich, wenn man das mal durchdenkt. Gerechtigkeit erfordert strikte Einhaltung des Gesetzes. Wenn man aber schon allein die 10 Gebote nimmt, stehen wir bei akribischer Prüfung alle – ausnahmslos – als Gesetzesübertreter, als Sünder da. Was macht man mit Gesetzesübertretern, wenn man gerecht richtig urteilen will/muss? Man verurteilt sie. Man bestraft sie also um der Gerechtigkeit willen. Tolle Aussicht. Deshalb ist es so barmherzig, dass Gott nicht in letzter Konsequenz gerecht handelt, sondern voller Liebe und Barmherzigkeit – Deine Sünden sind dir vergeben. Heißt im Klartext: Ich weiß schon, dass du eine Gesetzesübertretung begangen hast, die strafwürdig ist. Aber ich verzichte darauf aus Barmherzigkeit. Wer sind wir Menschen denn, dass wir bei dieser Benchmark auf Gesetz und Ordnung mehr Wert legen als auf Barmherzigkeit? Wir verurteilen sogar den Sohn Gottes – welche Tragik also.

Die Botschaft

Lange und sehr inhaltsschwere Sätze hat Jesus also geoffenbart. Auf den Punkt gebracht, ist das seine Botschaft. Er offenbart sich selbst und verweist darauf, dass Mose über ihn geschrieben und geweissagt hat. Aber obwohl die Juden Mose verehren, vollbringen sie nicht den Folgeschluss, dass Jesus der Menschensohn ist und damit der Sohn Gottes – oder wie wir heute sagen: eine der drei trinitarischen Personen. Jesus weist expressis verbis darauf hin, dass seine Werke Zeugnis ablegen. Die Werke aber geschehen dabei öffentlich, können also nicht weggeleugnet werden. Dennoch geschieht, wie schon gezeigt, genau das. Das ist die Tragik, dass die gläubigen Juden, die soviel für ihren Gott gelitten haben und für Ihn trotz aller Irrungen und Wirrungen doch eingetreten sind, so in ihrem System gefangen sind, dass sie Gott nicht sehen und erkennen, wenn ER leibhaftig vor ihnen steht. Ihr Glaubenssystem, das nach der Rückkehr aus dem babylonischen Exil ohne die Mitarbeit der Leviten, der eigentlich vorgesehen Priesterschaft Gottes, errichtet worden ist, ist so starr geworden, dass sie das Leben in Gottes Sohn trotz aller Prophezeiungen nicht mehr erkennen können. Der letzte Satz in Jesu Monolog fasst diese Tragik zusammen. Es braucht schließlich den Kreuzestod und die Auferstehung, damit viele Menschen wieder zu Gott kommen können, dann aber in der Gestalt Jesu. Das ist der entscheidende Schritt vom abrahamitischen zum jesuanisch-christlichen Glauben. (also weg vom Formalgesetz zur Barmherzigkeit Gottes.)

Jesus hat den Vorhang im Tempel zerrissen. In seinem Monolog zeigt Jesus, dass er genau verstanden hat, was in den Köpfen der Juden vorgeht. Aber erst seine Auferstehung nimmt vielen von ihnen die Blindheit. Vielen, nicht allen. Gott in Jesus töten, um Gott den Schöpfer zu verherrlichen, wie viele führende Juden glauben, ist die Konsequenz, weil sie nicht verstanden haben bzw. verstehen konnten oder wollten, dass es einen anderen Weg zu Gott gibt als das Gericht bzw. das Gesetz. Barmherzigkeit ist nur durch Liebe möglich. Gott ist die Liebe. Das zu verstehen, ist schwer und verlangt, dass man Menschenordnungen hinterfragt und dann auch verändert. Jesus hat den Weg dazu gezeigt. Aber ihm darin nachzufolgen, ist so schwer. Ohne seine Erlösung würden wir kläglich scheitern. So aber hat Er gesagt, dass Er Barmherzigkeit üben wird. Das ist der Wille des Vaters. Als Menschensohn hängt Er davon ab in seiner Zeit auf Erden, wiewohl Er ganz Gott ist in seiner Trinität. Deshalb hat Jesus schon an dieser Stelle gesagt, was dann zu dem Zentralgebet für Christen werden wird, dass der Wille des Vaters geschehen soll. Aus der heutigen Menschenperspektive dürfen einerseits auch wir uns als Kinder Gottes fühlen, andererseits aber auch Jesus als trinitarischen Gott anbeten.

Wenn wir den Wechsel von der Einhaltung des Gesetzes zum übergeordneten Willen Gottes vollziehen, vollziehen wir den Schritt von der Tora, unserem AT, zur Barmherzigkeit, zum NT und seiner Gottesliebe. Können wir das?

Auch wenn es den damaligen Menschen schwergefallen ist, Jesus als Gott zu erkennen – hätten sie ihm offenen Herzens und Verstandes zugehört, anstatt ihn an den eigenen Vorstellungen zu messen – hätten sie schon vor der Auferstehung die Möglichkeit gehabt, Kinder Gottes zu werden. Nicht nur dem Namen nach als Juden, sondern schon als wirkliche Gott-Gläubige.

Übertragen wir diese Situation auf heute – die Schar der Gott-Gläubigen wird immer kleiner. Die Menschen glauben, dass die Fortschritte, die sie gemacht hat – sie sind in der Tat gewaltig – ein Beleg gegen die Existenz Gottes seien. Das erinnert in der Kurzsichtigkeit heute an die vorstehend besprochene Kurzsichtigkeit der damaligen Juden beim Erkennen Jesu als Gott. Wir wissen heute sehr viel über die Naturgesetze. Das ist gut so. Daraus aber zu schließen, dass das einfach so gegeben ist, ist kurzsichtig. Die Frage, wie diese Naturgesetze entstanden sind und warum sie so perfekt ineinander greifen, dass Leben entstanden ist, bleibt trotz der Quantenphysik bestehen. Und sei es, dass man das Ganze auf den Urknall zurückführt. Einverstanden – alles, was wurde, wurde aus dem Urknall. Aber es bleibt auch dann immer noch die alles entscheidende Frage: WER hat diesen Sektkorken des Urknalls knallen lassen?

Für mich ist es die Liebe des Schöpfers. Die Liebe aber ist Gott!

Recht und Gesetz und die Liebe

Dass Gottes Organisation auf Erden immer wieder Mist gemacht hat - und derzeit mal wieder besonders, das ist kein Grund, nicht an

Gott zu glauben, sondern den Glauben und die Lehre Gottes wieder in seiner Reinform zu glauben und zu denken, weg von der Verunstaltung durch Menschen. Was passiert, wenn wir das Gesetz wörtlich nehmen und gegen den Menschen anwenden, haben wir schon gesehen. Das gilt auch für das Kirchenrecht.

Kirche hat viel dazu beigetragen, dass Menschen Gott finden konnten. Derzeit tut sie leider fast das Gegenteil. Das bedeutet ebenfalls, dass wir Gott wieder unmittelbarer folgen müssen und die Untaten von Menschen beseitigen sollen. Über sie zu richten allerdings, sollten wir Gott überlassen. Wie Er das tun wird, dazu hat Jesus in seinem großen Monolog Hinweise gegeben. Aber nochmal – es ist Sein Vorrecht zu richten, Seine Aufgabe. Menschliche Selbstjustiz müssen wir vermeiden, auch wenn es noch so sehr in den Fingern juckt. Ferner – das Kind mit dem Bad ausschütten, ist bekanntermaßen auch falsch. Deshalb ist es auch falsch, der Kirche den Rücken zuzukehren. Sie von Unrat und Untat befreien – das geht nur von innen. Tun wir, was der Hl. Geist uns dabei zeigt, was zu tun ist. Ob der neue sog. synodale Weg endlich die Katharsis bringen wird, wird die Zukunft zeigen. Hoffen dürfen wir es und beten darum. Denn die Botschaft Jesu, also Gottes Botschaft, ist viel zu wichtig, als dass sie unter menschlichem Unrat vermüllt werden darf. Beten wir gemeinsam: Dein Wille, Herr, geschehe. Wenn wir das aus vollem Herzen beten und ohne Versuch einer Hintertür, dann laden wir Gottes Liebe ein, unser Gesetz zu sein bzw. wieder zu werden. Denn die Liebe ist der Fels, auf den die Kirche zu bauen, richtig und gut ist. Nicht nur mit ihrer Erdenorganisation der Caritas, sondern auch mit ihrer Erdenorganisation der Verkündigung von Gottes Wort. Die Kirche hat das Wort Gottes, und damit die Liebe Gottes, zu bewahren und für uns Menschen sichtbar und – mit dem Herzen – verstehbar zu machen. Sie muss Gottes Antlitz zeigen, nicht eine menschliche Verunstaltung. Dann wirkt das wieder, was Gott mit Seinem Gesetz vor Jahrtausenden inauguriert hat. Dann schützt das Gesetz, weil die Liebe Gottes uns vor einer Falschanwendung schützt. Dann ist das erste Gebot der Türöffner zu Gott: Du sollst den Herrn deinen Gott lieben aus ganzem Herzen. Wir dürfen ergänzen: weil Er uns zuerst geliebt hat. Hier sind Gesetz und Liebe vereint.

Noch ein Satz zur Liebe, also auch zur Feindesliebe, die hier auch angesprochen ist: Im Deutschen gibt es nur ein Wort – Liebe, jedoch zur Zeit Jesu gab es dafür 3 Worte: Agape, Caritas, Eros (im Griechischen, in dem die LXX geschrieben ist). Wenn man das weiß, ist Feindesliebe mehr die Barmherzigkeit, die Caritas, als die bedingungslose Liebe des Feindes, anstatt die Beziehung zur eigenen Geliebten, zum eigenen Geliebten in der engen Zweierbeziehung mit körperlicher Vereinigung (Eros) und Kinderzeugen. Und Agape ist auch mehr das Liebesmahl, also die Unterstützung Bedürftiger. In der bekannten Stelle bei Lk 6,27 – liebet eure Feinde – steht im griechischen Urtext für das deutsche Wort: „Liebe", nämlich das griechische Wort „agape". Und das heißt Liebesmahl. Dass die Versorgung z.B. kriegsgefangener Feinde selbstverständlich ist, muss nicht eigens erwähnt werden – siehe z.B. die Genfer Kriegsrechtskonvention unserer Zeit; damals war Verhungern lassen der Feinde durchaus eine „Kriegstechnik". Man muss also aufpassen, dass man Jesus richtig versteht – Er verlangt nichts Unmögliches. Es besteht nun mal ein Unterschied zwischen der Liebe zu meinem Ehepartner und dem Liebesmahl zwecks Versorgung eines gefangenen Feindes.

Gottes Liebe dagegen umfasst alles in allem – wo wir Menschen „Liebe" differenzieren, tut Er das nicht. Seine „Liebe" umfasst nämlich das Liebesmahl genauso wie die Barmherzigkeit wie auch den Eros zur Vermehrung der Menschheit – schon im Paradies lautete Gottes Wort: Mehret euch – wie das (technisch) geht, weiß jede/r.

Das Manna Jesu

Nachdem Er in Judäa so missverstanden worden war, ging Jesus dann aus Judäa fort nach Galiläa. Dorthin folgten ihm die Leute. Weil sie hungrig waren, kümmerte sich Jesus auch um dieses banale menschliche Bedürfnis – hier leuchtet die Liebe Gottes als Agape auf. Er fragte folglich seine Begleiter: *Wo sollen wir Brot kaufen, damit diese Leute zu essen haben?* Auch mit dieser so einfachen Frage, verfolgte Jesus eine Absicht – nämlich zum Brotvermehrungswunder hinzuleiten. Auf die Information von Andreas, dass ein Junge einige Brote und Fisch hätte, die aber viel zu wenig seien für die Menge, leitet Jesus sein Wunder ab und ein. *Lasst die Leute sich setzen.* Danach nahm Jesus die Brote, sprach das Dankgebet und machte es mit den Fischen ebenso. Wichtig ist die scheinbar so banale Bemerkung, dass Jesus vor allem anderen zuerst das Dankgebet sprach. Dank hier für das Brotwunder, ja. Aber auch heute noch müssen wir das Dankgebet vor jeder Mahlzeit sprechen, denn es ist und bleibt ein Wunder, dass aus ein paar Körnern durch die Arbeit des Mehlmahlens, des Teigknetens und des Backens etwas wird, was sich auf wunderbare Weise in unserem Körper zu Bewegung, Denken etc. verwandelt. Das ist über das einmalige Brotvermehrungswunder hinaus das allgemeingültige Erkennen das Wunder des Lebens. Ein voller Supermarkt lässt uns vergessen, wie das Brot in die Regale kam. Wenn wir richtig nachdenken, werden wir auch im Supermarktregal bzw. beim Bäcker das Brotwunder in seiner Tiefe erkennen – Gott tut das Wunder des Wachsens und Gedeihens, das dem fertigen Brot ursächlich ist. Dass wir heute biochemisch wissen, wie das geschieht – geschenkt. Das ist wichtig zu wissen z.B. bei Allergien. Aber das Wissen ist nur ein Teilaspekt – die Erschaffung all dieser biochemischen Abläufe müssen wir ursächlich erkennen: ER-schaffung.

Zurück in Jesu Zeit. Die Leute wurden satt – und sie wurden/waren begeistert. Für sie war es wie seinerzeit das Manna vom Himmel. Aber sie waren dabei nicht mit dem Geist der Erkenntnis voll, dass sie soeben Zeugen eines Gottes-Wunders wurden, sondern voll mit dem Geist des Bauches. Sie wollten Jesus zum König machen, weil er ein brauchbarer Versorger zu sein schien, was Er aber nicht zuließ. Jesus zog sich allein auf einen Berg zurück. Menschliche Perspektive ist rein menschlich. Sicher, das ist nicht falsch per se, sondern nur in seiner Ausschließlichkeit des Materiellen. Jesus hat schließlich gesagt, dass Er weiß, dass wir Menschen Menschliches brauchen. Deshalb erleben wir das tägliche Wunder der Erschaffung des Brotes, also unserer Ernährung. Wir müssen uns dessen wieder bewusst werden.

Aber Jesus hat auch gesagt, dass Sein Vater den Menschen alles geben wird, worum sie bitten. Jedoch – nicht einfach als Blankoscheck, sondern wenn sie Seinem Wort trauen, an Ihn glauben. Daran aber mangelte es nach dem Brotwunder – und Jesus zog sich zurück. Er war eben kein genialer Lebensmittelhändler – auch wenn es letztlich so ist, dass alles, was wächst, auf Gottes Wirken zurückgeht. Jesus hat vor allem die geistige Nahrung im Blick – denn schließlich ist Er das Wort. Also geistige Nahrung. Das ist das Essentielle für uns Menschen – alles andere versprach Er folgen zu lassen. Warum haben die Menschen darauf nicht vertraut? Es ist doch immerhin täglich evident, dass das Wunder des Lebens geschieht. Kein Gemüse, kein Fisch wächst ohne göttliches Zutun. Die modernen Naturwissenschaften scheinen erklären zu können, wie das im Einzelnen funktioniert. Richtig, wir haben schon viel herausgefunden. Noch warten weitere Entdeckungen hierbei auf uns. Aber egal wieviel wir hier noch eines Tages wissen dürfen und werden – entscheidend bleibt nicht die naturwissenschaftliche Erkenntnis des „Wie", sondern die geistige Erkenntnis des „Warum". Das „Warum" aber ist die Frage nach der Schöpfung – also die Frage nach Gott. Warum wurde alles so gut zusammengefügt, wie es ist? Die Antwort ist eigentlich einfach: weil ER es so geschaffen hat. Letztlich ist es auch heute noch so, dass das Manna, unsere Ernährung himmlischen Ursprungs ist. Dafür dürfen wir dankbar sein.

Jesus der Seemann

Jesus war enttäuscht und erschöpft. Dass er dann im Boot auf dem See einschlief, ist nicht verwunderlich. Seine menschliche Seite wird hier sichtbar. Als dann allerdings ein Sturm das Boot gefährdete, stillt Jesus den Sturm. Diese Begebenheit kennen wir aus anderen Evangelien. Johannes bringt ein anderes, weiteres Detail dieses Tages in seinem Text. Jesus ging nämlich auf dem Wasser auf das Boot zu. Auf die Angst der Jünger vor einem Gespenst, ruft er ihnen zu: *Ich bin es; fürchtet euch nicht.* Die Begebenheit allerdings, dass Petrus es Jesus nachmachen wollte, aber nicht genug Vertrauen hatte, verzichtet Johannes zu berichten.

Warum diese Perikope anders beschrieben wird als bei den sog. Synoptikern, wissen wir nicht genau. Ich könnte mir denken, dass Johannes das „Fürchtet euch nicht" herausstellen wollte.

In der Tat ist das eine zentrale Botschaft. Denn: Gott ist so allmächtig und allgewaltig, dass man als Mensch eigentlich gar keine andere Möglichkeit hat, als vor Ehrfurcht und Angst zu erstarren, in den Boden zu versinken und nicht ein noch aus zu wissen. Jesus weiß um diese Differenz zwischen Ihm, also Gott, und uns, also den Menschen. Deshalb ruft Er uns sein *„Fürchtet euch nicht"* zu. Er hat genau das gelebt – Er, der unteilbar nicht nur Mensch, sondern eben auch Gott war; seine Wunder haben das

75

unmissverständlich belegt. Trotzdem sollen wir kleine Menschen uns nicht vor dem allmächtigen Gott fürchten! Unglaublich, aber wahr. Wie ist das zu verstehen, wie ist das möglich? Es gibt nur einen Grund – weil ein Geliebter vor einem Liebenden keine Angst haben muss. Gott aber ist die personifizierte Allmacht der Liebe. Deshalb müssen wir uns nicht fürchten. Das einzig Richtige aus dieser Erkenntnis ist, dass auch wir wieder Gott lieben. Dafür müssen Menschen aber teilweise über ihren Schatten springen. Selig sind die, die Gott aus vollem Herzen lieben, selig auch dann, wenn sie erst über ihren Schatten springen müssen, aber das dann tun und Gott nun lieben.

Jesus hat seine Liebe so weit getrieben, dass Er sich für uns sündige Menschen hat opfern lassen; damit hat Er die unüberbrückbare Differenz zwischen Gut, also Gott, und Böse, also unseren Sünden überbrückt; Er hat die Differenz aufgehoben – aus lauter Liebe. Wir müssen uns nicht mehr vor Gott fürchten – Jesus hat uns zu seinen Brüdern und Schwestern gemacht. Es gibt jetzt nur noch ein Problem, das wir aber schon aus der Zeit der damaligen Juden kennen – wir müssen Gottes Wort annehmen und ihn lieben, wie Er uns liebt. Wer dagegen sich lieber an Formalien festhält, also am Gesetz, der verpasst diese Liebe Gottes und verharrt im Gesetz. Das Gesetz aber ist hart – und wirkt dann gegen diese so gesetzestreuen Menschen anstatt die Menschen zu schützen. Denn aufgehoben ist das Gesetz keineswegs. Gott selbst hat jedoch die Folgen unserer Gesetzesübertretungen, also unsere Sünden, gesühnt. Dafür gebührt Gott unser Dank, gebührt Ihm unsere Anbetung, gebührt Ihm unsere Gegenliebe. Wir dürfen IHM voll vertrauen. Vor Ihm Angst zu haben, ist falsch. Beten wir den Herrn, unseren Bruder an und lieben Ihn. Dadurch haben wir Gott auf unserer Seite – auf unserer Seite des Gesetzes, so dass das Gesetz in seiner Striktheit für uns wirksam wird. Haben wir aber uns für unseren eigenen Weg entschieden, dann haben wir Gott ggf. nicht an unserer Seite, weil wir dann gegen Ihn handeln. Dann weht uns der Wind des Gesetzes ins Gesicht. Das wäre dann allerdings wirklich zum Fürchten.

In dieser Liebe Gottes geborgen sind wir selbst dann, wenn es auf Erden mal hart wird für uns. Vor allem in Krankheit und dann im Tod. Auch hier gilt – fürchtet euch nicht. Gott hat uns seine Auferstehung und das ewige Leben zugesagt. Glauben wir daran aus lauter liebendem Vertrauen auf Heilung und ewiges Leben! Dann können wir auch über den See gehen. Glauben wir das?

Dieses See-Erlebnis hatte weitere Folgen. Die Menschen suchten nämlich Jesus. Als sie ihn gefunden hatten, kommt es zur Frage an ihn, wie er hergekommen sei. Jesus antwortet aber ganz anders: *Amen, amen, ich sage euch. Ihr sucht mich nicht, weil ihr Zeichen gesehen habt, sondern weil ihr von den Broten gegessen habt und satt geworden seid. Müht euch nicht ab für die Speise, die verdirbt, sondern die für das ewige Leben bleibt und die der Menschensohn euch geben wird. Denn ihn hat Gott, der Vater, mit seinem Siegel beglaubigt.* Die Menschen fragen ihn dann, was sie tun müssen, um die Werke Gottes zu vollbringen. Jesus antwortet: *Das ist das Werk Gottes, dass ihr an den glaubt, den er gesandt hat.* Auf die weitere Nachfrage nach dem Zeichen, als es kurzsichtig um Manna als Speise ging, denn weiter konnten die damaligen Menschen nicht denken, bekommen sie gesagt: *Amen, amen ich sage euch, nicht Mose hat euch das Brot vom Himmel gegeben, sondern mein Vater gibt euch das wahre Brot vom Himmel. Denn das Brot, das Gott gibt, kommt von Himmel herab und gibt der Welt das Leben.* Erneut fragen die Menschen nach, dass sie dieses Brot haben möchten.

Brot des Lebens

Jesus Antwort ist zum Klassiker der christlichen Botschaft geworden: **Ich bin das Brot des Lebens.** *Wer zu mir kommt, wird nie mehr hungern, und wer an mich glaubt, wird nie mehr Durst haben.*

Aber ich habe euch gesagt: Ihr habt gesehen und doch glaubt ihr nicht. Alles, was der Vater mir gibt, wird zu mir kommen, und wer zu mir kommt, den werde ich nicht abweisen, denn ich bin nicht vom Himmel herabgekommen, um meinen Willen zu tun, sondern den Willen dessen, der mich gesandt hat. Das aber ist der Wille dessen, der mich gesandt hat, dass ich keinen von denen, die er mir gegeben hat, zugrunde gehen lasse, sondern dass ich sie auferwecke am jüngsten Tag. Eben das ist der Wille meines Vaters, dass jeder, der den Sohn sieht und an ihn glaubt, das ewige Leben hat und dass ich ihn auferwecke am jüngsten Tag.

Über diese heutige Kernaussage sind damals viele gestolpert. Dabei – hätten sie in der seit tausend Jahren verkündeten Schrift, der Tora, aufmerksam gelesen, hätten sie den Menschensohn bzw. seine Prophezeiung finden können, zum Beispiel bei Jesaja. Warum ist das nicht geschehen? Der vorherige Absatz aus Jesu Mund gesprochen, lässt an Deutlichkeit wenig Wünsche offen. Jesus hat gesagt, dass Er vom Himmel kommt – Himmel war das Wort eines frommen Juden für Gott. Und Er hat Gott als seinen Vater bezeichnet, dessen Willen Er erfüllen möchte. Außerdem ist Er bevollmächtigt, die Gottgläubigen am jüngsten Tag wieder aufzuwecken. Auch das ist ganz klar eine Gott vorbehaltene, nur Ihm mögliche Maßnahme. Alle diese Punkte jedenfalls haben quasi wie eine mathematische Gleichung nur ein richtiges Ergebnis: Jesus ist Gott. Das haben viele Juden, vor allem die Schriftgelehrten, wohl verstanden. Warum sind sie dann nicht quasi zu Jesus „übergelaufen"?

Weil Jesus auch die Kleinen in der Gesellschaf berufen hat, weil Er auch das Kamel nicht durch das Nadelöhr gehen lassen wollte, also die Reichen ausschloss? Reich waren aber vor allem die Gebildeten, damit die Oberen der Gesellschaft und damit auch die Priester. Die kleinen Leute sind leichter zu Jesus als dem erhofften Heilsbringer übergelaufen. Allerdings – wie das eben besprochene

Mannabeispiel zeigt, muss man zumindest teilweise befürchten, dass die weniger Gebildeten mehr das Manna, als das Brot des Lebens im Kopf hatten – frei nach Bert Brecht: Erst das Fressen, dann die Moral.

Insofern muss man doch die Liebe Jesu zu allen Menschen in Anschlag bringen – sowohl zu den sog. Armen, und hier dann nicht nur eschatologisch, sondern auch durchaus materiell unterstützend, als auch für die Wohlhabenderen, ebenfalls eschatologisch, aber auch so, dass diese Schicht mit ihrem Wohlstand verantwortungsvoll umging und die andere Seite der Gesellschaft unterstützte. Reichtum ist keine Sünde per se, wenn man ihn nicht zur alleinigen Richtschnur des Lebens macht, sondern sinnvoll damit umgeht und andere daran teilhaben lässt. So wird das Kamel schlanker und das Nadelöhr wird weiter, bis beide zueinander passen. Dann ist auch den Armen geholfen. Caritas als tätige Nächstenliebe ist ein Zeichen der Solidarität der Reichen mit den Armen. Das dürfen wir mittels einer Organisation tun, aber wir müssen das Auskommen der Organisation und ihrer Mitarbeiter durch unsere Gaben gewährleisten. Insofern ist es gut, dass wir anders als zu Jesu Lebzeiten auf Erden soviel Wohlstand haben, den wir weitergeben können. Zwar könnte es durchaus mehr sein, aber verglichen mit damals und seinen über 80% materiell Armen haben wir doch eine bessere Basis erreicht und damit mehr Möglichkeiten, Menschen zu unterstützen. Wer aktiv helfen kann, soll es tun. Die anderen sollen ihr Portemonnai öffnen. Zusammen funktioniert das dann.

(Klein-)Glaube

Es kann auch am Kleinglauben gelegen haben, also kleiner als ein Senfkorn, dass die Menschen nicht in Scharen zu Jesus als Gottessohn gekommen sind und an Ihn geglaubt haben. Es kann daran gelegen haben, dass die Konsequenz aus Jesu Botschaft dazu hätte führen müssen, das eigene Leben zumindest in Frage zu stellen bzw. zu verändern. Es kann daran gelegen haben, dass man dann in den führenden Schichten die eigene, mühsam erworbene Machtposition hätte aufgeben müssen, oder? Immerhin sagt Jesus selbst im Vaterunser: *Dein Wille geschehe.* Damit ist die Benchmark vorgegeben auch für uns Menschen, die wir uns nicht über Gott bzw. seinen Sohn erhöhen dürfen. Diese Einstellung verlangt in aller Konsequenz, dass man Gott entscheiden lässt. Auch wenn einem das vordergründig nicht gefallen sollte – Gott weiß mehr als wir auf unserer kurzen Sichtstecke erkennen können. Und deshalb kann es durchaus sein, dass das, was uns nicht gefällt, auf lange Sicht, gar aus Sicht des ewigen Lebens, besser ist als ein kurzer Gewinn im Hier und Heute. Es fällt schwer, das zu begreifen und dann zu akzeptieren. Aber wenn man Gott bittet, gerade auch dabei zu helfen, dann ist Er barmherzig und gütig. Vergessen wir nie: *Fürchtet euch nicht* – hat Jesus auch gesagt. Denn: Jesus ist unser Erlöser.

Aber seien wir nicht aus heutiger Perspektive so arrogant, dass wir glauben, wir hätten Jesus damals als Gottes Sohn zweifelsfrei erkannt. Wohl kaum. Dabei ist Er, wenn auch irgendwie verkleidet, auch heute präsent. Jesus hat nämlich gesagt, dass der Nächste sein Spiegelbild auf Erden ist. Wenn wir diesem Nächsten Gutes tun, dann tun wir das Ihm. Sehen und suchen wir also Jesus im Alltag, unserem Alltag. Dann geht das Kamel auch durchs Nadelöhr.

Wir müssen uns allerdings täglich darum bemühen, Gott im Alltag zu finden. Nur durch seine Barmherzigkeit und Gnade wird uns das letztlich gelingen können. Bemühen wir uns darum, beten wir zu Gott, dem Dreifaltigen darum. Denn Er ist das Brot des Lebens. Und Er ist die Liebe. Das lässt uns hoffen. Wir müssen jedoch dafür offen sein. Das ist unsere Aufgabe.

Brot des Lebens – und Sein Fleisch

Die Juden murrten also über Jesu Wort, dass es vom Himmel gekommen sei. Er gab ihnen zur Antwort: *Murrt nicht. Niemand kann zu mir kommen, wenn nicht der Vater, der mich gesandt hat, ihn zieht; und ich werde ihn auferwecken am jüngsten Tag. Bei den Propheten steht geschrieben: Und alle werden Schüler Gottes sein. Jeder, der auf den Vater hört und seine Lehre annimmt, wird zu mir kommen. Niemand hat den Vater gesehen außer dem, der von Gott ist; nur er hat den Vater geschehen. Amen, amen ich sage euch: Wer glaubt, hat das ewige Leben. Ich bin das Brot des Lebens. Eure Väter haben in der Wüste das Manna gegessen und sind gestorben. So aber ist es mit dem Brot, das vom Himmel herabkommt: Wenn jemand davon isst, wird er nicht sterben. Ich bin das lebendige Brot, das vom Himmel herabgekommen ist. Wer von diesem Brot isst, wird in Ewigkeit leben. Das Brot, das ich geben werde, ist mein Fleisch für das Leben der Welt.*

Dass die Juden das nicht verstanden haben, merkt man an ihrer Reaktion. Sie denken in Kategorien des Kannibalismus. Nur – hätten wir das ohne die Auslegungen der nächsten Jahrhunderte, ohne die Auslegungen der Kirchenväter begriffen? Zumal Jesus zum Zeitpunkt seiner Rede noch nicht gekreuzigt worden war und wiederauferstanden ist? Ich befürchte, wir wären heute genauso begriffsstutzig. Andere, auch heutige Religionsangehörige stolpern ebenfalls oft über diese christliche Kern-Botschaft, wenn sie sich nur an die Worte in ihrer semantischen Aussage, nicht aber an ihrem göttlichen Inhalt orientieren. Brot und Fleisch zusammenzudenken erfordert Einsicht und Demut.

Glauben ist eben mehr als nur ein paar Worte hören und für richtig zu halten.

Jesus versucht es weiter, deutlich zu werden: *Amen, amen, ich sage euch. Wenn ihr das Fleisch des Menschensohnes nicht esst und sein*

Blut nicht trinkt, habt ich das Leben nicht in euch. Wer mein Fleisch isst und mein Blut trinkt, hat das ewige Leben und ich werde ihn auferwecken am jüngsten Tag. Denn mein Fleisch ist wahrhaftig eine Speise und mein Blut wahrhaftig ein Trank. Wer mein Fleisch isst und mein Blut trinkt, der bleibt in mir und ich bleibe in ihm. Wie mich der lebendige Vater gesandt hat und wie ich durch den Vater lebe, so wird jeder, der mich isst, durch mich leben. Dies ist das Brot, das vom Himmel herabgekommen ist. Es ist nicht wie das Brot, das die Väter gegessen haben, sie sind gestorben. Wer aber dieses Brot isst, wird leben in Ewigkeit.

Also doch Kannibalismus? Und das im Gottesdienst, denn diese Worte des Johannesevangeliums werden im Hochgebet vom Altar aus gesprochen.

Beim Fleisch könnte man noch stutzig werden, aber beim Blut? Wenn man gläubiger Jude ist und regelmäßig sein Sühneopfer(tier) darbringt und dessen Blut über den Altar im Tempel ausgießt? Dieses blutige Opfer des alten Judentums ist von Gott vor langer Zeit eingesetzt worden als Sündenbockverhalten. Sünden müssen gesühnt werden. Soweit war das den Juden klar und infolge des Gesetzes verinnerlicht. Sie durften diesen Sündenbock aber stellvertretend für sich opfern und sich damit entsühnen. Wenn man das auf Jesus überträgt, dann ist Er der Sündenbock, der für unsere Erlösung geopfert wird – Er bietet sich selbst stellvertretend für uns sündige Menschen dar. Aber anders als ein Sündenbock, der immer einen Nachfolger haben muss, hat Jesus ein für alle Mal unsere Sünden bezahlt/gebüßt und damit uns entsühnt. Indem ER uns zu Brüdern und Schwestern macht, hat Er uns auf Augenhöhe zu sich gebracht. So dürfen wir die Strafe, die Ihn ungerechtfertigterweise getroffen hat, auf uns projizieren und beim Gericht vorweisen, dass unsere Schuld damit bereits beglichen ist – durch unseren Bruder und Herrn. Insofern braucht es durchaus erst die Auferstehung, damit wir Menschen begreifen können, dass Jesus nicht von Kannibalismus von sich selbst spricht, sondern seine Rede metaphorisch gemeint ist. Damit aber kein Blut mehr vergossen wird, hat Er das blutige Opfer durch seinen Sühnetod beendet. Es bleibt jedoch im Gedächtnis durch das Abendmahl. Hier hat Jesus diese Metapher von Fleisch und Blut aufgelöst und erklärt.

Mag noch bis dahin das Missverständlich möglich gewesen sein; spätestens nach Kreuz und Auferstehung ist es erklärt, so dass wir heutige Menschen, zumal angesichts der vielen Auslegungen der Jahrhunderte seit Jesu Tod und Auferstehung, uns nur noch gläubig und dankbar verhalten können und dürfen. Dennoch fällt es vielen Menschen schwer, hinter der Kommunion in beiderlei Gestalt mehr als nur Essen und Trinken zu sehen. Mehr sieht nur der Gläubige. Wir müssen uns darauf einlassen. Sonst bleiben die Gaben nur Brot und Wein, bleibt die gläubige Transsubstantiation aus.

Christus müssen wir als das Brot unseres Lebens aufnehmen, indem wir die Metapher dahinter enträtseln und dann in unseren Glauben einbeziehen. Wenn wir das tun, dürfen wir darauf vertrauen, dass Jesus seinen Tod auch für uns stellvertretend als Sühneopfer gestorben ist.

So können wir leben in Ewigkeit.

Dein Wille geschehe

Mit Tod, Auferstehung und der damit verbundenen Erlösung ist der Satz: *Dein Wille geschehe* – kein Problem mehr. Wenn ein Sünder noch seine Schuld trägt, dann kommt er mit einem schlechten Gewissen zu dem, der Macht über ihn hat aus der Angst heraus, dass es ihm zur Strafe schlecht ergehen könnte. Aber Jesus hat alle Sünden der Welt, also der Menschen durch seinen eigenen Opfertod gesühnt und damit völlig entschuldet. Und ihm sollten wir dann nicht trauen? Die einzige Konsequenz für uns Menschen ist, uns selbst Ihm völlig hinzugeben und Seinem Willen zu trauen. Wenn man das verstanden hat, hat man als Mensch zwar immer mal wieder ein mulmiges Gefühl. Aber Angst? Nein, Angst ist nicht mehr gerechtfertigt dank Jesu Vorleistung und Erlösung, die Ausdruck seiner Liebe und Barmherzigkeit sind.

Trotzdem dürfen wir uns nun nicht zurücklehnen und weitermachen wie bisher. Denn zu Gottes Wille gehört auch, dass Er Null-Toleranz als Benchmark für Sünde und Fehlverhalten vorgibt. Gemessen an dieser Benchmark, die nicht verhandelbar ist, stehen wir alle – ausnahmslos – als Sünder da. Wie also komme ich zu den vorherigen Aussagen? Nun, eindeutig ist das persönliches Erleben – Seinen Willen habe ich schon mehrfach erleben dürfen. Es war immer überraschend und großartig. Sein Wille gehorcht anderen Gesetzen als unser menschlicher Wille. Wir versuchen, wenn wir uns des göttlichen Anspruchs klar geworden sind, barmherzig zu sein und unsere Nächsten zu lieben. Gelingen tut uns das jedoch nicht vollständig. Der Grund ist einfach – weil wir Menschen sind. Im Sinne der Agape mag uns das noch am besten gelingen, durchaus auch im Sinne der Caritas. Aber umfassend? Da scheitern wir früher oder später. Deshalb ist es ja so großartig, dass wir, wenn wir Gott demütig und reuig in allem Recht geben und IHN um Vergebung bitten, diese Vergebung auch erhalten. Sie steht uns nicht zu; aber Gottes Liebe ist so verschwenderisch, dass Er seine Liebe, Seine Barmherzigkeit und Vergebung über uns ausschüttet. Jedoch – nochmals, ob wir sie erhalten dürfen, liegt auch an uns. Ohne Einsicht in unser Verhalten, ohne Reue über Fehlverhalten dürfen wir zwar hoffen, aber nicht mit Realismus hoffen, Gottes Barmherzigkeit zu erhalten. Wenn uns das klar geworden ist, bleibt nur eine Konsequenz übrig – Jesus nach bestem Bemühen nachzueifern. Dann, so hat Er selbst gesagt, dürfen wir auf Erlösung hoffen und werden sie erhalten.

Also Angst haben? Nicht wirklich. Das gilt selbst gegenüber dem Tod. Sicher, das ist schon ein heftiger Übergang vom irdischen Leben in die Ewigkeit Gottes. Aber wir können Jesu Worten glauben, vorbehaltlos. Wir werden geprüft an diesem Übertrittstag – Jesus hat es selbst gesagt. Aber Er hat auch gesagt: *Fürchtet euch nicht, eure Sünden sind vergeben.* Glauben wir das? Nehmen wir diese Zusage an?

Wer hier zögert angesichts der unabänderlichen biologischen Abläufe, der verfehlt den Sinn des Lebens, der verfehlt die Barmherzigkeit und Güte Gottes, der verfehlt die Ewigkeit in Gottes Reich, in dem Jesus für uns bereits Wohnungen vorbereitet hat. Selbst beim „Umzug" dorthin hilft er uns. Lesen wir Psalm 23 – auch wenn ich wandere durch das finstere Tal, fürchte ich kein Unglück, denn du bist bei mir, dein Stecken und Stab schützen und trösten mich. Jesus ist der gute Hirte. Es ist seine unverbrüchliche Zusage an uns Menschen. Lassen wir uns nicht ängstigen, auch wenn es für uns alle dick kommen wird. Gehen wir auf Jesus zu – Er kommt uns auf mindestens halber Strecke entgegen. Er lässt uns nicht allein; Er wird sein Wort halten. Er ist das Wort des Lebens, das Er uns zugesagt hat. Diesen halben Weg aber müssen wir gehen, müssen wir schon zu Lebzeiten zu unserer Richtschnur machen, indem wir versuchen, Jesus nahe zu sein und ihn anzuerkennen mit Seiner Botschaft. Nach der Anerkennung folgt die Umsetzung so gut wie wir es vermögen. Versuchen – das allerdings müssen wir.

Kannibalismus?

Zurück zum Ausgang – also die Kannibalismusvermutung ist blanker Unsinn. Jesus bezog sich in seiner Rede auf die Tora; jeder gläubige Jude wusste um die Zusage Gottes zur Auferstehung am jüngsten Tag. Von dieser Zusage aus gedacht, kann man Jesu Worte nicht falsch verstehen. Fleisch und Blut sind Metaphern für das Leben.

Sie sind gedacht als Hilfe für uns Menschen, denn ohne Fleisch und Blut können wir nicht leben. Sie sind also Sinnbilder in Jesu Worten für die Zusage des ewigen Lebens.

Er ist das Brot des Lebens. Schon allein dieser Satz, der auch von Jesus stammt, zeigt, dass Sein Wort vom Fleisch nicht biologisch gemeint ist, sondern als Metapher; gemeint ist, dass Jesus als Brot des Lebens unsere Lebensgrundlage ist; und als „Fleisch" nehmen wir Ihn auf, verinnerlichen Ihn also und lassen Ihn zum Bestandteil unseres eigenen Körpers werden, der daraus seine Energie zum Leben zieht. Ohne Brot und Fleisch würden wir verhungern – biologisch klar. Aber gerade auf dieses Verhungern spielt Jesus an, wenn Er sich als Brot und Fleisch bezeichnet, denn die biologische Sättigung ist nur kurzfristig, ist wie das Manna in der Wüste, das schon am nächsten Tag wieder gegessen werden musste. Jesus hat aus dem gleichen Grund der Frau aus Samarien in der Begebenheit am Jakobsbrunnen gesagt, dass das Brunnenwasser den Durst nur kurzfristig löschen kann; Sein lebendiges Wasser dagegen löscht den Durst auf Dauer. Somit sind Jesu Brot und Fleisch, die ja durch die Verwandlung im Abendmahl letztlich identisch sind, in ihrer metaphorischen Bedeutung ewige Grundlage unseres Lebens. Zusammen mit dem Licht und dem Wort sind sie die Eckpfeiler unseres Lebens in der Welt – und außerhalb der sichtbaren Welt, wenn wir sie verlassen, um zu unserem Schöpfer zurückzukehren. Wir feiern heute noch das Angedenken an dieses Selbstopfer Jesu in jeder Messe, wenn wir das Brot des Abendmahls gemeinsam brechen; dieses Brot, das das Symbol für Jesus ist seit jenem Abendmahl vor seinem Opfertod. Jesus lebt und ist uns Bruder und Gott gleichzeitig.

Wobei – in Mt 4, 4 (und 5 Mose 8,3) steht geschrieben: Der Mensch lebt nicht vom Brot allein, sondern von einem jeden Wort, das aus dem Mund Gottes geht. Insofern hätten die Menschen damals eigentlich Jesus verstehen müssen, zumal Johannes sie aufgefordert hatte: Tut Buße, denn das Himmelreich ist nahe (Mt. 3,2). Weiter – der Name Jesus bedeutet übersetzt: Er wird sein Volk von ihren Sünden retten. Kurz nach diesem Satz folgt im Mt-Evangelium der Hinweis auf Jesaja 7,14: Siehe, eine Jungfrau wird schwanger sein und einen Sohn gebären (= Mt. 1,23). Das sind 3 Hinweise auf Jesus und seine Gottessohnschaft. Jeder Jude damals kannte diese Torastellen, hat sie aber i.d.R nicht zusammengebracht. Insofern sind wir heute noch schlechter dran – wer kann schon das AT (vom NT will ich ganz schweigen) weitgehend auswendig? Moderne Arroganz wegen des Verstehensproblems ist also definitiv nicht angebracht.

Wenn man alle diese Hinweise, die gerade auch bei Jesaja und Mose stehen, wirklich integrativ verstanden hätte, hätte man schon damals begreifen müssen, was da vor sich geht, dass Gott auf die Welt gekommen ist. Aber das hätte ja Konsequenzen für das eigene Handeln gehabt – und das durfte offensichtlich nicht sein. Dass wir diese Zusammenhänge heute kennen, verdanken wir vielen Denkern, verdanken wir den Kirchvätern. Aber auch sie mussten erst retrospektiv mit der Kenntnis des NT die Zusammenhänge und Prophezeiungen im AT entschlüsseln, die wir heute kennen.

Da Jesus aber durch seinen Tod unser aller Sünden sühnen wollte, hat Er sich diese Ablehnung der Menschen bis hin in den eigenen Tod gefallen lassen; aber Er hatte dabei quasi einen Plan B – nämlich die Auferstehung. Spätestens jetzt hätten alle Menschen zu Christen werden können und müssen – eine größere Barmherzigkeit und Liebe Gottes als seine Selbsthingabe ist nicht möglich, nicht einmal denkbar. Dazu aber muss man erkennen, muss man glauben, muss man Seinen Willen geschehen lassen. Dann kann man Christ werden und Christus nachfolgen so gut wir es vermögen.

Wobei – Plan B? Jesus als Mensch hatte ihn sicherlich nicht. Er musste sich ganz auf Gottes Wort und Zusage verlassen – durch alle Phasen des Geschehens von Ps. 22 hindurch. Deshalb hatte Er ja auch Angst, reale Angst als Mensch. Der menschliche Jesus stand unter dem Eindruck des Verlassenseins am Kreuz. Der göttliche Menschensohn durfte die Erlösung in den folgenden Versen dieses Psalms auf sich beziehen. Damit dürfen wir an einen Plan B glauben, denn Jesus war auch eine der drei göttlichen Personen. Als solche aber war der göttliche Wille, war die göttliche Allmacht auch Ihm gegeben. Hier steckt die Sicherheit auf Plan B – die Auferstehung. Es bleibt dennoch das Geheimnis Gottes, wieviel Plan B in Jesus zu welchem Zeitpunkt vorlag. Wir wissen nur, dass Gott schon vor langer Zeit das menschliche Sündenproblem erkannt hat und deshalb seinen Entschluss fasste, das Problem in sich selbst zu lösen. Deshalb kam Jesus in Menschengestalt auf die Erde, hat unter uns gelebt und ist zu unserem Erlöser geworden. Aber bitte aufpassen – der dreifaltige Gott ist keiner gespaltenen Persönlichkeit vergleichbar, sondern Er ist vielmehr als ein jeweils erkennbarer Aggregatzustand Seines Seins zu verstehen – mal als Vater und Schöpfer, mal als Sohn und Erlöser, mal als Geist und immanenter Begleiter. So ist Gott eben dreifaltig Einer.

Jesu Opfer als Gott bzw. als Gottessohn

Aber es war doch „nur" der Sohn, der sich geopfert hatte, was ist mit dem Vater? Nun, auch das ist wieder zu menschlich gedacht. Jesus hat mal gesagt: Bei Gott ist nichts unmöglich. Richtig. Deshalb können und dürfen wir die Trinität Gottes als Vater, Sohn und Hl. Geist nicht menschlich verstehen. Diese drei sog. göttlichen Personen sind eben eins – wie auch H2O immer eins ist – mal als Eis, mal als flüssiges Wasser, mal als Wasserdampf zu erkennen. (zur Analogie von 3 physikalischen Aggregatzuständen des Wassers mit der Trinität siehe auch an anderer Stelle im Buch). Egal also wie H2O erscheint – es bleibt H2O. Bei Gott ist das nicht anders. Er ist drei in Einem. Deshalb war sein Opfertod in der Personenerscheinung Jesu möglich, war aber auch die Auferstehung möglich, ist es möglich, dass wir im Glauben dank der Liebe Gottes daran Anteil bekommen. Genau deshalb gilt dieses „Fürchtet euch nicht" nicht nur den Jüngern damals, sondern uns Gläubigen auch heute. Ich bin sicher, dass wir, wenn wir die Probe aufs Exempel machen werden – auf Erden nennt man das Sterben -, die Wahrheit Gottes verstehen und erleben werden. Jesus ist nämlich unser Erlöser. Seiner Zusage dürfen wir trauen. Sie ist Gottes Wort an uns, das Wort des Lebens.

Offensichtliches verborgen?

Trotz aller dieser Zusammenhänge, gab es damals weiterhin Jünger, die sagten, dass Jesu Rede vom Brot des Lebens und seinem darin verborgenen Fleisch hart sei. Deshalb frage er: *Daran nehmt ihr Anstoß? Was werdet ihr sagen, wenn ihr den Menschensohn aufsteigen seht, dorthin, wo er vorher war? Der Geist ist es, der lebendig macht; das Fleisch nützt nichts. Die Worte, die ich zu euch gesprochen habe, sind Geist und sind Leben. Aber es gibt unter euch einige, die nicht glauben.* Jesus wusste damals, wer diese murrenden Menschen waren und dass sie ihn schließlich zur Kreuzigung ausliefern würden. *Deshalb habe ich zu euch gesagt: Niemand kann zu mir kommen, wenn es ihm nicht vom Vater gegeben ist.* Daraufhin zogen sich viele Jünger von ihm zurück. Hätten Sie doch einfach mal in der Tora nachgelesen (s.o.). Dann hätten sie die Chance gehabt, die Zusammenhänge dort finden und verstehen zu können. (Ich glaube, dass Gott ihnen geholfen hätte, das zu verstehen, auch ohne NT-Kenntnisse späterer Zeiten) So haben die Menschen sich selbst von der Erklärung von Jesu Worten ausgeschlossen. Zwar hat der Vater allen Menschen sein Wort in Form der Tora gegeben. Aber die Menschen nahmen dieses Wort nicht auf. Zwar hatten alle Juden Zugang zur Lehre der Tora, aber wenn sie sie nicht lesen wollen oder sich nicht um den Inhalt kümmern, dann ist trotz Gottes Angebot und Erziehung über 1000 Jahre Judentum das Wort Gottes nicht angenommen – mit allen Folgen bis heute. Allerdings – auch wenn wir als neuzeitliche Christen hier über diejenigen Juden, die Jesus nicht weiter folgten, negativ urteilen, was durchaus teilweise berechtigt ist, müssen wir dennoch zugestehen, dass auch Christen quasi gottlos handeln und die Botschaft Jesu nicht verstehen und nicht annehmen. Diese Titularchristen haben das Wort Gottes ebenfalls nicht angenommen. Es bedarf also innerer Einkehr und des Glaubens an Gottes ewiges Wort in AT und NT, um die frei zugängliche Botschaft Gottes anzunehmen und zu lernen und dann möglichst gut umzusetzen. Anders als in anderen Religionen ist die Botschaft Jahwes bzw. des trinitarischen Gottes keine Geheimwissenschaft, sondern in der Bibel offen für alle Menschen nachlesbar – egal ob sie wirkliche Christen sind, oder nur Titularchristen, oder Juden oder Muslime oder …. Man muss allerdings fairerweise zugeben, dass die Bibel und alles, was darin geschrieben ist, auch Jesu Botschaft, nicht immer einfach zu verstehen ist. Deshalb ist es immer sinnvoll bzw. nötig, Verständnishilfen anzunehmen – als Buch, als Erklärung, als Vortrag, als Bibelkreis etc.. und man muss Zeit mitbringen und Geduld. Auch ich habe anfangs nur kleine Teile verstanden, aber mit Geduld wird das Verständnis immer größer. Es braucht dazu eine gewisse Hartnäckigkeit angesichts der vielen Fragezeichen am Anfang. Aber auch eine Fremdsprache lernt man nicht an einem Tag, man braucht Zeit, Geduld, Konsequenz und

Übung. Das sind die gleichen Voraussetzungen, die Sprache der Bibel zu verstehen.

Auch dieses Buch ist in mehreren Etappen entstanden. Die Lebensgeschichte Jesu ist durchaus bekannt. Aber in jedem Evangelium findet man andere Nuancen und Schwerpunkte. Bei Johannes ist es die direkte Rede Jesu, die das Evangelium auszeichnet.

Auch deshalb schieden sich damals die Geister, d.h. die Jünger spalteten sich in Ablehner und Annehmer von Gottes Wort – je nachdem wie sie die Worte Jesu verstanden. Auf Jesu Frage an die Zwölf: *Wollt auch ihr weggehen?* antwortete Petrus stellvertretend: Herr, zu wem sollen wir gehen? Du hat Worte des ewigen Lebens. Wir sind zum Glauben gekommen und haben erkannt: **Du bist der Heilige Gottes.** Diese Erkenntnis zeichnet Petrus als erkennenden Remainer aus.

Das ist die für wahre Christen auch ihnen einbrannte Erkenntnis, die im Leben immer trägt, die auch in der Stunde des Todes tragen wird.

Immer Christen, egal wie?

Jesus erwiderte daraufhin – und entwickelte damit bereits den Anfang des irdischen Dramas: *Habe ich nicht euch, die Zwölf, erwählt? Und doch ist einer von euch ein Teufel.*

Diese Warnung Jesu müssen auch wir heutige Christen bedenken, denn es ist keineswegs so: Einmal getauft, immer Christ. Zwar ist die Taufe die Initialzündung für das Christwerden und -sein, aber es bleib zeitlebens eine Aufgabe, Jesus und seiner Botschaft zu glauben und ihm dann so gut wie möglich zu folgen. Auf diesem Weg ist es möglich, dass man zum Titularchristen verkommt und so das Guthaben der Taufe verspielt. Davor bewahre uns Gott.

Das Ende der ersten 6 Kapitel des Johannesevangeliums zeigt uns also den Scheideweg auf. Da Gott uns Menschen freie Wahl lässt, müssen wir uns bemühen im Glauben und dann versuchen, danach zu handeln. Dass wir hierbei Fehler machen werden, ist quasi vorprogrammiert, denn wir sind sündige Menschen. Aber wenn wir einen festen Glauben haben als Christen und uns unterweisen lassen sowie Gottes Botschaft reflektieren, dann ist es für uns eine Gnade, dass wir nach reuigem Bekennen unserer Sünden von Jesus wieder als Brüder und Schwestern angenommen werden, weil Er unsere Verfehlungen bereits gesühnt hat. Auf diese Gnadenzusage Gottes dürfen wir vertrauen: *Fürchtet euch nicht.*

Der Beginn der Passionsgeschichte

Ab dem 7. Kapitel steuert jetzt die Biographie Jesu auf den Höhepunkt, auf Leiden, aber vor allem jedoch auch auf Vergebung der Sünden, Sühne und die Auferstehung zu. Zunächst geht es scheinbar unverändert weiter wie vor der Spaltung der Jünger. Jesus geht aber nun von Judäa nach Galiläa, denn die Juden hatten vor, ihn zu töten. Noch aber war seine Stunde nicht da.

Dann geschieht etwas Merkwürdiges. Die Jünger, die hier Brüder genannt werden, fordern Jesus auf, zum Laubhüttenfest nach Judäa zu gehen, mit der Begründung: ... damit auch deine Jünger die Taten sehen, die du vollbringst. Denn niemand wirkt im Verborgenen, wenn er öffentlich bekannt sein möchte. Wenn du dies tust, offenbare dich der Welt. Johannes kommentiert diese Sätze trocken: Auch seine Brüder glaubten nämlich nicht an ihn.

Das ist schon eigenartig – sowohl der expressis verbis ausgedrückte Unglauben des engsten Kreises als auch der darin zum Ende des 6. Kapitels aufscheinende Widerspruch zur Aussage, dass die engsten

Jünger dennoch wissen, dass Jesus Worte des ewigen Lebens hat; Petrus hat das ja ausgesprochen.

Zumal – Jesus hat schon viele Taten vollbracht, die Er in aller Öffentlichkeit getan hat. Umso unverständlicher also die Aufforderung der Jünger. Hier fehlt letztlich doch Glaube. Aber die einen entwickeln sich weiter bis sie zu klaren Jüngern werden, die letztlich für Ihren Glauben auch bereit sind zu sterben. Petrus wird bekanntermaßen auch gekreuzigt. Ein anderer aber, nämlich Judas, entwickelt sich in die andere Richtung. Das geschah trotz des Anschauungsunterrichts Jesu für seine 12 engsten Anhänger. Was war passiert? Die Bibel insgesamt schweigt darüber, welches die inneren Beweggründe für Judas waren, Jesus zu verraten. Alles, was wir heutzutage darüber lesen, ist mehr oder weniger Spekulation. Interessant in diesem Zusammenhang ist eine Stelle bei Matthäus: Beim sog. letzten Abendmahl sagt Jesus, dass Er von einem von Seinen Zwölfen verraten werden wird. Alle schauen sich betreten an, aber Judas fragt Jesus direkt, ob er es sei. Jesus gibt eine gerade Antwort: *Du sagst es.* Bei Johannes wird das, wir sehen es noch, anders berichtet, jedenfalls nicht so klar und offen. Aber auch bei Matthäus bleiben die Beweggründe des Judas verborgen. So bleibt auch verborgen, warum Judas Selbstmord beging. Nun könnte man sich zurücklehnen und meinen, Judas sei ja lediglich der Handling agent gewesen, damit Jesus Seinen Erlösungsweg gehen konnte. Bis zu einem gewissen Punkt mag das stimmen – in den alten Schriften war die Passion ja vorhergesagt. Aber dennoch wäre es sogar für einen Judas und seinen Verrat möglich gewesen, Vergebung zu erhalten. Wenn – wenn er an Jesus als den Sohn Gottes, als den Erlöser, als den Messias geglaubt hätte. Jesus hat alle, wirklich alle Sünden von uns Menschen, also auch den Verrat von Judas, auf sich geladen und versöhnt durch Seinen Opfertod am Kreuz. Was soll diese Aussage also? Entscheidend für die Erlösung von uns Menschen von allen unseren Sünden, also auch von den „Klöpsen", sind unsere menschliche Fähigkeit, an Gott und damit an Jesus als den Messias und Erlöser zu glauben, und uns unserer Taten bewusst zu werden und dann reuig um Vergebung zu bitten. Um Vergebung Gottes, aber auch von den Menschen (man denke an die Formulierungen im Sündenbekenntnis des sog. Stufengebets). Auf diese umfassende, vorbehaltslose Vergebung können wir jedoch nur vertrauen, wenn wir glauben.

Vermutlich hat es an genau diesem Glauben bei Judas gemangelt. So beging er zwar seine Tat durchaus als eine Art Handling agent der Passionsgeschichte, aber letztlich in Verzweiflung, die zum Suizid führte. Das ist die eigentliche Tragik des Judas.

Wenn es also zu so einem Verhalten und so einem Widerspruch auch bei den Zwölfen kommen kann, dann ist alles möglich. Dann kann man auch verstehen, dass sie nach der Festnahme Jesu davonlaufen, dass selbst Petrus Jesus verleugnet, wiewohl er kurz zuvor noch große Töne von sich gegeben hat, dass er mit Jesus in den Tod gehen würde. Was bedeutet das alles für uns? Wir erkennen einmal mehr das Spannungsfeld zwischen Titularchristen und wahren Christen, die versuchen, Gottes Willen zu erkennen, gerade auch für sich persönlich, und dann nach bestem Vermögen umzusetzen. Das ist wahrlich nicht einfach – selbst für einen wahren Christen wie Simon Petrus es zweifelsohne war, denn sonst hätte Jesus ihm nie gesagt, dass Er auf ihn seine Kirche bauen wolle. Es gibt für dieses Spannungsfeld und seine Lösung nur einen Weg – es ist Jesus selbst; Er ist der Weg, die Wahrheit und das Leben. So klar es ist, dass wir, wenn es hart auf hart kommen wird, in Gefahr sind zu versagen, so klar ist es aber auch, dass Jesu Zusage, dass Er unsere Sünden sühnt, unverbrüchlich gilt. Legen wir Ihm deshalb unser Versagen zu Füßen, bekennen unsere Schuld und bitten Ihn um Vergebung und Erlösung. Dann dürfen wir darauf vertrauen, dass Er uns erlöst und uns stärkt, so wie Er Simon zum Petrus, also zum Fels gemacht hat. Petrus hat aus ganzem Herzen bereut, nachdem er sein Versagen erkannt hatte. Jesus war froh darüber und hat ihm vergeben – ohne Wenn und Aber. Das ist auch unsere Hoffnung und Zuversicht. Jesus hat es uns zugesagt, wenn wir bereuen.

Da haben wir also den Unterschied zwischen Petrus und Judas. Versagen bei beiden, Verrat bei beiden. Aber während Judas zwar bereut, wie berichtet wird, aber dem der Glaube fehlt, mit seiner reuigen Erkenntnis sich zu bekennen und im Glauben Vergebung bei Gott unserem Herrn zu erbitten, bereut auch Petrus, was er getan hat, dass er Jesus verleugnet hat. Aber im Gegensatz zu Judas Reue, die nicht fruchtet, führt die Reue des Petrus zur Erkenntnis, dass er sich seinem Meister, also Gott, trotzdem nähern darf. Und nachdem der Hahn gekräht hat, Petrus dadurch zur Erkenntnis kommen konnte, hat ihn Jesus angeschaut – voll Liebe und Vergebung, wie berichtet wird; Jesus/Gott hat Petrus, der trotz seines Fehlers gläubig geblieben ist, vergeben. Petrus hat das nie vergessen, ist deshalb in der Tat zum Fels geworden, auf den Jesus/Gott Seine Kirche bauen konnte. Das ist der entscheidende Unterschied – Fehler und Sünden von uns Menschen sind zwar prinzipiell gleich, aber der Glaube an die Liebe Gottes, die aufrichtigen Reuigen alles vergibt – dieser Glaube macht den Unterschied. Ich glaube – hilf meinem Unglauben ab.

Die Diskussion, nach Judäa zu gehen, beschied Jesus dann mit diesen Worten: *Meine Zeit ist noch nicht gekommen, für euch aber ist immer die rechte Zeit. Euch kann die Welt nicht hassen, mich aber hasst sie, weil ich bezeuge, dass ihre Taten böse sind. Geht ihr nur hinauf zum Fest; ich gehe nicht zu diesem Fest hinauf, weil meine Zeit noch nicht erfüllt ist.* Jesus blieb folglich in Galiläa. So sah es aus, aber er folgte seinen Brüdern anschließend im Verborgenen. Das war auch gut so, denn die Juden suchten ihn, konnten ihn aber nicht finden. Ihre Haltung war zwiespältig; die einen sagten, Er sei ein guter Mensch, die anderen beschuldigten Ihn, dass Er das Volk in die Irre führe. Aber das war alles Getuschele, jedenfalls noch nicht öffentlich.

Brüder

Noch einmal eine kleine Rückblende: Nach dem Bekenntnis des Petrus wechselt Johannes, der Evangelist, seine Nomenklatur. Zwar schreibt er weiter von Jüngern, aber er gebraucht nun mehrfach den Begriff: Brüder. Da wir trotz aller Unsicherheiten letztlich davon ausgehen dürfen, dass der Evangelist Johannes derjenige Jünger war, den Jesus am meisten liebte, können wir auch davon ausgehen, dass er dieses Wort „Brüder" aus dem Munde Jesu gehört hat. Die sog. Synoptiker benutzen das Wort nach Jesu Tod und Auferstehung, weil Er damit auch ihre Sünden gesühnt hat, so dass es sie bewusst auf Augenhöhe stellt wie das Brüder nun mal sind. Johannes benutzt aber dieses Wort schon hier im 7. Kapitel – welch großartiger Vertrauensvorschuss ist daraus zu entnehmen. Bis auf einen werden sie nach Jesu Auferstehung diese Bezeichnung durch ihr Leben rechtfertigen. Jesus baut also darauf. Auch wir dürfen darauf bauen und Jesus darin vertrauen, dass Er uns, trotz unserer Fehler, trotz unserer Sünden, trotz unseres Versagens als Brüder in Seiner Liebe annimmt. Das ist das eigentliche Wunder von Jesus – Liebe, unbedingte Liebe: *Wer an mich glaubt, hat das ewige Leben.* Dieser Zusage dürfen – ja müssen – wir glauben. Nicht umsonst ist Jesus deshalb unser Erlöser aus allen irdischen Schwierigkeiten und Problemen. Sein Wort ist auch für uns die Quelle ewigen Lebens für uns. Nochmals – an diesem Jesuswort scheiden sich die Geister der Sünder – hier Petrus, da Judas.

Jesu Lehre verdeutlicht

Nachdem die halbe Festwoche vorbei war, ging Jesus in den Tempel und lehrte, trat also doch öffentlich auf. Die Juden kritisierten ihn und fragten, mit welchem Verständnis Er die Schrift auslegen könne, da Er das schließlich nicht studiert habe. (als der junge Jesus seinerzeit im Tempel gesessen und gelehrt hatte, hatte ihn das eigenartigerweise niemand gefragt gehabt.) Die Antwort Jesu ist offen: *Meine Lehre stammt nicht von mir, sondern von dem, der mich gesandt hat. Wer bereit ist, den Willen Gottes zu tun, wird erkennen, ob diese Lehre von Gott stammt, oder ob ich von mir aus spreche. Wer von sich aus spricht, sucht seine eigene Ehre; wer aber die Ehre dessen sucht, der ihn gesandt hat, der ist wahrhaftig und in ihm ist keine Ungerechtigkeit. Hat Mose euch nicht das Gesetz gegeben? Aber keiner von euch befolgt das Gesetz. Warum sucht ihr mich zu töten?* Zwei Punkte spricht Jesus damit an; die Gesetzestreue der Juden, die offensichtlich nicht so groß war, wie sie hätte sein können und sollen, und ferner weist Jesus deutlich darauf hin, dass seine Lehre überprüfbar ist. Er setzt sich bewusst dieser Kontrolle aus, weil Er weiß, dass Er die Gebote Gottes lehrt. Wenn also die Schriftgelehrten einerseits die Gottesgesetze befolgt und andererseits mit aller Gelehrsamkeit Jesu Lehre mit dem überlieferten Gesetz überprüft hätten, dann hätte es nur einen Schluss geben können: Jesus ist Gottes Sohn, der Messias. Dann hätten die Menschen Jesus zufolge den Willen Gottes getan und Jesus als Gottes Sohn erkannt. Auch die offenen Fakten wurden allerdings nicht gegengeprüft.

So hat diese Überprüfung nicht stattgefunden – mit allen Folgen, die wir kennen. Die Aufforderung der Brüder, Klartext zu sprechen, hat Jesus also umgesetzt. Aber zum Reden und Erklären gehören auch das Hören und Verstehen, dem die Bereitschaft zum Lernen vorausgehen und folgen muss. So aber verpufften die Worte Jesu – akustisch gehört, aber innerlich überhört. Diese Ermahnung, die darin zu erkennen ist, betrifft auch uns Heutige.

Wie oft hören wir Lesung und Evangelium in der Kirche – aber verstehen wir das Gesagte auch? Und selbst wenn wir es verstehen – welche Folgen ziehen wir daraus? Und verinnerlichen wird das Verstandene dann?

Herr, hilf unserem Unglauben ab.

Die Juden jedenfalls haben gehört, aber nicht verstanden – und die richtigen Schlussfolgerungen haben sie erst recht nicht gezogen. Sie antworteten nämlich: Du bist von einem Dämon besessen. Wer sucht dich denn, zu töten?

Jesus entgegen ihnen daraufhin: *Ich habe nur ein einziges Werk vollbracht und ihr wundert euch darüber. Mose hat euch die Beschneidung gegeben – sie stammt freilich nicht von Mose, sondern von den Vätern – und ihr beschneidet einen Menschen auch am Sabbat. Wenn ein Mensch am Sabbat die Beschneidung empfangen darf, damit das Gesetz des Mose nicht missachtet wird, warum zürnt ihr mir, weil ich am Sabbat einen Menschen als Ganzen gesund gemacht habe? Urteilt nicht nach dem Augenblick, sondern urteilt gerecht.*

Jesus hält also den „Gesetzestreuen" einen Spiegel vor. Er benennt damit das alte Problem: Formalgesetz wörtlich umgesetzt versus Gesetz barmherzig verstanden. Wenn das Gesetz zum Nachteil des Menschen angewandt wird, dann ist das folglich nicht richtig. Eine Heilung ist wichtiger als das Nicht-Tätigwerden an einem Sabbat. Jesus handelt also aus Liebe. Liebe aber steht über dem Gesetz: Caritas semper super legem.

Theologische Hardliner

Auch heutzutage findet man diese formalen Hardliner – sogar in der Kirche, wenn sie sog. kanonisches Recht auslegen. Nur als Beispiel für dieses Spannungsfeld: formaler Codex iuris canonici versus

„Amor letitia", wenn es um Ehescheidung, Wiederverheiratung Geschiedener u.ä. geht. Jesu Barmherzigkeit gilt es zu bedenken – deshalb sollte man sich vom Hl. Geist leiten lassen. Er hat nicht selten eine andere Ansicht als die Kirchenjuristen. Diese erinnern eher an die „gesetzestreuen" Pharisäer: Buchstaben vor Inhalt des Gesetzes.

Ein Nachsatz zur angeblich verbotenen Ehescheidung: in der Tora war das möglich. Warum hat Jesus aber dann gesagt, dass Er die Scheidung nicht will? Man lese im Kapitel über die Frauen nach – dort habe ich ausgeführt, dass zu den Jüngern auch Frauen gehörten, vermutlich die Frauen der uns namentlich bekannten männlichen Jünger. Jesus hat diese (Ehe-)Paare in enger Gemeinschaft miteinander und mit Ihm leben lassen. Dass Er hier keine Eifersucht, keinen Ehebruch, keine Ehescheidung wollte, ist eigentlich selbstverständlich. Also hat Er lüsterne Blicke und Ehebruch bzw. -scheidung untersagt. Wohlgemerkt – innerhalb Seiner Jüngergruppe. Es ist aber nicht erkennbar, dass Er diese Regelungen als Allgemeingesetz gelten lassen wollte – über einen moralischen Anspruch hinausgehend. Das kann man aus den überlieferten Worten jedenfalls in einer solchen Lesart nicht erkennen. Insofern darf das Menschengesetz (des CIC) nicht härter sein als Gottesgesetz, denn das ist die Benchmark. Es ist zu befürchten, dass menschliche Machtbedürfnisse und Partiarchatsgelüste durchaus manipulierend (in eine gewünschte Richtung) Einfluss auf die Auslegung von Jesu Lehre genommen haben – vergl. die Aussagen zur katholischen „Männerkirche" an anderer Stelle.

An Jesu Worten erkennen die Juden jedenfalls, dass Jesus offen vor ihnen sitzt und spricht, sich also nicht versteckt. Sie fragen deshalb: Ist das nicht der, den sie zu töten suchen? Und doch redet Er in aller Öffentlichkeit und man lässt ihn gewähren. Nun kommt eine interessante Schlussfolgerung. Sollten die Oberen wirklich erkannt haben, dass Er der Christus ist? Hier streifen die Frager die

Wahrheit. Aber wie später Pilatus sind sie nicht wirklich an der Wahrheit interessiert. Sie hätten dazu genau die Tora studieren müssen; dann hätten sie gefunden, dass Jesus in der Tat der Christus, der Messias ist. So jedoch bügeln sie über die mögliche Erkenntnis einfach darüber. Aber von dem hier wissen wir, woher er stammt; woher aber der Christus kommen wird, weiß niemand, sagen sie. Später heißt es: Was soll schon Gutes aus Nazaret kommen? Mag sein, mag nicht sein. Jesus lebte zwar in Nazaret – aber Er war dort nicht geboren. Er war mit Josef, seinem Erdenvater, nach der Rückkehr aus Ägypten dorthin gezogen. Aber geboren war Er dort nicht, sondern in Betlehem. So steht es in der Schrift. Aber diese Wahrheit zu erkennen hätte Nachdenken erfordert. „Wenn eine Katze im Backofen Junge zur Welt bringt, sind das keine Semmeln." Dieser Vergleich wirft ein Licht auf die kurzsichtige Schlussfolgerung der Schriftgelehrten.

So tat man also Jesus ab.

Ihr kennt mich und wisst, woher ich bin; aber ich bin nicht von mir aus gekommen, sondern er, der mich gesandt hat, ist wahrhaftig. Ihr kennt ihn nur nicht. Ich kenne ihn, weil ich von ihm komme und weil er mich gesandt hat.

Erkennen setzt das Kennen voraus. Gemeint ist nicht nur das flüchtige Kennenlernen, sondern Kennen meint hier, zu wissen und zu verstehen, wen man vor sich hat. Doch selbst dieses Kennen, führt nicht automatisch zum Erkennen, das die Basis für nachfolgendes konsequentes Handeln ist. Die Juden verstehen nämlich Jesus in dieser Rede in der Tat. Sie versuchen Ihn festzunehmen, können es aber derzeit nicht, weil Seine Stunde noch nicht gekommen ist. Die Juden haben nämlich zu Recht verstanden, dass Jesus damit gesagt hat, dass Er Gottes Sohn ist, also mithin der erhoffte Messias.

Kennen - Erkennen

Die Juden hörten das, verstanden das sehr wohl – aber die Schlussfolgerung daraus, Ihm nachzufolgen – diese Schlussfolgerung der Erkenntnis zogen sie nicht, wollten jedenfalls nicht alle ziehen. Allerdings – viele kamen dennoch nach Jesu Rede zum Glauben, wie Johannes berichtet. Sie merkten, dass die Zeichen, die Jesus tat, die Zeichen des Messias waren. Sie kamen vom Kennenlernen über das Kennen zur Erkenntnis – und glaubten.

Auch wir können uns somit anschließen und dem Messias glauben bzw. an Ihn als Sohn Gottes.

Als Folge dieses Erkennens veranlassten die Pharisäer und Hohepriester jedoch Jesu Festnahme, weil Ihnen der Glaube fehlte, der aus dem Erkennen die Erkenntnis generiert. Jesus sagte dazu: *Ich bin nur noch kurze Zeit bei euch; dann gehe ich fort zu dem, der mich gesandt hat. Ihr werdet mich suchen und ihr werdet mich nicht finden, denn wo ich bin, dorthin könnt ihr nicht gelangen.* Wohin? Die Juden verstanden Jesu Rede nicht und diskutierten verschiedene Möglichkeiten durch, aber eben ausschließlich irdische Möglichkeiten. Den wahren Sinn von Jesu Rede begriffen sie nicht. Es mangelte an der schlussfolgernden Erkenntnis.

Wohin also – Versteckspielen? Auf den ersten Blick könnte man das meinen. Aus heutiger Sicht ist uns klar, was Jesus meinte. Jedoch dürfen wir nicht aus unserer heutigen Sicht urteilen, sondern müssen uns wieder einmal die Zeitbrille aufsetzen, in der die Zeit Jesu eingestellt ist. Daraus folgt, dass Jesus diese Unmöglichkeit, Ihm zu folgen, durchaus verstehbar angegeben hat. In Tod und Auferstehung können Menschen Ihm nur folgen, wenn Er vorausgegangen ist. Noch aber war Er zum Zeitpunkt Seiner Rede nicht gekreuzigt worden, geschweige denn auferstanden. Das Missverständnis der damaligen Menschen war, dass sie rein räumlich dachten (geht Jesus nach Griechenland?), aber nicht zeitlich. Das, was über den Messias in der Schrift stand, war eben noch nicht eingetreten. Wir lernen aus diesem Unverständnis, dass wir immer die

allumfassend. – Gerade als Licht der Erkenntnis und des Glaubens.

Wohin Eindimensionalität des Denkens noch führen kann, ist schon weiter vorn Vielschichtigkeit von Jesu Rede bedenken müssen, Eindimensionalität jedenfalls Gottes Sohn nicht gerecht wird.

Deshalb ist es immer wieder wichtig, Jesu Leben, die Evangelien im Laufe des eigenen Lebens immer wieder zu lesen und zu reflektieren. Denn erst mit der Sichtweise auf das gesamte Bild, bekommen wir die Chance der Erkenntnis. Ohne Rückblenden verstehen wir Wichtiges sonst nicht. Der Glaube gehört dazu. Während man als junger Mensch noch von der eigenen Kraft, dem eigenen Können geleitet wird, merkt man mit dem Älterwerden, dass es noch mehr gibt. Es wächst die Erkenntnis, dass es Gott gibt, der aufgrund Seiner grenzenlosen Liebe uns Menschen, so wir uns an Ihn wenden, vorbehaltlos beisteht. Wobei – alles ist schon da, aber man muss es kennenlernen, sich um das Verstehen bemühen, bis Erkenntnis kommt: Gott ist die Liebe in Person. Das alles ist ein lebenslanger Lernprozess, der erst mit dem Tod aufhört – und dann nicht einmal wirklich, wenn wir lernen, wie aus dem biologischen Tod ewiges Leben durch und bei Gott wird.

Wasser des Lebens

Jesus hat weiter verkündet am letzten Tag des Festes: *Wer Durst hat, komme zu mir und es trinke, wer an mich glaubt! Wie die Schrift sagt: Aus seinem Inneren werden Ströme von lebendigem Wasser fließen.* Wer diese Sätze verbum e verbo liest, versteht nur wieder Bahnhof. Jesus war ein Meister der Metapher. Mögen auch sogenannte einfache Leute damit Schwierigkeiten gehabt haben. Aber Jesus spricht hier vor allem auch zur Geisteselite, den

102

Pharisäern und Priestern. Sie hatten in mühevoller Arbeit die Tora gelesen, studiert und glaubten, sie verstanden zu haben. Aber selbst sie, die wirklich gut Ausgebildeten, denen mehr geistige Möglichkeiten des Verständnisses offenstanden, sind klar am Kern von Jesu Worten vorbeigerannt. Sensus de sensu konnte man Jesus nämlich verstehen. Die gebildeten Juden kannten auch die Philosophie der umgebenden Völker, allen voran der Griechen, seit Alexander d. Gr. ca. 300 Jahre zuvor die Region erobert hatte. Die Methode der Metaphernbildung zur Verdeutlichung komplizierter Inhalte war den Gebildeten auch bei den Juden deshalb geläufig. Warum haben sie dieses Wissen nicht auf Jesu Worte angewandt? Weil Jesus Jude war und im Judentum solche Metaphorisierung nicht wirklich üblich war? Wenn diese Vermutung richtig ist, dann zeigt sie die Engstirnigkeit der Elite. Dann ist verständlich, dass das Weiterdenken und die Umsetzung von Metaphern nur für außerjüdische Gedanken galt, aber nicht für die jüdische Denkweise, schon gar nicht in der Tora. Dabei war allen klar, dass die Worte der Tora Gottes Worte waren, also nota bene mehrdimensional, umfassend. Es bleibt das Geheimnis der Schriftgelehrten, warum sie diese Mehrdimensionalität nicht wahrgenommen, nicht umgesetzt haben. Im Gegenteil – die Pharisäer fragen sogar das Volk, ob es sich auch ! hat in die Irre führen lassen. Welche Ironie. Die Diskussion vorher, weil einige Menschen sagten: Jesus ist der Christus, andere dagegen argumentierten, dass das nicht möglich sei, weil der Messias aus Bethlehem stammen müsse, Jesus aber Nazarener sei – diese Diskussion ist unfruchtbar und wird von den eigentlich Kundigen als Irreführung abgetan. (Bis in die heutige Zeit wird der Geburtsort als ein wesentliches Erkennungsmerkmal einer Person genutzt, steht deshalb als wichtiges Detail neben dem Geburtstag auch im Ausweis. Der Wohnort ist nämlich veränderbar. Diesen schlicht fachlichen Unterschied hatten die Menschen damals nicht beachtet, wiewohl er bekannt war.)

Die Hohepriester und Pharisäer jedenfalls hatten die Order zur Festnahme gegeben. Als die Gerichtsdiener diesem Befehl nicht nachgekommen war, fragten sie nach und bekamen von einfachen Menschen gesagt: Noch nie hat ein Mensch so gesprochen. Ihnen wird arrogant entgegnet, dass noch keiner der Oberen bzw. Pharisäer zum Glauben an Jesus gekommen sei. Das Volk jedenfalls sei verflucht, weil es vom Gesetz nichts versteht. Frage – was ich wichtiger zur Erkenntnis – Fach/Sachwissen oder Verstehen? Rechtsempfinden ist für das Finden des besten Urteils jedenfalls mindestens genauso wichtig, ja eigentlich wichtiger als die Paragraphen. Das Volk war hier offensichtlich intuitiv auf dem besseren Weg als die reinen Fachleute.

Nikodemus, der früher einmal mit Jesus gesprochen hatte, ist vorsichtiger. Er gibt zu bedenken, dass man niemanden verurteilen könne ohne ihn verhört zu haben. Er bekommt zur Antwort die Frage, ob er auch aus Galiläa stamme und weiter die Feststellung, dass aus Galiläa, wo Nazaret liegt, kein Prophet kommen könne bzw. käme.

In der Tat, aus Nazaret in Galiläa kennen wir keinen Propheten. Jesus ist der Erste. Ist aber deshalb das Missverständnis, ist die abwertende Schlussfolgerung richtig deshalb? Sie ist nur auf den ersten Blick nachvollziehbar. Aber nur dann, wenn man zwei Denkfehlern aufsitzt, nämlich, dass Jesus ein Prophet i.e.S. sei – er bezeichnet sich jedoch als Menschensohn, als Sohn Gottes, war folglich etwas anderes ist als ein Prophet; ferner ist der zweite Denkfehler, dass ein Wohnort mehr Beachtung in der formalen Schriftauslegen findet als der Geburtsort. Jesus ist jedoch in Betlehem geboren. Das wurde weiter oben schon herausgestellt. Wohnort und Herkunft sind also nicht zwangsläufig deckungsgleich. Diese beiden Denkfehler der „Denkelite" Israels sind der formale Hintergrund für die Ablehnung Jesu durch die Schriftgelehrten. Sie setzen verbum e verbo der Tora um – und das auch noch falsch. Wenn sie sensus de sensu aus dem Herzen heraus Jesus verstanden hätten, wie viele aus dem einfachen Volk, dann wäre der Passionsweg Jesu möglicherweise verhinderbar gewesen. Jedoch, wer so denkt, vergisst, dass Jesu Leiden ein stellvertretendes Leiden für uns Menschen war. Hätte es nicht stattgefunden, wären wir Menschen immer noch unerlöst. So brauchte es die Passion und Auferstehung Jesu, um uns Menschen wieder zu entsühnen und in Gottes Gegenwart zurückzubringen. Insofern rümpfen wir zwar über die Begriffsstutzigkeit der damaligen Juden bzw. Schriftgelehrten die Nase, vergessen aber, dass sie ein genaues Abbild von uns selbst sind – engstirnig, begriffsstutzig, egoistisch, sündhaft. Heißt in der Folge: Was damals geschah, würde heute wieder geschehen. Heißt aber auch, dass auch wir Heutige auf Jesu Stellvertretung bei der Sühne unserer Schuld glaubend vertrauen können und dürfen. Es bedarf des Glaubens an Jesus, um das alles verstehen zu können. Das aber ist göttlich, nicht menschlich begrenzt. Genau dabei müssen wir uns helfen lassen. Gott ist jedoch barmherzig. Wenn wir bekennen, dass wir Sünder sind, wenn wir bekennen, dass wir Hilfe brauchen, dass wir demütig um Vergebung bitten, dann steht Gott als personifizierte Liebe bereit, uns zu vergeben und wieder ins Paradies aufzunehmen. Dann stillen wir unseren Durst durch das Wasser des Lebens.

Sind wir Menschen heute zu diesem Bekenntnis noch in der Lage? Das ewige Leben jedenfalls hängt davon ab.

Entscheidungen – Entschiedenheit?

Schon Paulus hat die Fähigkeit der Juden, also von seinen Landsleuten, kritisch gesehen – Röm 10, 18 -21. Das Statement gipfelt in den Spruch von Jesaja (65,1), den Paulus zitiert: Den ganzen Tag habe ich meine Hände ausgestreckt nach meinem Volk, das sich nichts sagen lässt und widerspricht. Es scheint also ein Grundproblem im Verständnis von Gottes Barmherzigkeit zu liegen – die Juden haben wahrlich für ihren Glauben große Opfer gebracht. Wollen sie deshalb nicht akzeptieren, dass die Liebe, dass die Barmherzigkeit trotzdem wichtiger ist als der Buchstabe des Gesetzes, als seine unbedingte Einhaltung? Auch wir kennen solche „entschiedenen" Christen, die in der Härte der Glaubensübungen das Heil sehen. Dabei hat Jesus ganz klar gesagt, dass allein Er der Weg ist durch seine Liebe. Dass Er der Erlöser ist, der alle Sünden sühnt. Allerdings – es verletzt den Stolz, wenn man einsehen muss, dass ein anderer, hier also Jesus, den Kopf hinhalten muss für die anderen (also uns Menschen), um die Schuld zu begleichen. Das geht nur mit extrem viel Liebe – sie aber übersteigt unser Vermögen. Steckt also in dieser Tatsache das Grundproblem der Tatsache, dass viele Juden, gerade die Schriftgelehrten, und später auch sog. Titularchristen das nicht annehmen konnten und deshalb nicht zum Glauben an die personifizierte Liebe in Jesus kommen konnten?

Recht und Gesetz?

Zunächst hat sich der Volksauflauf jedenfalls verlaufen und Jesus ging zum Ölberg. Dort traf Er erneut Schriftgelehrte, die Ihm demonstrieren wollten, was Recht und Gesetz sind und verlangen. Sie bringen eine ertappte Ehebrecherin zu Jesus und fragen Ihn zum Schein, was sie tun sollten in dieser Situation. Das Gesetz der Tora jedenfalls verlangt die Steinigung dieser Frau. Ergibt sich gleich die Frage – warum nur der Frau, nicht auch des Mannes? Zum Ehebruch gehören schließlich in der Regel zwei. Die patriarchalische Gesellschaftsform jedenfalls sah nur die Frau als Verbrecherin, die des Todes war. Jesus reagiert zunächst bewusst nicht, gibt aber dann seine Entscheidung in Form einer Frage kund. *Wer von euch ohne Sünde ist, werfe als Erster einen Stein auf sie.* Jesus bekennt damit die weiter bestehende Gültigkeit der mosaischen Gesetzes bei Ehebruch. Jedoch - Er scheint es zu relativieren. Tut Er aber nicht. Steine werfen akzeptiert Er scheinbar. Auf den zweiten Blick aber erkennen wir, dass Jesus, also Gott, die Gültigkeit seines Gesetzes für richtig hält, jedoch die Ausführungsbestimmungen neu definiert. Steinewerfen darf nur ein Mensch, der frei ist von Sünde. Ist das aber eine erfüllbare Grundbedingung? Nein, denn jeder Mensch, absolut jede/r ist ein Sünder. Dabei macht Jesus keinen Unterschied zwischen kleinen und großen Sünden, wie wir Menschen das tun. Sünde ist Sünde. Damit sorgt Jesus dafür, dass plötzlich kein Henker mehr zur Verfügung steht, um die Frau steinigen zu können. Alle gehen nämlich fort, weil sie sich durch die neue Ausführungsbestimmung des Gesetzes ertappt fühlen. Sogar die ersten, die gehen, sind die Schriftgelehrten, denn sie wissen am besten, dass jeder Mensch sündig ist – so steht es jedenfalls in der Tora, deshalb muss ja jährlich das Opfer im Tempel dargebracht werden, deshalb gibt es sog. Sündenböcke. Der entscheidende Punkt bei Jesus ist also, allen Menschen bewusst zu machen, dass sie Sünder sind und deshalb nicht über einen anderen Menschen, so sündhaft dieser auch gehandelt haben mag, unbarmherzig urteilen dürfen.

Wie aber entsteht nun Gerechtigkeit? Im Idealfall, den Jesus hier nun vorführt, steht, nachdem die Frau und Jesus gemeinsam festgestellt haben, dass niemand mehr sie verurteilt: *Auch ich verurteile dich nicht. Geh und sündige von jetzt an nicht mehr.*

Das ist der Kern von Jesu Barmherzigkeit. Er gibt immer eine zweite Chance.

Wer aber diese zweite Chance verfallen lässt bzw. notorisch trotz Vergebung weiter sündigt, gar meint, dass er weiter sündigen könne, weil er ja immer wieder vergeben bekommen würde, der wird dann am Ende der Zeiten feststellen, dass das Gesetz doch nicht aufgehoben ist, denn an anderer Stelle hat Jesus gesagt, dass wir alle ins Gericht gehen. Das aber bedeutet, dass Jesus als Gottes Sohn das Gesetz achtet und beachtet. Er hebt es nicht auf, wie oft fälschlich gefolgert wird. Es sind die Ausführungsbestimmungen, die Er neu definiert. Heißt – nur absolut Reine dürfen das Gesetz anwenden und auf seine Umsetzung achten. Damit hat Gott selbst dafür gesorgt, dass einerseits das Gesetz bestehen bleibt, andererseits aber durch Seine Erlösung die Folgen unserer menschlichen Gesetzesübertretungen gesühnt sind, so dass das Gesetz nicht mehr gegen uns wirksam ist. Aber nur wer an Sein, also Gottes bzw. Jesu Wort glaubt und es hält, wird Vergebung bekommen und Eingang ins Paradies finden. Es liegt also an uns selbst, Jesu Wort zu halten, seine Liebe zu leben so gut wir können und unsere Sünden zu bekennen und zu bereuen. Gott selbst wird uns dabei helfen.

Licht des Lebens

An anderer Stelle (Joh. 8,12) hat Jesus gesagt: *Ich bin das Licht der Welt. Wer mir nachfolgt, wird nicht in der Finsternis umhergehen, sondern wird das Licht des Lebens haben.* Diese Aussage kritisierten die Pharisäer als unbeglaubigte Selbstaussage Jesu. Jesus erwidert ihnen: *Auch wenn ich über mich selbst Zeugnis ablege, ist mein Zeugnis wahr. Denn ich weiß, woher ich gekommen bin und wohin ich gehe. Ihr aber wisst nicht, woher ich komme und wohin ich gehe. Ihr urteilt, wie Menschen urteilen. Ich urteile über niemanden. Wenn ich aber urteile, ist mein Urteil wahrhaftig; denn ich bin nicht allein, sondern ich und der Vater, der mich gesandt hat. Und in eurem Gesetz steht geschrieben: Das Zeugnis von zwei Menschen ist wahr. Ich bin es, der über mich Zeugnis ablegt, und auch der Vater, der mich gesandt hat, legt über mich Zeugnis ab.*

Das ist eine Rede Jesu, die einerseits nicht einfach zu verstehen ist, andererseits aber der Beginn der Trinitätsaussage Gottes ist. Klar ist, dass ein Zeugnis bestätigt werden muss, um als korrekt anerkannt zu werden. Jesus scheint aber allein zu sein. Wirklich?

Lese man genau: „denn ich bin nicht allein, sondern ich und der Vater, der mich gesandt hat." Kurz also: Ich bin ich UND der Vater.

Das ist eine klare Gottesaussage Jesu. Er sagt nichts weniger als, dass Er sowohl Jesus, der Menschensohn ist, also auch gleichzeitig der Vater, quasi in Personalunion. Aber genau das ist der Fall. Jesus und der Vater sind ja eins. Damit legt mit anderen Worten Gott Zeugnis ab für die Beglaubigung des irdischen Menschensohnes als Sohn Gottes, des Vaters.

Die Nachfrage der Pharisäer, wo der Vater sei, erscheint zunächst plausibel, denn sie denken nur in Menschenkategorien, so dass Jesus antworten muss: *Ihr kennt weder mich noch den Vater; würdet ihr mich kennen, dann würdet ihr auch meinen Vater kennen.* Also erneut ein klarer Hinweis, dass Jesus und Gottvater zusammengehören, mithin auch Jesus Gott ist. Das haben die Pharisäer auch verstanden, leider als überzogene, blasphemische Behauptung missverstanden, anstatt als Selbstoffenbarung Gottes.

Man könnte das auch anders sehen. - Ihr seid Juden, sogar besonders ausgebildete Schriftgelehrte. Damit habt ihr gelernt, wer Gott ist, der Vater. Es ist der „Ich bin". Wenn ihr also das aus der Schrift gelernt habt, dann kennt ihr meinen Bestätigungszeugen gut. Damit kennt ihr im Umkehrschluss auch mich, von dem in eben der gleichen Schrift geschrieben und geweissagt wurde. – Das ist das Licht der Erkenntnis.

Zu dieser Zeit ist also bereits der Anfang des Trinitätsgeheimnisses angelegt – Vater und Sohn sind schon mal EINS. Zwar ist die Ausgießung des Hl. Geistes noch nicht erfolgt, noch ist nicht Pfingsten. Formal stimmt das zwar, aber wenn man Gen 1,1 im Hinterkopf hat, dann weiß man, dass der Geist, die Ruach, über den Wassern schwebte und Bestandteil Gottes bei der Schöpfung ist. Also ist prinzipiell die Trinität schon vorhanden.

Ich will die ohne

Nachdenken schwer verständliche Trinitätsfrage mal so beleuchten:

Die drei „Personen" der Trinität sind keine unabhängigen Einzelpersonen, sondern quasi wie drei Aggregatzustände der gleichen Grundsubstanz Gottes. Etwas so: Wie H2O, also Wasser, einmal fest sein kann wie Eis, so erscheint der Vater als Schöpfer und Urgrund allen Seins; wie flüssiges Wasser die Grundsubstanz allen Lebens ist, so macht Jesus alles lebendig; wie Wasserdampf alles durchdringt, so ist der Geist allgegenwärtig, immanent. Aber es ist immer H2O – ob fest, ob flüssig, ob gasförmig.

So ist es immer Gott – als Vater, als Sohn, als Geist. Prinzipiell also auch, da „divinitate nullus sexus est" (Gott hat kein Geschlecht) gilt: Gott IST Vater und Mutter, IST Sohn und Tochter, IST immanenter Geist in allem.

Gottesaussage verstehen?

Verstehen konnte man diese vorgenannte Jesusrede also vor allem so: einerseits mit dem Herzen, andererseits, wenn man Jesus bis hierher gefolgt war und seine vielen Selbstaussagen gehört und dann angenommen hat. Das aber haben die Pharisäer vermieden, so dass sie diese Jesusoffenbarung als göttliche Einheit nicht verstehen und schon gar nicht annehmen konnten bzw. wollten.

Jesus hat diese Verbindung auch mit anderen Worten dargelegt: *Ich gehe fort und ihr werdet mich suchen und ihr werdet in eurer Sünde sterben. Wohin ich gehe, dorthin könnt ihr nicht gelangen.* Dazu mussten erst Jesu Tod und Auferstehung kommen, was ja zu diesem Zeitpunkt der Diskussion noch nicht geschehen war; aber bei tieferem Nachdenken wäre der vorgenannte Schluss zur Dreifaltigkeit Gottes möglich gewesen. *Ihr stammt von unten, ich stamme von oben; ihr seid aus dieser Welt, ich bin nicht aus dieser*

Welt. Ich habe euch gesagt: Ihr werdet in euren Sünden sterben; denn wenn ihr nicht glaubt, dass **ich es bin***, werdet ihr in euren Sünden sterben.* Spätestens mit diesen Worten hat Jesus jede Klarheit geschaffen, wer Er ist. Denn Er sagte: ... dass „ich es bin". Das ist ein klares Zitat aus dem Buch Mose: **Ich bin, der ich bin.** Jesus hat also ganz offen gesagt: Ich bin Gott. Jede Nichtanerkennung dieser Tatsache ist deshalb unzweifelhaft Sünde. Die Menschen fragten dennoch weiter, wer er sei. Jesus antwortet daraufhin etwas unwirsch: *Warum rede ich überhaupt noch mit euch? Ich hätte noch viel über euch zu sagen und viel zu richten, aber er, der mich gesandt hat, ist wahrhaftig, und was ich von ihm gehört habe, das sage ich der Welt.* Weiterhin besteht Unverständnis. Jesus fährt deshalb fort: *Wenn ihr den Menschensohn erhöht habt, dann werdet ihr erkennen, dass ich es bin. Ihr werdet erkennen, dass ich nichts von mir aus tue, sondern nur das sage, was mich der Vater gelehrt hat. Und er, der mich gesandt hat, ist bei mir; er hat mich nicht alleingelassen, weil ich immer das tue, was ihm gefällt.* Jesus wiederholt also nochmals: ... „dass ich es bin". Jetzt scheint der Groschen gefallen zu sein, denn Johannes schreibt nun, dass jetzt viele zum Glauben gekommen seien.

Verlassen von Gott?

Vor dem Hintergrund dieser letzten Worte muss man Ps. 22 – Mein Gott, mein Gott, warum hast du mich verlassen? nochmals anders sehen. Wir haben gelernt, dass das ein Verzweiflungspsalm sei. Nun, lesen wir Vers 5 und 6, dann ist da Hoffnung und Zuversicht. Das passt viel eher zu: der, der mich gesandt hat, ist bei mir, Er hat mich nicht alleingelassen, weil ich immer das tue, was ihm gefällt – das kann man auch so lesen, dass der Kreuzestod zwar sein musste zu unserer Erlösung, aber dass Jesus als Inkarnation Gottes auf Erden immer den Willen des trinitarischen Gottes ausführte. Damit

111

war Er dann auch nicht alleingelassen und hatte Hoffnung. Denn so katastrophal, wie Ps. 22 anfängt, ist er insgesamt eben nicht. In den jetzigen Worten Jesu klingt eher Ps 23: an: Ich fürchte mich nicht, denn Er ist bei mir – . Wir dürfen also hoffen, dass wir auch im Sterben und Tod nicht alleingelassen sind. Der erste Aspekt aus menschlicher Sichtweise mag so aussehen, aber Gott ist größer – Er hat das gesamte Bild im Blick. Das aber ist die unbedingte Zusage Seiner Gegenwart, immer.

Man darf eben nicht aus heutiger Sicht über ein Psalmzitat wie hier bei Ps. 22 urteilen – heute ist es so, dass wir, wie ich das eben auch getan habe, die Psalmen durchnummeriert haben und damit eindeutig zitieren können. So verlieren wir jedoch das Gesamtbild eines Psalms; das hatten die damaligen Menschen jedoch vor Augen, wenn der erste Vers erklang. Genau diese Gesamtsicht ist uns abhandengekommen, wenn wir nicht ausdrücklich nachlesen, Jesus aber lebte vor 2000 Jahren, also in der Zeit, die ohne Nummerierung auskommen musste. Damit hatte Er genauso wie Seine Zeitgenossen mit dem ersten Satz den gesamten Inhalt präsent und spielt also auf das Ganze, nicht nur auf einen Vers an. Das ist der Zeitbezug, auf den auch wir Heutige rekurrieren müssen, um Jesus ganz zu verstehen.

Abgesehen von dem unmittelbaren Verstehen des Psalmenzitats: Seien wir ehrlich – auch wir hätten damals ziemlich lange gebraucht, Jesus wirklich zu verstehen, seine Selbstoffenbarungen zu begreifen und dann endlich zum Glauben zu kommen. Uns fällt es auch heute noch schwer zu akzeptieren, dass Jesus, der vor zweitausend Jahre gelebt hat, nicht nur ein netter Mensch und großer Prediger war, sondern wahrlich Gottes Sohn, also eine der Personifizierungen unseres trinitarischen Gottes. Im Gegenteil – viele Menschen meinen heute erst recht, dass das gar nicht Gottes Sohn war, ja dass es nicht einmal Gott gibt, zumindest die Auferstehung Jesu ein Trick, eine Wiederbelebung nur aus einer

Ohnmacht heraus gewesen sei – diese Menschen argumentieren mit medizinischer Halbkenntnis, vergessen wichtige Tatsachen, vergessen auch die Quantenphysik und ihre Erkenntnisse, gerade im Bezug auf Gott, s.u..

Die Erklärbarkeit der Natur durch moderne Naturwissenschaften schlösse aus, dass es Gott gäbe. Aber die bereits behandelte Frage rund um den Urknall bleibt virulent – und unbeantwortet von der Naturwissenschaft. Es gibt nur eine Erklärung: Gott. Genau deshalb ist die Selbstaussage Jesu: Ich bin – so folgenschwer. Gott ist und bleibt unser Ursprung, unsere Gegenwart, unsere Zukunft und Ewigkeit. Ist der Groschen nun bei uns heutigen Menschen auch gefallen?

Noch ein Wort zur Trinität: die moderne Quantenphysik ist nur verständlich, wenn man die Trinität voraussetzt. Analoges gilt auch für die Chemie mit den drei Aggregatzuständen von H_2O. Erkennen wir nun das Sinnbild für die Trinität darin wie vorhin dargestellt? Gott ist immer gleich, ob wir Ihn als Vater, als Sohn oder als Hl. Geist erleben. Wenn wir Heutige also mit unseren modernen Naturwissenschaften solche intuitiv unverständlichen physikalischen und chemischen Tatsachen kennen, dann müsste es uns eigentlich leichter fallen, Gottes Trinität ebenfalls zu verstehen. Tun wir das, oder sind wir genauso ungläubig und begriffsstutzig wie die Menschen damals?

Betrug oder Wahrheit?

Jesus wendet sich dann an die Menschen, die zum Glauben gekommen sind: *Wenn ihr in meinem Wort bleibt, seid ihr wahrhaft meine Jünger. Dann werdet ihr die Wahrheit erkennen und die Wahrheit wird euch befreien.* Erneut reagieren die Juden mit Unverständnis. Sie meinen, dass sie Kinder Abrahams seien und in Freiheit lebten. Jesus sieht das weitergreifend: *Amen, amen ich sage euch: wer die Sünde tut, ist Sklave der Sünde. Der Sklave aber bleibt nicht für immer im Haus, nur der Sohn bleibt für immer. Wenn euch also der Sohn befreit, dann seid ihr wirklich frei. Ich weiß, dass ihr Nachkommen Abrahams seid. Doch ihr sucht mich zu töten, weil mein Wort in euch keine Aufnahme findet. Ich sage, was ich beim Vater gesehen habe, und ihr tut, was ihr von eurem Vater gehört habt.* Auf ihren Einwand, dass ihr Vater Abraham sei, entgegnet Jesus: *Wenn ihr Kinder Abrahams wärt, würdet ihr die Werke Abrahams tun. Jetzt aber sucht ihr mich zu töten, einen Menschen, der euch die Wahrheit verkündet hat, die ich von Gott gehört habe. So hat Abraham nicht gehandelt. Ihr vollbringt die Werke eures Vaters.* Die Juden beharren darauf, dass sie nur einen Vater hätten: Gott. Darauf: *Wenn Gott euer Vater wäre, würdet ihr mich lieben, denn von Gott bin ich ausgegangen und gekommen. Ich bin nicht von mir aus gekommen, sondern er hat mich gesandt. Warum versteht ihr nicht, was ich sage? Weil ihr nicht im Stande seid, mein Wort zu hören. Ihr habt den Teufel zum Vater und ich wollt das tun, wonach es eurem Vater verlangt. Er war ein Mörder von Anfang an. Und er steht nicht in der Wahrheit; denn es ist keine Wahrheit in ihm. Wenn er lügt, sagt er das, was aus ihm selbst kommt, denn er ist ein Lügner und ist der Vater der Lüge. Mir aber glaubt ihr nicht, weil ich die Wahrheit sage. Wer von euch kann mir eine Sünde nachweisen? Wenn ich die Wahrheit sage, warum glaubt ihr mir nicht? Wer aus Gott ist, hört die Worte Gottes, ihr hört sie deshalb nicht, weil ihr nicht aus Gott seid.* Die Juden fragen daraufhin, ob Jesus nicht ein vom Dämon besessener Samaritaner sei. Jesus stellt klar: *Ich bin von keinem Dämon besessen, sondern ich ehre meinen Vater; ihr aber schmäht mich. Ich suche nicht meine Ehre, doch es gibt einen, der sie sucht und der richtet. Amen, amen, ich sage euch: wenn jemand an meinem Wort festhält, wird er auf ewig den Tod nicht schauen.*

Das kommt bei den Juden als Bestätigung dessen an, dass Jesus doch ein Dämon sei. Sie begründen das damit, dass Abraham gestorben sei, also Jesu Worte über den Tod nicht stimmen könnten. Sie fragen, ob Jesus größer als Vater Abraham sein wolle. Sie fragen deshalb direkt für wen Jesus sich ausgebe. Die Tatsache, dass die Menschen fragen, zeigt also durchaus Bereitschaft, sich auf diesen merkwürdigen Wanderprediger und seine Botschaft einzulassen, wenn, ja wenn er denn die Widersprüche auflösen könnte. Jesus antwortet ihnen: *Wenn ich mich selbst verherrliche, ist meine Herrlichkeit nichts. Mein Vater ist es, der mich verherrlicht, er von dem ihr sagt: Er ist unser Gott. Doch ihr habt ihn nicht erkannt. Ich aber kenne ihn, und wenn ich sagen würde: Ich kenne ihn nicht, so wäre ich ein Lügner wie ihr. Aber ich kenne ihn und halte an seinem Wort fest. Euer Vater Abraham jubelte, weil er meinen Tag sehen sollte. Er sah ihn und freute sich.* Weil Jesus aber jünger als 50 Jahre alt ist, könne er doch Abraham gar nicht kennen, war die Schlussfolgerung der Menschen; aus menschlicher Sicht zunächst einmal ein verständlicher Rückschluss. Aber dieser Rückschluss zeigt auch, dass die Menschen die göttliche Dimension dessen, mit dem sie diskutieren, nicht verstanden haben und deshalb auf den menschlichen Horizont beschränkt bleiben. Jesus antwortet darauf: *Amen, amen ich sage euch: Noch ehe Abraham wurde, bin ich.* Daraufhin hoben die Juden Steine auf, um sie auf Jesus zu werfen. Er aber entzog sich ihnen. Denn wieder hatten Sie den Anspruch Jesu gehört, Er sei Gott: Ich bin. Aus unserer heutigen Sicht bleibt irgendwie unverständlich, warum die Menschen diese Behauptung Jesu nicht doch noch weiter überprüft haben, ob sie denn stichhaltig sei. Immerhin wussten die Juden, dass ein Messias kommen solle. Warum also überprüften sie nicht – und sei es in einer Art Kreuzverhör – die Behauptungen auf die andere Möglichkeit hin, dass es eben nicht nur eine gotteslästerliche Anmaßung sei, sondern möglicherweise die Wahrheit?

Aber so darf man letztlich nicht fragen – angesichts dessen, dass wir moderne Menschen viele Hinweise aus unserer naturwissenschaftlichen Forschung haben, dass doch ein göttliches

Prinzip dahinter stecken muss, und dennoch der Atheismus weiter um sich greift, weil die naturwissenschaftlichen Kenntnisse als Gegenargument gegen Gottes Existenz fehlgebraucht werden, - angesichts dieser Tatsache unterliegen wir modernen Menschen dem gleichen Paradigma; wir können selbst denken und kommen dann zu Erkenntnissen. Soweit so gut — jedoch vergessen wir dabei, dass es noch mehr geben könnte als das, was wir sehen, hören, riechen, messen und bewerten können. Die quasi fünfte Dimension (3 Raumdimensionen und Zeit als 4. Dimension sind geläufig), nämlich Gott, wird aus dem Kalkül gelassen.

Kleines Beispiel, da an anderer Stelle im Buch schon angesprochen ist: Trinität — was ein Unsinn? Drei ist nicht eins. Stimmt, wenn man allein aus der Sichtweise der Mathematik schaut: 3 ist ungleich 1. Aber wenn man aus der Sicht der Physik und Chemie schaut, passt das ganz zu gut zusammen: eine chemische Substanz (H_2O), aber gleichzeitig drei verschiedene physikalische Aggregatzustände (Eis, Wasser, Wasserdampf). Plötzlich geht Drei in Einem. Was lernen wir daraus? Es kommt auf den eigenen Standpunkt an — aber wesentlich auch darauf, den eigenen Standpunkt zu verlassen und bereit zu sein, Neues zu denken. Im Spannungsfeld von Gott und Naturwissenschaft ist das analog.

Zurück zum Evangelium: Was macht man also, wenn man den, der spricht, erkannt hat, weil er ganz klar mit dem Gottesattribut des „ich bin" auftritt? Es gibt nur zwei Möglichkeiten, dazu Stellung zu beziehen: Sich demütig niederwerfen und Jesus als Mensch gewordenen Sohn Gottes ehren und anbeten — oder — ihn als Gotteslästerer zu töten. Es kommt auf den Standpunkt an — und die Bereitschaft……

Da, wie wir schon gesehen haben, sich erst auf den zweiten Blick in der Gegenüberstellung von Schriftprophezeiung und Leben Jesu erhellt, dass Jesus der vorhergesagte Messias ist, bleiben die jüdischen Schriftgelehrten dabei, dass dieser Mensch Jesus auf den ersten Blick ein Betrüger sein müsse; folglich ist seine Aussage, dass er vom Vater komme und damit Mensch gewordener Gott ist, für sie klare Blasphemie, auf die die Todesstrafe steht.

Wenn man dagegen diese scheinbar wirre Aussage von Jesus, dass Er, obwohl um 30 Jahre alt, doch älter als Abraham sei, der vor ihm gestorben war und Ihn dennoch sehen durfte – wenn man diese scheinbar so wirre Aussage liest im Kontext der anderen Aussagen des „Ich bin", dann ist nur ein Schluss möglich: Bei Gott ist nichts unmöglich, schon gar nicht dieser angesprochene Zeitbezug, denn Gott ist ewig, also jedenfalls älter als Abraham. Da Gott aber auch zeitfrei ist, kann er sowohl vor wie nach Abraham sein. Gerade diese scheinbar wirre Zeitaussage bestätigt, dass Jesus der Sohn Gottes, dass Er die irdische Inkarnation unseres dreieinen Gottes ist. Diese Zeitshift kommt uns irgendwie bekannt vor: Auch Johannes der Täufer spricht in gleicher Zeitshift, wenn er sagt, dass der, der nach ihm kommt, schon vor ihm war. Gott gebietet souverän auch über die Zeit. Das Privileg, über die Zeit zu gebieten, ist allein Gott eigen. Wir Menschen können drei Dimensionen weitgehend beherrschen. Aber die vierte Dimension, die Zeit, ist unabänderlich – zumindest für uns. Was vorbei ist, ist vorbei aus menschlicher Sicht. Wobei – das Wort kann sogar Zeitsprünge denken. Das Wort? Ja, hier streifen wir Menschen etwas die Göttlichkeit – im Wort; das Wort aber ist Gott, und es ist Fleisch geworden.

Zugegeben, das alles ist nicht auf den ersten Blick zu verstehen. Aber Jesus hat nie verlangt, dass man sofort alles verstehen müsse. Man bekommt ein ganzes Leben dazu Zeit. Aber gegen Ende muss man dann soweit sein und bekennen: Jesus ist der Messias, der Sohn des lebendigen Gottes. Er ist eines Wesens mit dem Vater und wirkt durch den Hl. Geist – Fazit: Jesus IST Gott als immanente Person der Trinität. Um zu dieser Erkenntnis zu kommen, muss man bereit sein, Jesus und dem Wort zu vertrauen und ihm zu folgen. Man darf Gott fragen, aber man muss offen bleiben für die Wahrheit – und damit für Gott und Seine Antwort. Nur nach menschlichen, also begrenzten Kriterien zu urteilen, ist grundfalsch. Gott ist soviel größer und großartiger als wir uns zu erträumen wagen. Man kann nicht anders als IHN anzubeten voll Demut, aber auch voll Vertrauen und in Liebe.

Das Problem ist einmal mehr, dass wir Menschen uns als Maßstab aller Dinge betrachten und vergessen, ja verneinen, dass es Größeres gibt als uns Menschen. Schon allein Physik, Chemie, Biologie sind größer als wir von diesen dortigen Gesetzen abhängige Menschen. Welche Hybris ist es also, unseren begrenzten Menschenmaßstab als das non plus ultra zu betrachten?

Christus medicus

Dann gibt es nochmal bei Joh 9 eine Rückblende, diesmal zu Christus medicus.

Interessant ist dabei, dass Jesus den damaligen Irrglauben, dass der Mann blind geworden sei als Folge einer Verfehlung von ihm oder seinen Eltern, zurechtrückt. *Weder er noch seine Eltern haben gesündigt, sondern die Werke Gottes sollen an ihm offenbar werden. Wir müssen, solange es Tag ist, die Werke dessen vollbringen, der mich gesandt hat; es kommt die Nacht, in der niemand mehr wirken kann. Solange ich in der Welt bin, bin ich das Licht der Welt.* Daraufhin heilte Jesus den Blinden und hieß ihn, sich im Teich Siloah zu waschen, nachdem Er ihm die Augen mit einem Speichelbrei bestrichen hatte. Diese Geschichte widerlegt eindeutig die damals auch bei den Juden vorherrschende animistische Meinung, dass Krankheit immer auf Sünde beruhe. Ganz nebenbei wird deutlich, dass Jesus in der Tat das Licht der Welt ist – hier ganz konkret das Augenlicht, um besser sehen zu können – und eigentlich erstmals sehen zu können. Das ist ein klarer Hinweis auch für uns Heutige, dass wir mit Blindheit geschlagen sein können, wie seinerzeit die Pharisäer, obwohl das Licht vorhanden war, und uns durch Jesus, also Gott, die Augen geöffnet werden können, wenn wir es denn zulassen. Auch hier wieder die Einsicht, dass Jesus nicht nur die physikalische Bedeutung des Wortes Licht meint, sondern vor allem das Licht der Erkenntnis, das Licht des Glaubens an Gott. Bei diesem Licht haben wir alle Sehschwierigkeiten. Jesus aber als Licht der Welt kann uns hier wahrhaft sehen lehren. Zum Spannungsfeld von Sehen und Erkennen siehe nachfolgende Erläuterungen.

Licht – physikalisch, physiologisch, theologisch?

Dass diese weitere Bedeutung des Wortes ‚Licht' vielen Menschen unverständlich war – und auch heute oft unverständlich bleibt - , zeigt der weitere Verlauf, als die Anwesenden bezweifelten, was vor ihren eigenen Augen geschehen war – im vollen Tageslicht. Nun ist physikalisches Licht nur eine elektromagnetische Wellenfunktion und doch durchaus erstaunlich. Aber erst das Gehirn, das diese Wellen über die Augen, die ja auch ein Hirnteil sind, empfängt, macht aus den Lichtwellen das eigentliche Sehen. Erst dieses Sehen, das wir lernen müssen, ist die eigentliche Basis für das Erkennen und dann auch Verstehen. Erst nach der „Bearbeitung" der physikalischen Lichtimpulse durch unser Gehirn, durch unser Bewusstsein und unsere Erfahrung entsteht das eigentliche, erkennende Sehen. Genau dieser physiologische Vorgang unserer Sehfunktion ist bei den Pharisäern gestört. Hier setzt Jesus als Licht der Welt an. Der Vorgang des Erkennens, den man lernt, sobald man geboren ist, und ständig verbessert, dieser

Vorgang des Erkennens sorgt dafür, dass wir begreifen – oder Dinge übersehen, obwohl sie vor unser aller Augen geschehen und sogar belegbar sind.

Wir müssen Jesus als trinitarischen Gott, der der Schöpfer von allem, auch von uns Menschen und unserem durchaus erstaunlichen Gehirn, ist, sehen. Eindimensionalität Ihm gegenüber führt deshalb in die Irre – die Perikope über den Blinden zeigt das einmal mehr. Jesus als Licht ist beschrieben bei der Beschreibung von „Drei in Einem" (Mathematisch oder chemisch/physikalisch), ist aber auch beschrieben bei der irrigen, weil unvollständigen Sichtweise des Entstehens der Welt. Auch wenn wir erkennen können und dürfen, dass physikalisch aus dem Urknall die Welt und das All so entstanden sind wie wir sie sehen, bleibt das doch lediglich eine eindimensionale physikalische Erklärungssicht. Derjenige, der den Ur-Sektkorken knallen ließ, kann physikalisch nicht entdeckt werden. Hier brauchen wir die Sichtweise auf das Licht der Welt – also auf Gott. Am Anfang war das Wort – und ein Wort ist, solange es „nur" gedacht ist, nicht physikalisch, sondern virtuell. Erst durch die Konkretisierung des virtuellen Wortes entstehen physikalische Tatsachen. Erst war die Idee des Autos, dann erst konnte Carl Benz ein fahrendes Gefährt bauen. So war eben am Anfang das Wort – und es war bei Gott – und Gott war das Wort. Erst nachdem das Wort als Bauplan der Welt konkretisiert wurde im Urknall, erst nachdem das geschehen war als das, was wir Schöpfung nennen, erst da konnten sich Welt und All entwickeln bis hin zu uns. Alle darwinschen Überlegungen der Artenentwicklung oder Wegeners Kontinentalshift oder die Ausbreitung des Weltalls mit Licht (!)geschwindigkeit oder – alle diese Dinge und Tatsachen sind Folgen – nicht Ursache – dieses virtuellen Vorgangs, nämlich Gottes Schöpfung durch Sein „es werde".

Gott – Wort oder Programm?

Dass die Bibel solche Vorgänge mit Worten versucht zu beschreiben, die naturwissenschaftlich nicht im Detail korrekt sind, ist richtig. Jedoch gerade im Computerzeitalter müssten wir die Worte der Bibel umfassender, eben sensus de sensu, nicht verbum e verbo, verstehen können. Erst ein (nicht physikalisch-haptisches) Programm macht nämlich aus der – auch aufgrund einer virtuellen Idee hergestellten – „Blechbüchse" einen funktionsfähigen Computer. Wenn wir also mit heutiger Sprache mal an die Schöpfungsgeschichte dran gehen, würden wir sie etwa so schreiben können:

„Am Anfang ist das Programm, und das Programm ist bei Gott und Gott ist das Programm. „

Dann schuf Gott die Erde und programmierte sie nach Seiner eigenen Idee. So wurde die physikalische Welt implementiert. So wurden Programm und Welt von Gott geschaffen und dann umgesetzt. Das Programm war also in Gott und es war Gott und ist noch Gott. Gott schuf also die Hardware der Welt und die Software, mit der sein Schöpfungsprogramm laufen kann.

Quasi „Genesis 2020".

Darwinismus als Beweis gegen Gottes Existenz?

Und was ist mit Darwin und Wegener (Kontinentalverschiebungslehre) etc.? Auch das kann man in Computersprache übersetzen und dann verstehen. Man nennt es ein Update. Jedes neue Programmrelease beruht zwar auf dem gleichen Quellcode, aber es verändert den Zustand und die Funktion, entwickelt sich also weiter und verbessert Funktionen. Ist das so schwer zu verstehen? Ein Widerspruch der Naturwissenschaften zum Schöpfungsbericht oder gar zu Gott ist das nicht. Im Gegenteil – Naturwissenschaften erlauben uns ein Updaten unseres Wissens, unserer Einsicht und Erkenntnis. Beim Verstehen allerdings hapert es dann doch immer wieder. Dabei müssten wir doch nur begreifen, dass Gott quasi in Seiner Allmacht und Seiner Vollkommenheit das WLAN ist, von und aus dem wir alles erfahren können. Jeder bekommt ein individuelles Passwort, um dieses göttliche WLAN studieren zu können – es ist der eigene Glaube. Dann dürfen wir in Gottes Internet alles von Ihm und zu Ihm finden und erhalten. Wir müssen uns aber vorher einloggen.

Gott ist doch das Wort, sagt Er. Wie also das verstehen? Gott ist das Wort – in der Tat. Wort meint hier aber umfassend und inklusiv Sprache und ihre Inhalte. Diese Inhalte können in jeder menschlichen Sprache dargestellt und verstanden werden, ggf. nach Übersetzung aus dem Urtext. Computerprogramme werden ebenfalls in verschiedenen Sprachen geschrieben, eben Computersprachen. Deshalb ist es kein Widerspruch. Gott kann sich auch mittels Computersprache deutlich machen. Deshalb gibt es jede Menge Gottes-Inhalt auch im Internet. Verstehen können wir das, wenn wir uns im Glauben einloggen. Dann können wir auch den Quellcode finden – nämlich Gottes Liebe, die sich im Programm der Schöpfung offenbart. Gottes Wort ist also in der LXX genauso zu finden wie im Quellcode der Schöpfung. Wer den Urtext der Bibelworte lesen will, muss Altgriechisch und Aramäisch können. Wer den Urtext von Gottes Schöpfung lesen will, muss die Sprachen der Naturwissenschaft und die Programmiersprachen lernen.

Fazit: Das Buch Genesis würden wir heute semantisch anders lesen und schreiben, eben nicht mehr als Wort, sondern als Programm. Aber der Inhalt ist immer noch gleich – und wird es bleiben: Gott

Zurück zum Evangelium:

Ich bin dankbar, dass ich nicht auf das physikalische Licht beschränkt bin, sondern das Licht der Erkenntnis erleben darf – eben Jesus, das Licht der Welt. ER hat den Ur-Sektkorken aus lauter Freude und Liebe knallen lassen. Sein „Quellcode" ist ewig und allgegenwärtig. Gott sei Dank!

Wir Heutige wissen um Realität einerseits und virtuelle Welten andererseits. Solange man ein pdf-Dokument nicht mit dem entsprechenden Programm wiederherstellt und gar ausdruckt, solange ist es rein virtuell. Existent, aber nicht haptisch greifbar. So ist auch Gott. Wenn Er sich offenbart – ist Er erlebbar. Wenn nicht, ist Er quasi virtuell wie ein pdf-Dokument. Dass wir Gott also nicht immer sehen und erleben, liegt nicht an Ihm, sondern daran, dass wir das Leseprogramm unseres Glaubens nicht öffnen. Glauben ist nämlich der „Gott-Reader" des (zunächst virtuell überlieferten) Wortes Gottes. Glauben ist das Passwort zum „Internet Gottes". Die Bibel ist eine „Printversion" schon älteren Datums.

Vom Sehen ohne Augen

Deshalb müssen wir das Nichtbegreifen der Menschen, ihre Blindheit selbst dann, als Jesus dem Blinden im wahrsten Sinne des Wortes die Augen öffnet, verstehen als fehlenden Glauben, als Fehlen des „Gott-Readers" auf dem eigenen Geist. So wird das Dokument nicht sichtbar. Die Menschen ohne Glauben bleiben blind. Da helfen Herumsuchen und Diskutieren nicht. Das Dokument lässt sich nicht öffnen: Noch nie hat man gehört, dass jemand die Augen eines Blindgeborenen geöffnet hat – so sagen sie. Stimmt. Vor Jesus hat das noch nie jemand vermocht. Trotzdem war es geschehen. Hätten die Menschen versucht, diese mögliche Unmöglichkeit für Menschen zu verstehen im Glauben der objektiven Tatsachen, wäre Jesus ihnen sicher entgegengekommen und hätte ihnen eine Version des „Gott-Readers" überlassen. Obwohl – Er hat den Menschen viele Hinweise gegeben. Aber erst wenn man das Programm geladen hat, kann man die so transportieren Dokumente aufrufen und lesen.

Sogar der Blinde brauchte damals Hilfe auf die Frage Jesu: *Glaubst du an den Menschensohn?*

Auf die Nachfrage, wer das sei, antwortete Jesus: *Du hast ihn bereits gesehen; er, der mit dir redet, ist es.*

Dieser Satz öffnet dem immer noch trotz neuer physiologischen Sehfähigkeit Blinden das wahre Auge: Ich glaube, Herr! Jesus entgegnet ihm dann: *Um zu richten, bin ich in diese Welt gekommen: damit die nicht Sehenden sehen und die Sehenden blind werden.*

Das ist nicht weniger als ein Update des Glaubens. Die Pharisäer verstehen das dann auch so, denn sie fragen, ob auch sie blind seien. Sie erhalten als Erklärung: *Wenn ihr blind wärt, hättet ihr keine Sünde. Jetzt aber sagt ihr: Wir sehen. Darum bleibt eure Sünde.*

Wie ist das zu verstehen? Die Pharisäer können biologisch sehen, aber verstehen trotz Tora-Kenntnis nicht den Inhalt von Gottes Botschaft. Sie übersehen trotz offener Augen im Kopf den Menschensohn, wiewohl Er vor ihren Augen und völlig unverborgen handelt und Wunder tut. Das bedeutet, dass Sehen und Verstehen zwei Dinge sind. Wer mit den Augen im Kopf sehen darf, muss anschließend das Gesehene, das Erlebte mit den Augen des Glaubens quasi „nachbearbeiten". Der ehemals Augen-Blinde tut dies. Die nur Augen-Sehfähigen tun dies nicht. Zugegeben – Jesus hat die Tora interpretiert in ihren Aussagen, aber prinzipiell stand Er auf dem Boden ihrer Verkündigung. Sehen der Botschaft war also für Tora-Gelehrte möglich, aber tiefe(re)s Verstehen?

Jesus fordert nicht, dass man mit seinen Seh-Augen auch gleich die Nachbearbeitung mit den Versteh-Augen durchführt, sondern Er weiß, dass man dafür Zeit braucht. Die Nachfrage des sehfähig gemachten Blinden belegt das. Aber er ist bereit, die Versteh-Augen zu öffnen. Jesus wischt ihm daraufhin auch den Schleier fort, so dass zu der Augen-Sehfähigkeit auch die Versteh-Sehfähigkeit hinzukommen. So hat der ehemals Blinde nicht nur das Seh-Licht erhalten, sondern auch das wahre Licht der Welt, nämlich Gott erkennen dürfen und können. Ich glaube! – ist seine richtige Reaktion.

Diese Augensehfähigkeit haben die Pharisäer schon gehabt. Aber die Nachbearbeitung des damit Gesehenen gelingt ihnen nicht. Somit bleiben sie letztlich blind, damit in Sünde, und übersehen das vor ihnen stehende Licht der Welt. Von Gott in der Tora lesen mit den Seh-Augen reicht nicht. Man muss bereit sein, Gott zu verstehen. Dafür braucht es Glauben. Wohl dem, der diesen Glauben hat und lebt. Ich glaube – hilf meinem Unglauben, sagt der Centurio zu Jesus. Genau das tut Jesus. Er gibt zunächst Offensichtliches zu sehen. Wenn das zur Nachfrage führt, hilft Jesus weiter und ermöglicht Verstehen, ermöglicht Glauben. So hilft Er dem Unglauben Schritt für Schritt ab. Einzige Voraussetzung: Bereitschaft zum Glauben. Das Hintasten zum Glauben verstärkt dann Gott, bis wir die Gnade des Glaubens aus und in Liebe erfahren dürfen. Gott ist nämlich die Liebe und fördert uns Menschen, wenn wir uns Ihm öffnen. Hier ist unser Augenöffnen gefragt. Das Licht der Welt kommt dann bereitwillig zu uns.

Türöffnen

In der nächsten Perikope gibt es bei Johannes im 10. Kapitel erneut eine Rückblende. Auch sie handelt von einem Öffnungsvorgang, diesmal einer Tür. Das Beispiel handelt letztlich auch von der Bereitschaft der Menschen, Gott die Tür zu öffnen, also wie zuvor der Bereitschaft die Verstehens-Augen zu öffnen. Jesus nutzt hier wieder eine Metapher:

Amen, amen, ich sage euch: Wer in den Schaftstall nicht durch die Tür hineingeht, sondern anderswo einsteigt, der ist ein Dieb und ein Räuber. Wer aber durch die Tür hineingeht, ist der Hirt der Schafe. Ihm öffnet der Türhüter und die Schafe hören auf seine Stimme; er ruft die Schafe, die ihm gehören, einzeln beim Namen und führt sie hinaus. Wenn er alle seine Schafe hinausgetrieben hat, geht er ihnen voraus und die Schafe folgen ihm; denn sie kennen seine Stimme. Einem Fremden aber werden sie nicht folgen, sondern sie werden vor ihm fliehen, weil sie die Stimme des Fremden nicht kennen.

Da diese Ausführungen nicht verstanden wurden, ergänzte Jesus: *Amen, amen, ich sage euch: Ich bin die Tür zu den Schafen. Alle, die vor mir kamen, sind Diebe und Räuber; aber die Schafe haben nicht auf sie gehört. Ich bin die Tür; wer durch mich hineingeht, wird gerettet werden; er wird ein- und ausgehen und Weide finden. Der Dieb kommt nur, um zu stehlen, zu schlachten und zu vernichten; ich bin gekommen, damit sie das Leben haben und es in Fülle haben.*
*   **Ich bin der gute Hirt**. Der gute Hirt gibt sein Leben hin für die Schafe. Der bezahlte Knecht aber, der nicht Hirt ist und dem die*

Schafe nicht gehören, sieht den Wolf kommen, lässt die Schafe im Stich und flieht; und der Wolf reißt sie und zerstreut sie. Er flieht, weil er nur ein bezahlter Knecht ist und ihm an den Schafen nichts liegt. Ich bin der gute Hirt; ich kenne die Meinen und die Meinen kennen mich, wie mich der Vater kennt und ich den Vater kenne; ich gebe mein Leben hin für die Schafe. Ich habe noch andere Schafe, die nicht aus diesem Stall sind; auch sie muss ich führen und sie werden auf meine Stimme hören; dann wird es nur eine Herde geben und einen Hirten. Deshalb liebt mich der Vater, weil ich mein Leben hingebe, um es wieder zu nehmen. Niemand entreißt es mir, sondern ich gebe es von mir aus hin. Ich habe Macht, es hinzugeben, und ich habe Macht, es wieder zunehmen. Diesen Auftrag habe ich von meinem Vater empfangen.

Die Menschen verstanden ihn wieder nicht, sie glaubten, Jesus sei von einem Dämon besessen.

Zugegeben, so ganz einfach ist das nicht zu verstehen, wenn man Erlösertod und Auferstehung noch nicht erlebt hatte. Wir Heutige haben es da etwas leichter. Trotzdem bleibt das ungute Gefühl, dass sich Jesus sehenden Auges in Leiden und Tod hineinbegibt – wider besseres Wissen. Warum tat er das? Er war doch als Teil des trinitarischen Gottes auch Gott und damit allmächtig und allwissend. Aus menschlicher Sicht ist das auch in der Tat kaum verständlich. Es sei denn – das ist die einzige Erklärung – es sei denn, die Liebe trieb Ihn dazu. Auch Menschen gehen in den Tod für andere aus Liebe. Maximilian Kolbe ging für einen anderen KZ-Gefangenen freiwillig in die Gaskammer. Warum? Er hätte leben können. Er gab sein Leben hin für einen anderen. Warum also? Auch hier gibt es nur eine Erklärung: Aus Liebe.

Liebe aber ist DIE entscheidende Triebfeder für Jesus gewesen. Er sagt es offen – Er verteidigt Seine Schafe gegen den Wolf, also das Böse im weiteren Sinn. Ich bin der gute Hirt – Ps. 23 leuchtet hier durch. Lesen wir ihn, dann verstehen wir Jesu Motivation.

Warum also verstanden die Menschen das damals nicht sofort? Das bleibt irgendwie ein Rätsel, denn auch die Tat in Gefahr ist den Menschen damals wohlbekannt – man denke nur an Ester oder Judith. Auch sie hätten sich das Leben einfacher machen können. Sie taten es aber nicht aus – eben aus Liebe.

Menschen denken zunächst an sich. Erst wenn sie selbst Liebe gegen jede Vernunft am eigenen Leib erfahren haben, können sie sich öffnen für die Liebe anderer und sei es Gott selbst.

Erst wenn man Ihn hier verstanden hat, dann hat man als Mensch eine Chance, Gott besser zu verstehen, Ihm näher zu kommen, aus Seiner Barmherzigkeit heraus zu leben und dann auch so zu handeln. Das ist das, was man aus menschlichem Gesichtspunkt als „Power of Nice" bezeichnet hat – wenn man etwas tut, auch wenn man dafür ausgenutzt wird, wenn man kein Refunding bekommt, wenn man übervorteilt wird. Aber seltsam – die Power of Nice kommt irgendwann zurück, doppelt und dreifach. So handelt übrigens auch und gerade Gott. Alles, was man aus Nächstenliebe tut, kommt irgendwann vielfach zurück.

Es ist also nicht so, dass wir Menschen Vorleistungen bringen müssten. Es ist vielmehr so, dass wir, nachdem wir diese Liebe Gottes erfahren haben, versuchen, anderen gegenüber auch barmherzig zu sein und ihnen Gutes zu tun, ihnen voll Liebe zu begegnen. Das klappt zwar oft nicht, aber Übung macht den Meister – und Gott anerkennt unser Bemühen und hilft uns dabei. Denn: ER ist der gute Hirt, der für Seine Schafe sorgt, zu denen wir alle gehören.

Herr erbarme Dich über uns alle.

Wichtig in dieser Perikope ist auch, dass Jesus auch „andere" Schafe in den Blick nimmt. Aus heutiger Sicht kann und darf man das wohl so lesen und verstehen, dass Jesus nicht nur die unmittelbaren Jüngerinnen und Jünger im Blick hat, sondern auch die, die nicht zum Volk der damaligen Juden gehörten. So sieht Er diejenigen voraus, die sich später Christen nennen werden. Aber mehr noch – Er sieht alle Menschen, die eine Antenne für Gott haben, egal welcher formalen Religionsgemeinschaft sie angehören. Einzige wichtige Verbindung ist die, zwischen Gott und den Menschen. Das 2. Vatikanischen Konzil hat das aufgenommen; jeder Gottgläubige wird ausdrücklich wertgeschätzt als Schwester bzw. Bruder im Glauben an Gott. Das einzige, was letztlich wahres Christentum, also nicht nur Titularchristen, von anderen Religionsgemeinschaften unterscheidet, ist die ausdrückliche Betonung der Liebe als dem Fundament zwischen Gott und den Menschen. Wobei – Liebe ist kein Proprium des Christentums, sondern ist auch tragende Säule wahren Gott-Glaubens, egal welcher formalen Religionszugehörigkeit.

So können wir verstehen, dass Jesus die Tür zu menschlicherem Leben ist, zu Barmherzigkeit und Liebe wie Gegenliebe. So paradox es klingen mag – diese heroischen Liebestaten wären weitgehend unnötig, wenn alle Menschen verstehen und danach handeln würden, einander in Liebe und Güte wie Barmherzigkeit zu begegnen, denn als Sünder sind wir alle gleich fehlerhaft und auf das Verzeihen des Gegenübers angewiesen. So könnte es gelingen, dass die Welt besser wird – Jesus hat jedenfalls die Tür dazu geöffnet durch Seine liebende Vorleistung. Jesus IST die Tür, zum diesseitigen, aber gerade auch zum jenseitigen Leben. Er ist das Kontinuum, das zwischen hier und dort verbindet. Gehen wir durch diese Tür – dann bleiben wir zwar biologisch nicht unverändert, aber als Persönlichkeit werden wir das ewige Leben dort fortsetzen –, dort' ist bei und in Gott. Gut, dass wir mit Jesus den Türöffner dazu haben. Von einem Schloss, das man öffnen müsste, ist nicht die Rede bei Ihm. Er öffnet, wenn wir das Passwort sagen. Das aber heißt: Glaube. Also werden Atheisten draußen vor der Tür gelassen? So darf man nicht denken. In Lumen gentium wird auch dieses „Problem" angesprochen – es gibt Menschen, die formal nicht an einen Gott glauben, aber dennoch so ehrenhaft leben, wie man dies von einem wahren Gläubigen erwarten darf bzw. kennt. Im Vatikanum nennt man das die „heimlichen" Christen. Und zu allem Überfluss ist es so, dass diese ehrenvollen Atheisten nicht selten gleich wie oder sogar besser und barmherziger handeln als getaufte Christen. Gottes Wege sind vielfältig. Nur der Mensch braucht die Schubladeneinteilung in Juden, Muslime, Christen, Hindu, Atheisten etc. Gott dagegen hat sie alle geschaffen.

Um gerecht zu sein – nicht alle Juden damals verstanden Jesus nicht – auch wenn es Nachdenken erfordert – sie widersprachen denen, die meinten Jesus sei von einem Dämon besessen. Sie hatten verstanden, dass Jesus kein Besessener war, denn ein Dämon kann einem Blinden die Augen nicht öffnen. Mit einer solchen Erkenntnis kamen diese Menschen dann zu Jesus und wurden seine jünger. Folgen wir ihnen.

Schafsköpfe und der Messias

Eine weitere Perikope folgt nun bei Johannes 10: Jesus war beim Tempelweihefest in Jerusalem und wurde von den Menschen bedrängt, sie nicht länger hinzuhalten, sondern ihnen offen zu sagen, ob Er der Christus, also der Messias sei. Warum erneut diese Frage, als hätte Jesus diese Frage nicht schon längst beantwortet, wie schon vorhergehend gezeigt? Deshalb antwortet Er auch so: *Ich habe es euch gesagt, aber ihr glaubt nicht. Die Werke, die ich im Namen meines Vaters vollbringe, legen Zeugnis für mich ab. Ihr aber glaubt nicht, weil ihr nicht zu meinen Schafen gehört. Meine Schafe hören auf meine Stimme; ich kenne sie und sie folgen mir. Ich gebe ihnen ewiges Leben. Sie werden niemals zugrunde gehen und niemand wird sie meiner Hand entreißen. Mein Vater, der sie mir gab, ist größer als alle und niemand kann sie der Hand meines Vaters entreißen. Ich und der Vater sind eins.*

Was war die Reaktion? Erneut wollten die schafsköpfigen Menschen Jesus steinigen, denn dass Er sich mit dem Vater identisch zeigt, ist zuviel für sie, für ihr schematisches Denken. Denn Jesus sagt hier geradeheraus, dass Er Gott sei. Kann man deutlicher sein als Jesus? Nein, Er hat den Menschen den Wunsch erfüllt, Klartext zu sprechen. Viele Menschen glaubten dennoch nicht. Auch Jesus wundert sich darüber: *Viele gute Werke habe ich im Auftrag des Vaters vor euren Augen getan. Für welches dieser Werke wollt ihr mich steinigen?* Die Juden antworteten ihm: Nicht wegen der guten Werke wollen sie ihn steinigen, sondern wegen Gotteslästerung. Sie hielten Jesus für einen einfachen Menschen, der sich selbst zu Gott machte. *Jesus entgegnet ihnen: Steht nicht in eurem Gesetz: Ich habe gesagt, ihr sei Götter? Wenn er jene Menschen Götter genannt hat, an die das Wort Gottes ergangen ist, und wenn die Schrift nicht aufgehoben werden kann, dürft ihr dann von dem, den der Vater geheiligt und in die Welt gesandt hat, sagen: Du lästerst Gott, weil ich gesagt habe: Ich bin Gottes Sohn? Wenn ich nicht die Werke meines Vaters vollbringe, dann glaubt ihr mir nicht. Aber wenn ich sie vollbringe, dann glaubt wenigsten den Werken, wenn ihr mir nicht glaubt. Dann werdet ihr erkennen und einsehen, dass in mir der Vater ist und ich im Vater bin.* Als die Juden ihn erneut festhalten wollten, hat Er sich ihnen wieder entzogen.

Wie nun ist das zu verstehen? Jesus sagt klar heraus, was Er anfangs vermieden hatte zu sagen, dass Er Gottes Sohn sei; Er wollte durch sein Leben, durch seine Taten überzeugen.

Man sollte nun allerdings glauben, dass mit dieser Selbstaussage auch die letzten Zweifler hätten überzeugt werden können, denn als Bestätigung dieser Selbstaussage verweist Jesus auf die Wunder, die Er getan hat. Wasser zu Wein anfangs bis hin zur Auferweckung von biologisch Toten – kann das ein Mensch, der nichts anderes ist als ein Mensch? Eine härtere Fakten- und Beweislage als diese Wunder, die vor aller Augen geschahen, gibt es nicht. Denn Wunder dieser Art kann ein Nur-Mensch nicht vollbringen. Reanimation ist heute bei soeben Verschiedenen in bestimmten Situationen zwar möglich, aber bei einem Menschen, der schon in Verwesung übergegangen ist wie Lazarus – ausgeschlossen. Und Wasser in Wein verwandeln – auch das geht nicht. Auch wenn die moderne Chemie einige Tricks beherrscht – aus Wasser ohne ein spezielles Additiv Wein herzustellen, das kann auch moderne Chemie nicht.

Aber wie damals gibt es Menschen, die diese Wunder für Märchen halten, obwohl sie geschehen sind. Dabei sind sie nicht einfach mal so geschehen per Zufall - nein, sie wurden durch eine Person bewirkt in aller Öffentlichkeit, nämlich durch den, der in Personalunion Mensch und trinitarisch-göttliche Person ist, nämlich Jesus.

Warum also konnten Menschen, die all diese Wunder live erlebt haben, davon ausgehen, dass Jesus ein Lügner und Betrüger sei? Es gibt nur eine Erklärung: Weil bei engstirnigen Menschen nicht sein kann, was nicht sein darf. Jesus hatte es selbst einmal gesagt: *Ihr glaubt nicht, selbst wenn die Toten auferstehen.* Hier ist jede Möglichkeit vergebens. Beten wir darum, dass wir erkennen dürfen, was Gott uns hier zeigt – dass ER wahrer Gott und in Jesus wahrer Mensch in Einem ist.

Ist diese Engstirnigkeit ein damaliges Phänomen, über das wir erhaben lächelnd hinweg gehen dürfen? Nein. Auch heute gibt es Menschen, die offensichtliche und vor ihren Augen belegbare Tatsachen nicht (an)erkennen, dagegen Fakenews glauben und Verschwörungstheorien anhängen. Den allermeisten von uns ist das unverständlich. Aber die Welt – speziell das Internet – ist voll von diesen verqueren und falschen Vorstellungen. Wir wissen, dass es sich um Menschen handelt, die psychopathologisch denken, also letztlich desorientiert sind. Das grenzt an Krankheit wie Schizophrenie, bei der auch die Umgebungserscheinungen fehlinterpretiert werden bis hin zu Wahnvorstellungen. Die Graduierung ist unterschiedlich, aber was in den Gehirnen vor sich geht, ist für Außenstehende nur schwer nachvollziehbar. Wenn man diese Kenntnisse berücksichtigt, wird man verstehen, dass Menschen physikalisch belegbare Dinge trotzdem anders interpretieren als die Majorität. Insofern kann man die Verkennung von Jesus in dieses Kontinuum menschlicher Vorstellungen von Erkenntnis bis Wahn begreifen.

Deshalb gibt es auch das Wort, dass Menschen, die Wahres und Objektives leugnen, nicht in den Himmel kommen können – Himmel hier als Gott gemeint, da die damaligen Gläubigen „Himmel" sagten, wenn sie „Gott" meinten. Solch Fehlgeleitete können wir nicht von Gottes Existenz, von unserem Glauben an Gott überzeugen. Solch Fehlgeleitete müssen wir Gottes Güte und Barmherzigkeit anempfehlen. Er wird sich um sie kümmern.

Erlöser

Nur so konnte Gott unser Erlöser werden, indem Er sich auf unsere niedrige Augenhöhe herabließ und Mensch wurde: „Jesus Christus Theou Hyos Soter". (Jesus Christus, Gottes Sohn und Erlöser): Nicht mehr – nicht weniger. Und das alles, weil wir Menschen damals im Paradies alles verbockt hatten. Jesus wurde für unsere Fehler und unsere Sünden durch den Kreuzestod bestraft. Er hat freiwillig die Sühne dafür vollzogen. Ist uns das bewusst? Vielen bis heute nicht.

Aber nicht alle Menschen blieben herzensblind. Jesus ging auf die andere Seite des Jordans. Dorthin kamen viele zu Ihm. Sie sagten: Johannes hat kein Zeichen getan, aber alles, was Johannes über diesen gesagt hat, erwies sich als wahr. Folglich kamen viele dort zum Glauben an Jesus als Menschensohn, als Gottes Sohn, als unser Erlöser. Bei ihnen hat die „Überzeugungsarbeit" Jesu gefruchtet.

Von dieser Erkenntnis künden wir heute noch, davon leben wir heute noch. Und so dürfen wir auf den trinitarischen Gott vertrauen. Noch sehen wir zu diesem Zeitpunkt lediglich Vater und Sohn; der Hl. Geist ist noch nicht geoffenbart als Hl. Geist; doch als Ruach, als Geist Gottes ist Er schon bekannt geworden in der Tora. Jedoch können wir die Ruach erst nach Jesu Auferstehung und Himmelfahrt als immanente Person der Trinität Gottes, als wahren Hl. Geist, im Pfingstereignis erkennen. Zunächst aber müssen wir nun Jesus in Leiden und Tod begleiten. Als „Vorgeschmack", was unser Gott tun kann und wird, erweckt Er zunächst Lazarus, der gestorben war. Folgen wir nun im 11. Kapitel weiter dem Johannesevangelium, das hier nun davon berichtet.

Vorgeschmack auf die Auferstehung - Lazarus

Jetzt beginnt ein neuer Abschnitt. Bisher sind wir Jesus auf seinem irdischen Weg gefolgt und haben von ihm lernen dürfen. Jetzt beginnt das, warum Jesus zu uns auf die Erde gekommen ist. Wir folgen Ihm auf seinem Passionsweg. Er wusste, auf was Er sich einließ. Das gilt es bei allem, was nun folgt, im Hinterkopf zu bewahren.

Also lesen wir nun die Lazarusgeschichte. Lazarus war der Bruder der Marta, die Jesu Füße gewaschen und gesalbt hatte. Sie sandte zu Jesus und teilte ihm mit, dass sein Freund Lazarus krank sei. Als Jesus das hörte, sagte er: *Diese Krankheit führt nicht zum Tod, sondern dient der Verherrlichung Gottes. Durch sie soll der Sohn Gottes verherrlicht werden.* Jesus liebte Marta, Maria und Lazarus. Jesus war öfter bei diesen Geschwistern, mit denen er befreundet war. Dann wollte er wieder nach Judäa gehen. *Lasst uns nach Judäa gehen.* Die Jünger erinnerten zurecht daran, dass er dort nur so eben einer Steinigung entronnen war. Jesus musste es ihnen deshalb erklären: *Hat der Tag nicht zwölf Stunden? Wenn jemand am Tag umhergeht, stößt er nicht an, weil er das Licht dieser Welt sieht; Wenn aber jemand in der Nacht umhergeht, stößt er an, weil das Licht nicht in ihm ist.* Dieses Licht ist Er. Wenn Jesus die Sonne als Leuchtkörper gemeint hätte, hätte Er anders formuliert. So geht es darum, das Licht „in Îhm" zu haben. So versteht man das, was nun kommt. Es ist die Fortsetzung seiner Aussage über Lazarus. *Lazarus unser Freund, schläft; aber ich gehe hin, um in aufzuwecken.* Die Jünger verstanden Jesus Worte als Aussage über normales Schlafen. Er aber meinte den Tod. Folglich musste Er das Missverständnis aufklären: *Lazarus ist [biologisch] gestorben. Und ich freue mich für euch, dass ich nicht dort war; denn ich will, dass ihr glaubt. Doch wir wollen zu ihm gehen.* Thomas nahm auch das als Aussage, dass sie nun auf dem Weg zum Sterben wären. Jener Thomas, der später harte Fakten für Jesu Auferstehung fordern wird, sich aber dann von den identen Fakten überzeugen lässt. Das ist zwar ein Weg, der weniger Glaubensgrund erfordert, als „nur" zu Glauben. Aber das ist ein Weg, den Gott/Jesus zulässt, denn er führt ja zum gleichen Ergebnis, nämlich dem Glauben an Gott. Thomas sagte nach der „physikalischen" Prüfung: Mein Herr und mein Gott. Ziel erreicht.

Jesus ließ sich nach dem Ruf wirklich viel Zeit. Als Er bei den Geschwistern ankam, war Lazarus schon vier Tage im Grab. Verständlich, dass Marta zu Jesus sagte, dass ihr Bruder nicht gestorben wäre, wenn Jesus rechtzeitig gekommen wäre. Es lag ein Vorwurf in dem, was sie sagte. Aber sie ergänzte, dass sie glauben würde, was immer Er auch tun und von Gott erbitten würde. Jesus antwortet mit der Zusage: *Dein Bruder wird auferstehen.* Marta meinte, dass Er damit den jüngsten Tag meine; an die Auferstehung dann glaubte sie ja. Jesus nimmt dieses Stichwort auf: ***Ich bin die***

135

Auferstehung und das Leben. Wer an mich glaubt, wird leben, auch wenn er stirbt, und jeder, der lebt und an mich glaubt, wird auf ewig nicht sterben. Glaubst du das? Direkt wagt Marta die Antwort nicht, aber sie sagt: ich glaube, dass du der Christus bist, der Sohn Gottes, der in die Welt kommen soll.   Im Zusammenhang mit der Rückrufung des Lazarus ins biologische Leben muss man auf die Wortwahl achten. Lazarus wurde wieder auferweckt, musste aber später dennoch sterben wie wir alle. Erst am Ende der Zeiten wird uns Jesus zur Auferstehung rufen. Bis heute ist ausschließlich Er auferstanden. Alle Menschen, die Er auferweckt hatte, mussten später wieder biologisch sterben und warten mit uns auf die endgültige Auferstehung am Ende der Zeiten.

Diese Worte und die berichtete Geschichte zeigen, dass wir im Zusammen mit Jesus Krankheit und Tod neu denken müssen. Irdische Begriffe zählen für Jesus nicht. Er ist die Auferstehung und das Leben, weshalb Marta ihn zurecht als Christus, als Gesalbten erkennt. Das ist Glauben. Das ist auch die Aufforderung an uns Heutige. Nicht mehr, nicht weniger. Können wir das? Spätestens in unserer irdischen Todesstunde werden wir das durchdeklinieren müssen – an Seiner Hand. Wenn unser Glaube reicht, werden wir dann Gott in Gestalt des Auferstandenen erkennen und uns auf den Weg zu Ihm machen dürfen. Ich glaube daran und verlasse mich darauf. Seine Zusage in Ps. 23 ist so eindeutig.

Auferstehungs-Zusage

Überhaupt – Zusage. Alles Unsinn? Für mich nicht. Jesus hat so viele Dinge getan, die zugetroffen sind, nachdem Er sie verkündet hat.

Deshalb ist es für mich eine klare Sache, dass auch die Zusagen, die Er gemacht hat und die wir noch nicht „prüfen" können, zutreffen werden. Jesus hat nie ein Geheimnis gemacht aus sich und Seiner Botschaft. Es gibt Stellen auch hier im Johannesevangelium, die an eineindeutiger Klarheit durch nichts zu überbieten sind. Jesus hat uns Menschen gestattet, Ihn zu überprüfen. Wir müssen keine Black box kaufen. Wir bekommen den Sohn Gottes fast umsonst. Was müssen wir also an Gegenleistung aufbieten? Unseren Glauben. *Wer an mich glaubt, wird auf ewig nicht sterben.* Das ist wörtlich Jesus. Also doch Unsinn, denn außer Jesus ist noch niemand von den Toten aufgestanden? (Doch – Lazarus, die Tochter des Jairus und andere. Und in der Todesstunde Jesu hatten sich die Gräber geöffnet – ein weiterer eindeutiger Hinweis.)

Wir müssen wieder einmal aufpassen, mit welcher Messlatte wir diese Worte gegenprüfen. Menschlich gedacht, ist nach der Auferweckung einiger weniger irdische Menschen wie Lazarus etc. kein persönlich angesprochener Mensch (außer in der Todesstunde Jesu, s.o.) mehr auferstanden. Und auch Lazarus musste dann eines späteren Tages doch noch sterben wie wir alle. Aber Unsterblichkeit ist für uns nichts Unbekanntes. Nehmen wir nur wahllos ein paar Namen: Aristoteles, Platon, Thomas v. Aquin, Augustinus, Martin Luther etc. etc. Sicher. Biologisch weilen sie nicht mehr unter uns. Aber mit ihrem Werk sind sie täglicher Begleiter auch für uns heutige Menschen. Sie leben virtuell weiter.

Wir haben weiter vorn schon gesehen, dass virtuell zwar „nicht ohne Hilfsprogramm sichtbar" bedeutet, aber virtuell ist ganz klar das Gegenteil von „nicht vorhanden". Virtuell trägt den Keim der Ewigkeit in sich – unlöschbar, unveränderbar – ewig.

Wenn wir also Jesus in dieser Weise verstehen, werden wir, wenn wir an Ihn glauben, weiterleben, auch wenn wir biologisch-irdisch nicht mehr existieren. Leben ist kein Begriff, der nur auf eine gemeinsam organisierte Zellorganismusfunktion begrenzt ist.

Leben beinhaltet auch das Denken. Denken aber ist ein immaterieller Vorgang, nicht weniger lebendig als ein schlagendes Herz oder andere funktionierende Körperteile.

Jesus ist Gott. Weil das so ist, beherrscht Er auch die virtuelle Welt. Wir werden unsere biologische Zellhülle verlassen. Aber als Persönlichkeit werden wir weiterleben, eben in einer anderen Daseinsform. Nicht weniger real, wenn auch anders als heute. Jesus wird also auch hier überprüfbar sein, wenn Er sagt, dass wir, wenn wir an Ihn glauben, jede/r eine Wohnung in seinem Reich vorbereitet vorfinden werden. Wir müssen dazu den nötigen Glauben aufbringen, wir müssen auch den Seinszustand äußerlich ändern. Aber wir bleiben mit unserer Persönlichkeit erhalten. Wir brauchen lediglich den biologischen Körper nicht mehr. Auch Jesus, dem wir nachfolgen dürfen, war nach Seiner Auferstehung genauso real wie früher, war aber den physikalischen Grenzen nicht mehr unterworfen.

Jesus hat dies vorhergesagt – Er wird auch hier recht behalten. Ich glaube an Ihn bzw. Gott, ich glaube an die Ewigkeit, ich glaube an die Auferstehung und das ewige Leben bei und in Gott. Durch Sein Leiden hat Gott in Jesus unsere Sünden gesühnt und uns damit den Weg in die Ewigkeit in Seinem Reich gehöffnet.

Nochmals zurück zu Lazarus

Mit der Auferweckung des Lazarus hat Jesus eine Kostprobe der uns erwartenden Auferstehung gezeigt. Jesus sagte darüber: *Habe ich dir nicht gesagt: Wenn du glaubst, wirst du die Herrlichkeit Gottes sehen?* Und es geschah vor aller Augen. Öffentlicher als damals, nämlich live für die Anwesenden, konnte Jesus, kann man nicht handeln. Den eigentlichen Auferweckungsakt hat Jesus, wiewohl Gottes Sohn, im Zusammenwirken mit dem göttlichen Vater vollzogen – immerhin war Er leibhaftig in Menschengestalt und hat immer auf den Vater referenziert. So auch hier: *Vater, ich danke dir, dass du mich erhört hast. Ich wusste, dass du mich immer erhörst; aber wegen der Menge, die um mich herumsteht, habe ich es gesagt, damit sie glauben, dass du mich gesandt hast.*

Danach rief Jesus den Lazarus aus dem Höhlengrab heraus: *Lazarus komm heraus.* Und Lazarus kam, noch mit den Begräbnisbinden umwickelt wie es Sitte bei jüdischen Begräbnissen war. *Löst ihm die Binden und lasst ihn weggehen.* Die Folge dieses Geschehens war, dass viele Augenzeugen zum Glauben kamen. Man sollte annehmen, dass nicht nur viele, sondern alle nun zum Glauben an Jesus gekommen wären. Einige jedoch kamen nicht zum Glauben, sondern berichteten den Pharisäern das „unglaubliche" Handeln Jesu. Es war nämlich nicht weniger als ein Wunder.

Gott gebietet über Seine Schöpfung souverän. Nach unserem biologischen Tod werden wir dieses Wunder selbst an uns erleben dürfen – Jesus hat es uns viele Male zugesagt. Die Auferweckung des Lazarus dürfen wir als „Amuse gueule" unserer eigenen Auferstehung verstehen.

Beginn der Passionszeit Jesu

So begann dann die Passionszeit für Jesus. Die Pharisäer bzw. ihre Zeugen stellten fest, dass dieser Jesus viele Zeichen tat. Leugnen konnten sie es jedenfalls nicht. Sie stellen völlig richtig fest, dass, wenn Jesus weitermachen würde, auch die restlichen Menschen zum Glauben an Jesus als Messias kommen könnten/würden. Das wollten sie jedoch nicht zulassen aus Angst vor den Römern und dass diese ihnen die heiligen Stätten wegnehmen würden. Kajaphas argumentierte, dass es deshalb besser sei, dass ein

Mensch sterbe anstatt das ganze Volk unter den Schwertern der Römer. Damit war der Zug in Richtung Jesu Tötung abgefahren.

Die Sorge vor den Römern und ihrem kurzentschlossenen Handeln bei Aufständen in ihrem Machtbereich war durchaus berechtigt. Jedoch – Jesus hat nie zur Revolution aufgerufen. Im Gegenteil – er sagte klar: Gebt dem Kaiser, was des Kaisers ist. Damit lässt sich eigentlich keine Revolution beginnen. Es ist wohl vielmehr so, dass die Pharisäer um ihre eigene Macht, um ihre eigenen Pfründe Sorge trugen und einen anderen Grund nur vorschoben, um ihren Egoismus zu verschleiern. Was das Seltsame an diesem Vorgang ist, ist die Tatsache, dass die eigentlich wirklich gottesfürchtigen Schriftgelehrten gerade den Wundertäter, den Messias – denn inzwischen gab es daran auch für formale Nicht-Jünger keinen Zweifel mehr – als gottlosen Gesellen verwarfen und aus egoistischen Motiven zum Schweigen bringen wollten. Da hatten sie also Gott zum Anfassen – und schoben IHN weg. Für uns Heutige ist das irgendwie schwer zu verstehen. Aber manchmal sieht man das, was man vor der Nase hat, nicht wirklich gut bzw. missinterpretiert die Fakten, wie schon weiter ob besprochen. Dann gibt es bei Menschen noch das Phänomen der sog. Fake-News. Sicher, das ist erst in neuester Zeit ein Begriff geworden, aber die Tatsache gab es wohl schon immer, also auch damals. Dann werden nämlich Fakten falsch interpretiert und völlig falsch wird etwas zusammengereimt, das nicht zusammen gehört. Jesus wurde ja sogar vorgeworfen, dass Er mit Belzebul in Verbindung stünde. Schräger geht es nicht: Gottes Sohn in Verbindung mit dem Satan. Das allein belegt, dass diese Behauptung Fakenews sind. Aber es ist wohl möglich, 2 + 2 zusammenzuzählen und auf 5 zu kommen. Wie tragisch. Bewahre uns Menschen der Hl. Geist davor.
Was hätte es denn bedeutet, wenn man auch in Pharisäerkreisen (Pharisäer hat sich bei uns eingebürgert als Sammelbezeichnung für die Führungselite des Landes. Dabei waren die Pharisäer eigentlich nur eine kleinere Gruppe im Vergleich zu

den Sadduzäern; aber diese historisch richtige Unterscheidung ist letztlich nicht zielführend, so dass Pharisäer hier stellvertretend für „die Führer des Landes" summarisch benutzt wird) anerkannt hätte, dass Jesus der verheißene Messias, der Sohn Gottes, mithin also Gott war? Es hätte bedeutet, dass man sein bisheriges bequemes Leben hätte aufgeben müssen, sich hätte demütig unter Gottes Urteil wegen der eigenen Sünden stellen müssen. Einen anderen Menschen zu kreuzigen ist jedoch einfacher als sich selbst. So siegte der Egoismus über den Glauben an Gott. Tragisch. Auch wir Heutige müssen hier aufpassen, damit uns nicht das Gleiche geschieht. Gerade in der Kirche gibt es solche Tendenzen auch heute noch bzw. wieder. Aber nicht nur dort – auch bei allen anderen Gläubigen ist das so. Seien wir auf der Hut.

Wir wissen schließlich nach aufmerksamer Lektüre der ersten 11 Kapitel des Johannesevangeliums, dass Jesus der Messias, der Sohn Gottes ist. Hier hätten wir es prinzipiell einfacher als die Menschen damals. Dennoch leben wir gesellschaftlich in einer großen Gottferne. So atheistisch wie derzeit war das sog. christliche Abendland noch nie. Auch wir würden diesen Wanderprediger Jesus vermutlich verwerfen. Wohl ihn nicht kreuzigen, weil das aus der Mode gekommen ist. Aber ihn so ignorieren, dass es keine Relevanz mehr hätte, quasi öffentlich totgestellt wäre. Wir würden das mit Shitstorms und Mobbing „erledigen". Das Ergebnis wäre ziemlich gleich. Dagegen hilft nur noch das Gebet im Glauben. Die Fehlinterpretation von Gottes Schöpfung mittels formaler Anwendung der Naturwissenschaften wurde schon weiter oben ebenfalls besprochen. Naturwissenschaftlich dürfen wir Erkenntnisse gewinnen – aber auf den „Quellcode" haben wir keinen Zugriff trotz Physik, Chemie, Biologie etc.. Der „Quellcode" aber ist Gott. Wen das näher interessiert, lese Ralf B. Bergmann: Gott und die Erklärung der Welt. (als e-book verfügbar)

Die Zeit nach dem Beschluss des Rates

Jesus trat nach diesem Beschluss des hohen Rates, Jesus zu beseitigen, nicht mehr öffentlich auf. Er traf sich aber mit seinen Freunden und aß mit Maria, Marta und Lazarus. Das Mahl entwickelte sich als Auftakt der Passionszeit Jesu, denn Maria salbte bei diesem gemeinsamen Essen Jesus die Füße mit teurem Nardenöl. Das war wirklich teuer, aber die Jünger und alle anderen Anwesenden tolerierten das. Nur einer nicht – Judas Iskariot, der das als Verschwendung brandmarkte. Jesus meinte dazu: *Lass sie, damit sie es für den Tag meines Begräbnisses aufbewahrt. Die Armen habt ihr immer bei euch, mich aber habt ihr nicht immer.* Man hört immer wieder gute und richtige Einwände gegen Verschwendung. Aber man muss schauen, aus welche Ecke sie kommen. So wie das Judas tat, war das nicht falsch, aber es hat den Sinn dieser offensichtlichen Verschwendung nicht verstanden. Er urteilte aus rein engstirniger, menschlicher Sichtweise und hat den übergreifenden Zusammenhang nicht verstanden. Es geht um die göttliche Sichtweise, die die einzig richtige ist, denn:

Auch zu Beginn der Ereignisse, die mit Seinem Tod enden werden, spricht Jesus offen über das, was nun kommen wird. Auch hier hat Er vorhergesagt, was kommen wird – und es ist eingetreten. Wir müssen Jesus zuhören; dann können wir zum Glauben kommen.

Wobei – so ganz richtig erscheint Jesu Aussage nicht, denn wie wissen, dass Er immer noch bei uns ist. Allerdings nicht mehr leiblich, sondern geistig. Jesus ist über den Hl. Geist immer präsent - seit damals. Um den Hl. Geist erleben zu können, muss man allerdings an Ihn glauben. Insofern ist der Satz auch aus heutiger Sicht neu zu verstehen – den leiblichen, irdischen Jesus hatten die Jünger nur noch ein paar Tage. Aber glücklicherweise haben wir den geistigen Jesus jeden Tag, wenn wir Gläubige es denn wollen.

In dieser Situation erhebt also Judas nun Einspruch. Man hätte das kostbare Nardenöl gewinnbringend verkaufen können. Stimmt. Aber Gott akzeptiert eine Verschwendung aus Liebe. Liebe ist das entscheidende Agens für gute Verschwendung. Verschwendung aus Prunksucht und Angeberei ist nämlich nicht gemeint.

Auch wenn das eigentlich ein Essen im Kreise von Freunden hätte bleiben sollen, so hatte sich doch herumgesprochen, dass Jesus dort war. Viele Leute kamen. Aber nicht nur um seinetwillen, schreibt Johannes, sondern auch um den wiederauferweckten Lazarus zu sehen. Also viel Neugierde und Sensationslust werden hier berichtet. Dennoch berichtet Johannes weiter, dass wegen Lazarus zwar viele hingingen, aber auch, dass sie dann an Jesus glaubten. Die Folge – die Hohenpriester wollten nicht nur, wie schon beschlossen, Jesus töten, sondern auch Lazarus. Also Beseitigung des „Beweismittels" von Jesu Wunder.

Überhaupt – Jesus blieb ein Publikumsmagnet. Als bekannt wurde, dass Er nach Jerusalem zum Fest kommen wollte, kam es zum Volksauflauf. Die Begeisterung kannte kaum Grenzen, so dass die Menschen Palmzweige abrissen und auf die Straße legten, auf der Jesus vorbeikam. Das Hosianna erschallte: „Hosanna: Gesegnet sei der, der kommt im Namen des Herrn, des König Israels."

Die Menge erkannte also Jesus als Stellvertreter Gottes.

Umso unverständlicher ist, warum diese Hochstimmung dann in das Gegenteil umschlug. Man muss wohl die Wankelmütigkeit des menschlichen Geistes berücksichtigen. Massenhysterie gehört auch dazu. Das alles sind die Schattenseiten des menschlichen Geistes. Hier müssen wir um göttlichen Geistesbeistand bitten, dass Er uns davor bewahren.

Jesus fand jedenfalls einen jungen Esel am Straßenrand und setze sich darauf. In den synoptischen Evangelien wird das etwas anders berichtet, aber die Tatsache, dass Jesus auf einem Esel durch die

Straßen voll einer jubelnden Menschenmasse ritt – die stimmt überein. Es fehlte eigentlich nur noch Konfetti wie auf dem Broadway. Wichtiger ist, dass sich ein Schriftwort mit diesem Ritt erfüllte: „Fürchte dich nicht, Tochter Zion. Siehe, dein König kommt; er sitz auf dem Fohlen einer Eselin."

Selbst den Jüngern blieb dieses Schriftwort irgendwie unerkannt bzw. unerinnerlich. Erst nach der Verherrlichung des Herrn verstanden sie, dass man bereits über ihn vor Jahrhunderten in der Schrift nachlesen konnte. Jesus musste diese Zusammenhänge sogar selbst offenlegen – Er tat dies gegenüber den beiden Jüngern, als Er sie nach Emmaus begleitet hatte. Die Zeit war aufgehoben – die „Vorhersagen" wurden Wirklichkeit. Was später kam, wurde schon vorher als Tatsache berichtet. Gott gebietet auch über die Zeit. Das ist die Schlussfolgerung daraus.

Die Schrift legte also ebenso Zeugnis über Jesus ab wie die Menge, die Lazarus Auferweckung erlebt hatte. Sie zog ihm entgegen, weil Er diese Zeichen getan hatte. Nur die Pharisäer waren missmutig, denn sie mussten feststellen, dass alle Welt ihm nachläuft.

Die Griechen

Dann baten einige Griechen, die ebenfalls in der Menge standen, Jesus zu sehen und wandten sich an seine Jünger. Jesus nutzt das zu einer Grundsatzrede.

Warum steht ausdrücklich im Evangelium, dass Griechen nach Jesus fragten? Es kann mehrere Erklärungen dafür geben: einerseits gab es durchaus eine nicht geringe Zahl Gott-gläubiger Griechen, auch solche, die nicht in der Levante lebten, sondern in Griechenland (auch um Ephesus in der heutigen Westtürkei) selbst und deshalb Jesus noch nicht selbst gesehen hatten, wohl aber von ihm wussten. Andererseits ist es aber so, dass die Griechen, die an

Gott glaubten, eine Minderheit waren. Sie waren jedoch aufgrund ihrer Herkunft „klassisch griechisch" ausgebildet, also in Philosophie und Naturwissenschaften. Das hinderte sie aber nicht, an Gott zu glauben. Außerdem wissen wir, dass zur damaligen Zeit die Region hellenistisch-jüdisch gebildet war und als Umgangssprache das Koine-Griechisch sprach, wenn eine gewisse Bildung vorhanden war; lediglich die lokale, ärmere Landbevölkerung sprach mehrheitlich aramäisch. Deshalb ist die Begegnung mit den Griechen auch als Begegnung mit der intellektuellen Führungsschicht zu verstehen.

Auch heute darf das kein Widerspruch sein – Glaube und Naturwissenschaften. Wir haben das schon weiter vorn bedacht. Weiter – Jesus war ja zunächst, wie Er selbst gesagt hatte, zu den verlorenen Schafen des Hauses Israel gesandt worden. Nun aber, kurz vor seinem Leiden und Tod, hebt Er diese Beschränkung auf und erweitert damit seinen Heilsauftrag auf die ganze andere Welt (*Ich habe noch andere Schafe*, haben wir weiter vorn gelesen), auch auf die gebildeten Griechen. Dazu musste Jesus zwar noch den Passionsweg zu Ende gehen. Aber da Er Gott war, konnte Er schon einen Vorgriff unternehmen und sagen: *Die Stunde ist gekommen, dass der Menschensohn verherrlicht wird. Amen, amen ich sage euch: Wenn das Weizenkorn nicht in die Erde fällt und stirbt, bleibt es allein; wenn es aber stirbt, bringt es reiche Frucht. Wer sein Leben liebt, verliert es; wer aber sein Leben in dieser Welt gering achtet, wird es bewahren bis ins ewige Leben. Wenn einer mir dienen will, folge er mich nach; und wo ich bin, dort wird auch mein Diener sein. Wenn einer mir dient, wird der Vater ihn ehren. Jetzt ist meine Seele erschüttert. Was soll ich sagen: Vater, rette mich aus diese Stunde. Aber deshalb bin ich in diese Stunde gekommen. Vater, verherrliche deinen Namen!*

Da kam eine Stimme vom Himmel: ich habe Ihn schon verherrlicht und werde Ihn wieder verherrlichen.

Wieder eine Stimme vom Himmel – wie am Jordan bei der Taufe dort. Jetzt sollte eine andere Taufe erfolgen, die Taufe mit dem Büßen aller Sünden der Menschheit. Dass Jesus bange war, ist nur zu verständlich. Wer lässt sich schon gerne foltern und dann töten! Hier kommt Seine menschliche Seite zum Tragen. Aber Jesus tat treulich den Willen des Vaters. Ob wir in einer solchen Situation auch so konsequent wären? Bei den Umstehenden kam diese Stimme teilweise auch wieder nur als Donnergrollen an. Andere meinten, einen Engel reden zuhören. Immerhin.

Weiter sagte Jesus: *Nicht mir galt diese Stimme, sondern euch. Jetzt wird Gericht gehalten über diese Welt; jetzt wird der Herrscher dieser Welt hinausgeworfen werden. Und ich, wenn ich über die Erde erhöht bin, werde alle zu mir ziehen.* Jesus wusste also genau, wie Er getötet werden wird; Er wusste aber auch, dass Er danach zur „Zielperson" des Glaubens werden würde.

Das Drama nahm seinen Lauf. Selbst jetzt gab es Zweifler, die sagten, Christus bleibe bis in Ewigkeit, so stünde es in der Schrift. Sie zweifelten deshalb an den Worten, dass Jesus erhöht werden müsse. Wer also sei der Menschensohn, wollten sie wissen. Jesus sagte daraufhin: *Nur noch kurze Zeit ist das Licht bei euch. Geht euren Weg, solange ihr das Licht habt, damit euch nicht die Finsternis überrascht. Wer in der Finsternis geht, weiß nicht, wohin er gerät. Solange ihr das Licht bei euch habt, glaubt an das Licht, damit ihr Söhne des Lichts werdet!* Danach ging Jesus weg.

Jesaja und Jesus

Erneut – obwohl Jesus viele Zeichen vor ihren Augen getan hatte, glaubten sie nicht an Ihn. So schreibt Johannes, und beschreibt damit das Drama. Jedoch -in der Schrift hatte schon gestanden: Herr, wer hat unserer Botschaft geglaubt? Und der Arm des Herrn – wem wurde seine Macht offenbar? Jesaja hat auch gesagt: Er hat ihre Augen blind gemacht und ihr Herz hart, damit sie mit ihren Augen nicht sehen und mit ihrem Herzen nicht zur Einsicht kommen, damit sie sich nicht bekehren und ich sie nicht heile. Jesaja – ja, er hat viele hundert Jahre vor Jesus lebt – aber er hatte Jesu Herrlichkeit sehen dürfen. Wieder einmal, wir haben es schon gesehen, ist Zeit relativ. Die uns so geläufigen Strukturen in Vergangenheit, Gegenwart und Zukunft gibt es für Gott nicht. Für Ihn ist Zeit frei verfügbar. Bemerkenswert ist ebenfalls, dass die Fehlinterpretation schon lange vor Jesu irdischem Leben beschrieben worden war.

Weil Jesaja schon über Jesus gesprochen hatte, kamen dann doch führende Männer zum Glauben, also Menschen, die die Schrift lesen konnten und sie verstanden hatten. Aber wegen der Pharisäer bekannten sie sich nicht offen, um nicht aus der Synagoge ausgeschlossen zu werden. Warum? Weil sie letztlich doch die Menschenbeziehung einer Gottesbeziehung vorzogen; wir kennen das aus unserer Zeit. Das ist also kein neues Phänomen. Immer wieder, wenn man berichtet, dass man Theologie studiere, bekommt man von Menschen, von denen man das gar nicht vermutet hätte, Zustimmung und Beifall, dass man das eigentlich auch gerne tun würde. Nur – warum tun sie es dann nicht? Weil man doch irgendwie als Sonderling in einer so rationalen Welt gilt? Das war also damals wie heute in etwa gleich. So bleiben die offen Gläubigen eine Minderheit. Wenn sich die schweigende Mehrheit „outen" würde – wäre sie die Mehrheit und niemand müsste mehr

Sorge haben, nicht zum Kreis der Gläubigen zu gehören. Allerdings – so ganz eindeutig mit dem Glauben ist das dann doch nicht, oder? Wenn man an Gott glaubt, ist die Konsequenz, dass man sein Leben danach richten müsste. Aber das ist so unbequem und kann sogar gefährlich werden. Viele Heilige haben jedenfalls ihren Glauben mit Blut bezahlt. Also doch nicht ungefährlich. Glauben formal und Glauben gelebt – das sind zwei Wege, die nicht immer deckungsgleich sind. Zugegeben – der Anspruch und die Idee – dagegen ist nichts einzuwenden. Aber die Umsetzung ist wahrlich nicht leicht. Ohne Jesu Hilfe jedenfalls geht es nicht. Beten wir deshalb um Seine Unterstützung, um Seine Hilfe im Glauben, damit er gelinge. Wenn es dann trotz bestem Bemühen nicht immer klappt, dürfen wir darauf vertrauen, dass Er unseren Willen, unser Bemühen als Tat wertet.

Wir dürfen das, denn Jesus hat auch unsere Sünden auf sich genommen, als er sich opferte. Wenn wir versagen, ist das zwar schlimm, aber Er ist barmherzig und vergibt uns dennoch. In dieser Zuversicht dürfen wir uns auf Gott, auf Jesus, unseren Erlöser, verlassen. Wagen wir uns also aus der Deckung heraus und bekennen offen unseren Glauben, so wahr uns Gott helfe. Amen.

Selbst Menschen, die Gott ablehnen, kann Gott in Seinen Heilsplan einbauen. Sie durften Ihm helfen, Seinen Weg in die Passion, in Leiden, Tod und Sühne zu gehen. Nur so konnte Gott Seinen Heilsplan zu unserer Erlösung ausführen. Dafür dürfen und müssen wir Ihm dankbar sein. Denn ohne Sühne konnte es keine Vergebung von Sünden geben – zumindest aus Menschensicht. Dessen müssen wir uns auch heute bewusst sein. Aber Jesus ist barmherzig und geht in den Stellvertretertod. Was einst der Sündenbock im Tempel war, ist nun Jesus für alle gläubigen Menschen geworden. Dafür müssen wir Ihm danken, dafür müssen wir Ihn preisen. Wir sind erlöst, die wir an Ihn als den Christus glauben. Seine Tat ist der Gipfel der Liebe Gottes zu uns Menschen.

Um es ganz klar zu sagen: Scheußlicher Tod am Kreuz – ist das also die Folge dessen, dass Gott-Vater doch nicht so barmherzig ist und „Blut" als Sühneopfer fordert? Das ist allzu menschlich gedacht. Wir Menschen denken in „Law and Order". Erbarmen – kaum. Auch wenn z.B. von Ludwig XIV von Frankreich berichtet wird, dass er einer Bittstellerin sagte: Gerechtigkeit schulde ich dir, bitte um Barmherzigkeit.

Aus menschlicher Perspektive sind wir der Gerechtigkeit verpflichtet, was viele Konflikte erst gar nicht entstehen lassen würde. Mit der Barmherzigkeit hapert es dann. Nur Gott ist wirklich barmherzig. Dennoch der Kreuzestod als Forderung? Nein, Gott-Vater fordert nicht seinen eigenen Tod, denn Vater, Sohn und Geist sind ja Eins. Als inkarnierter Jesus zeigt Gott, was Liebe ist. Liebe gibt sich hin, fragt nicht nach Schuld und Sühne, erbarmt sich über das Du des Gegenübers. Und aus Liebe heraus, aus überbordender Liebe heraus lässt sich Gott-Jesus dann sogar martern und töten. Er hätte das nicht nötig gehabt. Gerecht war das schon gar nicht, denn ein vollkommen Gerechter trägt keine Schuld. Es sei denn – es sei denn, dass er das freiwillig tut. Jesu Kreuzestod ist die Folge der menschlichen Unbarmherzigkeit, der menschlichen Sünden, nicht aber des Blutrausches eines erbarmungslosen Gottes. Das eben nicht!

Der Kreuzestod Jesu ist ein freiwilliger Liebesakt unseres Gottes!

Er hat sich als Sündenbock geopfert, obwohl es an uns Menschen gewesen wäre, für unsere Missetaten selbst einzustehen und wiedergutzumachen, was immer in unserer Macht steht. Aber Gott weiß um die menschliche Unzulänglichkeit – und vergibt sie, wenn wir bereuen. Dazu wäre der Kreuzestod nicht eigentlich nötig gewesen. Aber für uns Menschen sollte er zum Zeichen werden und wurde es. Zum Zeichen, wie Liebe wirklich ist.

Rückblende – Obwohl Jesus zahlreiche Zeichen und evidente Wunder getan hatte, die man wirklich nicht leugnen konnte,

149

zumindest nicht alle wie z.B. die Auferweckung der Toten oder die Verwandlung von Wasser in Wein – obwohl viele Menschen diese Zeichen gesehen und miterlebt hatten, schieden sich weiter die Geister – einige glaubten an Ihn, einige weiterhin nicht. Diese Tatsache wurde schon von Jesaja vorausgesagt. Jesaja sagt an einer anderen Stelle auch, dass ihre Herzen blind und hart gemacht worden seien, damit sie nicht zur Einsicht kommen. Jesaja hatte nämlich Jesu Herrlichkeit sehen dürfen. Im Evangelium wird weiter berichtet, dass sogar führende Männer zum Glauben an Jesus als dem Messias gekommen seien, es aber auch Angst vor den Pharisäern nicht offen zu bekennen wagten. Sie wären sonst aus der Gemeinschaft der Synagoge ausgeschlossen worden. Fazit von Johannes: diese Menschen liebten die Ehre der Menschen mehr als die Ehre Gottes.

Uns stört ein Satz von Jesaja – die ungläubigen Menschen wurden hart und blind gemacht. Damit stellt sich die Frage, von wem. Von Gott etwa? Kaum, denn das Böse kann, wenn die Menschen es zulassen, sie so beeinflussen, dass sie sozusagen einen Panzer aufbauen gegen die Wahrheit, gegen die Barmherzigkeit, gegen die Liebe. Dann werden sie hart gemacht. So hart, dass sie sogar Fakenews glauben und verteidigen. Die Schocktherapie des Kreuzestodes war ein Versuch, diesen Menschen zu zeigen, was die Folgen solcher Härte, solcher Sünde ist. Aber ob das bei allen zum Nachdenken, gar zur Änderung von Denken und Verhalten durch neu entstandenen Glauben führt? Man kann es nur hoffen.

Sündenbock oder Stellvertretertod?

Wie wahr – Josef von Arimatäa, der nach der Kreuzigung Jesu ein Grab zur Verfügung stellt, war z.B. einer von diesen heimlichen Gläubigen. Nun, nach Jesu Tod, bekannte er sich zu Ihm. Die politische Lage war aber keineswegs anders als vor dem

Gefangennahme Jesu. Heißt also, dass es möglich gewesen wäre, schon vor dem Prozess klar Stellung zu beziehen. Aber seien wir gerecht – selbst Petrus hatte diese Angst vor schlimmen Konsequenzen. Und das, obwohl er nicht lange zuvor das Messiasbekenntnis abgelegt hatte. Zivilcourage hätte es für diese Männer bedurft. Auch heute ist sie selten. Das Bekenntnis zu Jesus als Gottessohn und unserem Erlöser musste sich erst entwickeln. Petrus hat dann ja auch, wie viele andere nach ihm, das Bekenntnis zu Jesus mit dem Tod bezahlt. Aber diese Festigkeit im Glauben musste sich erst entwickeln. Es ist wohl so, dass in Gottes Heilsplan vorgesehen war, dass Jesus mutterseelenallein Seinen Weg gehen musste. Erst nach Seiner Auferstehung und spätestens nach der Erscheinung des Hl. Geistes war die Zeit quasi reif, dass auch der Mut, sich ganz auf Gott zu verlassen und notfalls dieses Bekenntnis mit dem eigenen Leben zu bestätigen, erst entstehen konnte. Stephanus war der Erste, der sein Bekenntnis mit dem Tod bezahlen musste.

Dieses Alleinsein im Tod als Opfertod für unsere menschlichen Sünden konnte in der Tat nur Jesus auf sich nehmen. Hätten Menschen, welche auch immer, wirklich versucht, Jesus tatkräftig beizuspringen – alles wäre verloren gewesen, denn nur Gott konnte diese Erlösung von unseren Sünden ohne Wenn und Aber vollbringen. So liegt also ein tieferer Sinn im Versagen der Menschen auch seiner Umgebung. Gott sei Dank. !

Noch ein Versuch, Glauben zu wecken

Es gab dann noch einen Versuch von Jesus an die Menschen, zum Glauben an ihn zu kommen. Er rief aus: *Wer an mich glaubt, glaubt nicht an mich, sondern an den, der mich gesandt hat; und wer mich sieht, sieht den, der mich gesandt hat. Ich bin als Licht in die Welt gekommen, damit jeder, der an mich glaubt, nicht in der Finsternis bleibt. Wer meine Worte nur hört und sie nicht befolgt, den richte nicht ich; denn ich bin nicht gekommen, um die Welt zu richten, sondern um die Welt zu retten. Wer mich verachtet und meine Worte nicht annimmt, der hat schon seinen Richter: Das Wort, das ich gesprochen habe, wird ihn richten am jüngsten Tag. Denn ich habe nicht von mir aus gesprochen, sondern der Vater, der mich gesandt hat, hat mir aufgetragen, was ich sagen und reden soll. Und ich weiß, dass sein Auftrag ewiges Leben ist. Was ich also sage, sage ich so, wie mir der Vater gesagt hat.*

Diese letzte Lehrrede Jesu ist quasi ein Summery Seiner Lehre und Seiner Offenbarung. Wie schon dargelegt, musste jedoch das offene Bekenntnis zu Ihm als Gottes Sohn, der eins mit dem Vater ist, noch warten. Selbst Simon Petrus hatte ja versagt. Später wurde dann Simon jedoch der Fels, auf dem bis heute die Kirche errichtet ist. Aber das kam eben erst nach Pfingsten, kam erst, nachdem der Hl. Geist, den Jesus vorhergesagt hatte, zu den Menschen gekommen war.

Zwischen Kreuzigung und Pfingsten war also in der Tat eine Art Vakuum – wie es am Eingang des Buches bereits angesprochen wurde.

Es gibt noch einen weiteren Faktor, den wir beachten müssen: wir haben einen Gott, der Einer ist. Aber weil wir Menschen ziemlich begriffsstutzige Wesen sind, musste der Eine Gott zu einer Art „Kunstgriff" greifen, nämlich sich inkarnieren, damit wir Ihn erleben konnten. Dass die Menschen selbst mit einem Gottessohn Jesus, den man im wahrsten Sinne des Wortes greifen konnte, Probleme hatten, also letztlich nicht begriffen, wen sie da vor sich hatten, erforderte ein weiteres Handeln Gottes. Da Begreifen nicht ausreichte, hat Gott sich an unser Bewusstsein gewandt, indem er den Hl. Geist sandte. Es ist immer noch Gott, nun aber uns Menschen zuliebe in drei sog. Personen. Nun ist das Wort Person ja bekanntermaßen missverständlich, kommt es doch aus der

Theatersprache. Jesu Tod und Auferstehung waren aber nun mal kein Theatergeschehen.

Mit heutiger naturwissenschaftlicher Erkenntnis wäre es evtl. besser, von 3 Aggregatzuständen der gleichen Substanz zu sprechen. Das ist so nicht zu verstehen? Nun, denken Sie an H2O. Das wurde schon mal besprochen. H_2O erscheint uns nämlich

Einmal als hartes Eis

Einmal als flüssiges Wasser

Einmal als flüchtiger Wasserdampf.

Drei Erscheinungsformen, drei Aggregatzustände der gleichen Substanz. Warum fällt es uns also so schwer, diesen Gedankenschritt auf Gott zu übertragen – Gott als Vater, als Sohn, als Geist. Drei unterschiedliche Erscheinungsformen des einen, gleichen Gottes.

Sage also noch jemand, dass Naturwissenschaften beim Nähern an Gott nicht hilfreich seien. Jedoch Vorsicht – es gilt weiterhin das Wort das Augustinus: Wenn du glaubst, du hast Gott begriffen, dann ist es nicht Gott. Also ist die geschilderte Metapher hilfreiches Gedankenkonstrukt an drei trinitarische Aggregationszustände unseres Einen Gottes. Mehr aber nicht.

Wenn uns das nun mit all unserem Wissen und Können aus 2000 Jahren Geschichte und Entwicklung seit Jesu Zeit auf Erden immer noch so schwerfällt – ja schwerfallen muss, denn es geht um Gott, den Unbegreiflichen - , dürfen wir rückblickend nicht arrogant auf die Menschen, die um die Zeitenwende gelebt haben, blicken. Seien wir vielmehr der Liebe unseres Gottes zu uns Menschen dankbar. Aus dieser Liebe heraus ist Er uns nahegekommen – und kommt uns weiter nahe. Wir müssen es nur zulassen. Zurückgewiesene Liebe ist wirkungslos. Wenn wir aber zum Zustand der Gegenliebe an Gott kommen, dann dürfen wir Seiner

Liebe sicher sein – bedingungslos. Darauf können wir vertrauen, darauf dürfen wir uns verlassen. Bedingungslos.

Ich durfte das schon erleben. Es war überwältigend. Seither versuche ich, Ihm zu folgen, so gut ich es vermag. Auch wenn das nicht vorbildlich sein sollte und wohl auch nicht ist – Jesus ist das Vorbild, nicht weniger -, darf ich doch darauf vertrauen und mich darauf verlassen, dass Gott mein Bemühen und meine Versuche als Tat wertet und mir auf mehr als der Hälfte der Strecke entgegenkommt. (Seine) Liebe ist grenzenlos und fordert keine Vorleistung, gibt aber nach bestem Vermögen.

Henri Nouwen hat das ebenfalls erkennen dürfen – wir sind von unserem Gott geliebte Menschen. Amen.

Abschied und Reinheit

Nun beginnt im Evangelientext der Abschied Jesu von der Erde. Sinnigerweise fährt an dieser Stelle das Johannesevangelium im 13. Kapitel mit der Fußwaschung fort. Im Evangelium steht: Da Er die Seinen liebte, die in der Welt waren, liebte Er sie bis zur Vollendung.

Der Schmutz der Erde musste fort – Jesus hat selbst dafür gesorgt. Aber gleichzeitig hat Er mit diesem Reinigungsakt ein Beispiel Seiner Liebe gegeben. Die Füße vom Straßendreck zu reinigen, war Sklavenaufgabe. Und zwar der Gruppe von Sklaven, die den niedrigsten Rang im Haushalt hatten. Tiefer konnte sich Jesus also nicht erniedrigen. Er hat es dennoch getan.

Das verlangt, dass man auf die Perikope zurückkommt, als Johannes und Jakobus darum stritten, wer den Ehrenplatz in Gottes Reich bekommen könne. Jesus hat damals gesagt, dass der Niedrigste in Seinem Reich der Höchste wäre. Jesu beispiellose Erniedrigung zu Lebzeiten, indem er die Füße seiner Jünger wusch, wird nur noch durch die absolute Erniedrigung durch den schmachvollen Kreuzestod überboten. Als derjenige, der sich am allermeisten erniedrigt hat, steht Gott folglich der Ehrenplatz zu. Alles menschliche Denken um Ehre und Ruhm wird so gespiegelt und relativiert.

Wer am höchsten steht in der Hierarchie, muss am meisten Dienen. Jesus hat uns das vorgemacht.

Da wir Menschen in Hierarchien denken, fällt uns das Dienen so schwer. Sicher, es muss Führung geben, aber nicht zum Selbstzweck, nicht zur persönlichen Befriedigung, sondern lediglich zur Hilfe für die Geführten. So müssen und dürfen wir die Führung Jesu verstehen. Er hat geführt – Gott führt uns, wenn wir es denn zulassen. Sein Wille geschehe. Das sei unsere Haltung. Hier sei Jesus unser Vorbild, dem wir Menschen genügen müssen, dem wir folgen müssen.

Das aber ist Pflichtaufgabe, nicht Herrschaft.

Wer führt, ist der Diener aller. Jesus hat das in beiden Richtungen vorgelebt. Übrigens – ist das allein christliches Gedankengut? Nein, denn auch Konfuzius hat gesagt, dass der, der führen will, nicht sagen darf, wie etwas gemacht werden soll, sondern fragen muss, wie etwas besser gemacht werden kann. Jesus hat die Frage nach dem richtigen Leben und der Relation zu Gott jedenfalls mit Seinem Dienst erfüllt und demonstriert. Jesus wusste also, was er tat, als er die Wasserschüssel nahm und seinen Jüngern die Füße wusch. Sie haben das zunächst nicht begriffen. Aber nachdem Jesus es erklärt hatte, konnte Petrus gar nicht genug davon bekommen, von Jesus gewaschen zu werden, um Anteil an Ihm zu haben. Aber zuvor musste er sich Jesu Hinweis gefallen lassen: *Was ich tue, verstehst du jetzt nicht; doch später wirst du es begreifen.* Auf den Protest von Petrus entgegnet Jesus: *Wenn ich dich nicht wasche, hast du keinen Anteil an mir.* und auf Petrus Bitte, noch mehr von ihm zu waschen, hört er: *Wer vom Bad kommt, ist ganz rein und braucht sich nur noch die Füße zu waschen. Auch ihr seid rein, aber nicht alle.* Seit wir gewohnt sind, Schuhe zu tragen und auf asphaltierten Straßen zu gehen, wurde diese Fußwaschung schwerer verständlich. Wer diese niedrige Tat einmal selbst emotional nachvollziehen will, um zu begreifen, was Jesus wirklich getan hat, wasche mal die Füße von Mitreisenden nach einem Marsch durch die Wüste. Auch das Waschen von Kranken, die dazu nicht mehr in der Lage sind, ist analog zu verstehen.

Rein waren sie also alle – körperlich gesehen, denn vor dem Paschamahl hat man sich gereinigt. Was also meint Jesus mit der Einschränkung? Er nutzt das Wort Reinheit als Metapher. Nicht nur sauber, sondern im Geist rein. Judas Ischariot war derjenige, der zwar sauber war, aber nicht innerlich rein.

Wie schon vorhin ausgeführt, erklärt Jesus seinen Brüdern nun, was Er mit der so erniedrigenden Fußwaschung getan hatte: *Begreift ihr, was ich an euch getan habe? Ihr sagt zu mir Meister und ich bin es. Wenn nun ich, der Herr und Meister, euch die Füße gewaschen habe, dann müsst auch ihr einander die Füße waschen. Ich habe euch ein Beispiel gegeben, damit auch ihr so handelt, wie ich an euch gehandelt habe. Amen, amen ich sage euch: Der Sklave ist nicht größer als sein Herr und der Abgesandte ist nicht größer als der, der ihn gesandt hat. Wenn ihr das wisst – selig seid ihr, wenn ihr danach handelt.*

Jesus hat damit die Benchmark vorgegeben, wie wir als Christen handeln sollen. Werden wir dem gerecht? Der Unterschied zwischen Anspruch und Wirklichkeit ist immer noch sehr groß. Nur durch Glauben und Liebe kann er gefüllt werden. Jesus fährt fort: *Ich sage das nicht von euch allen. Ich weiß wohl, welche ich erwählt habe, aber das Schriftwort muss sich erfüllen: „Wer mein Brot ist, hat seine Ferse gegen mich erhoben". Ich sage es euch schon jetzt, ehe es geschieht, damit ihr, wenn es geschehen ist, glaubt: **Ich bin es.** Amen, amen, ich sage euch: Wer einen aufnimmt, den ich* *senden werde, nimmt mich auf, wer aber mich aufnimmt, nimmt den auf, der mich gesandt hat.*

Zwei wichtige Dinge liegen in diesen Jesusworten: Einerseits die Tatsache, dass Er die Zukunft vorhersagen kann. Das aber kann nur Gott. Jesus tritt mit dieser Vorhersage einen weiteren Beweis Seiner göttlichen Herkunft an. Noch können die Jünger das nicht verstehen – aber sie können nach Jesu Tod und Auferstehung rückblickend erkennen, dass Er ihnen das alles vorhergesagt hat. So entsteht das unverbrüchliche Band zwischen den Jüngern und dem Wiederauferstandenen. Jesus kommt hier den menschlichen Bedürfnissen der Brüder entgegen. Sie antworten mit Glauben. Felsenfestem Glauben. Das ist Gnade.

Jesus geht noch weiter: Weil Er sich überprüfbar gemacht hat, kann und darf Er auch erwarten, dass die Jünger diese drei Worte richtig verstehen: **Ich bin es.** Das heißt, Jesus übernimmt den Namen Gottes: **JHWH.** Völlig zurecht, denn **Jesus ist Gott** (Jeshua = Gott rettet).

Wer jetzt nicht begreift, dem ist nicht zu helfen. Der erste, der hier verstandeslos bleibt, ist Judas Ischariot, danach die Pharisäer, die Jesus verurteilen. Aber wie schon weiter vorn geschrieben, kann Gott auch gottlose Menschen in Seinen Heilsplan einbauen. Folgen wir also nun Gottes Plan, den Er vor unseren Augen enthüllt.

Jesus ist Gott

Weil das, was hier steht, auch von den damals lebenden Juden so verstanden wurde, nämlich dass Jesus Gott ist, begann das Drama. Entweder Jesus war Gott, dann hatte das entscheidenden Einfluss auf das eigene Leben – oder Jesus war ein Hochstapler, dann war die Sache juristisch zu regeln, nämlich mit der Hinrichtung.

Hier schieden sich wahrlich die Geister. Wer aufgrund der

Tatsache urteilte, dass Jesus ja aus Nazaret kam, der musste zu dem Schluss kommen: Jesus hat gelogen. Denn in der Schrift steht eindeutig, dass der Messias aus Betlehem kommen wird. Also – Sache klar.

Wer aber nicht so schnell mit dem Urteil zur Hand war, musste feststellen, dass Jesus in Betlehem geboren wurde – das steht so in der Schrift. Auch wir Heutige sind in einer Stadt geboren, leben aber nicht notwendigerweise unser ganzes Leben dort. Wir blieben aber Hessen, wenn wir in Frankfurt/M geboren würden, selbst wenn wir danach in Hamburg oder München wohnen würden.

Da das natürlich relativ banal zu erkennen ist, vermute ich eher, dass das Nazaret-Argument von den Leuten aus anderen Gründen vorgeschoben wurde. Es ist schon so, dass die Gotteserkenntnis Konsequenzen hat, die auf den ersten Blick unangenehm erscheinen, zumindest für den Alltagstrott störend sind. Und Nächstenliebe – diesen Typen dort lieben? Ausgeschlossen. In der Tat – die Nächstenliebe ist ziemlich herausfordernd. Aber auch wenn es schwerfällt – wenn wir uns in dieser Hinsicht besser versuchen würden, ginge es unserer Welt besser – und uns persönlich auch. Worauf warten wir? Dass wir immer mal scheitern werden – das wird wohl so sein. Aber Gott wird uns, wenn wir das erkennen und bekennen, gnädig sein, weil Er uns liebt. Überhaupt: Er liebt uns trotz und mit allen unseren Fehlern. Wir sind der geliebte Mensch – so durfte das Henri Nouwen erkennen und schreiben. Für mich ist es nur natürlich, dass auch ich Ihn liebe. Das hat die Folge, dass ich versuche, so gut ich das vermag, auch andere Menschen, selbst die unsympathischeren, ebenfalls zu lieben. Es ist ein mühsamer Weg, aber mithilfe von ständigem Bemühen meinerseits und der mir von Gott entgegengebrachten Liebe andererseits gelingt es immer besser. Als Arzt darf ich keine Berührungsängste haben, gegen niemanden, weder gegen Freund noch „Feind". Das ist mir selbstverständlich. Diese Haltung versuche ich, auf alle Menschen zu übertragen, nicht nur auf Patienten. Darum bitte ich, dass Gott mir dabei hilft. Ich vertraue darauf.

Diese Liebe gegenüber einem Andersdenkenden, also hier Jesus, ist es, die damals gefehlt hat. Die formalen Argumente sind nur vorgeschoben. Achten wir auf Ihn und Seine Liebe in unserem Leben.

Jesus und Judas

Jesus wurde im Geiste erschüttert, nachdem Er die vorigen Worte gesagt hatte und ergänzte: *Amen, amen, ich sage euch: einer von euch wird mich ausliefern.*

Judas gehörte zweifelsohne zu denen, die erkannt hatten, dass Jesus der Messias ist. Er wollte wohl die Konsequenzen nicht tragen und suchte deshalb vermutlich nach einem Ausweg. Dieser Ausweg war, Jesus zum Schweigen zu bringen. Mit den Pharisäern fand er willige Mitstreiter. Der weitere Weg war damit klar.

Judas hatte, nachdem er erkannt hatte, was er angerichtet hatte, sich umgebracht. Aus Reue letztlich. Fragt sich nur, warum er mit dieser Reue aufgrund der erkannten Sünde nicht zu Jesus bzw. zu Gott allgemein gegangen war, denn Jesus war in Gefangenschaft und schwer erreichbar – zumindest körperlich gesehen. Aber Gott ist allgegenwärtig. Diese Frage muss für Menschen offenbleiben. Ich bin aber sicher, dass Gott diese Frage längst beantwortet hat. Ich könnte mir denken, dass Er mit Barmherzigkeit reagiert hätte, trotz des Selbstmordes. Oder gerade deshalb, weil er ja ein extremes Ausmaß von Reue darstellt.

Auf die verständliche Frage, wer der Verräter sei, antwortete Jesus nicht präzise, sondern mit der Gabe des Fleischstückes an Judas. Warum so indirekt? Möglicherweise, weil Jesus verhindern wollte, dass die anderen Jünger auf Judas eindringen würden? Das wollte Er wohl nicht. Judas aber hatte Jesus verstanden, als dieser sagte: *Was du tun willst, das tue bald.* Judas ging nämlich aus dem Raum und zu den Pharisäern, um Jesus auszuliefern. Also müssen wir annehmen, dass Judas das alles absichtlich tat. Unverständlich bleibt jedoch, dass Judas nicht ins Grübel kam, als Jesus ihm ziemlich direkt gesagt hat, dass Er Bescheid wüsste. Nur – wer außer Gott kann die Zukunft vorhersehen? Gott hat also die Zukunft vorhergesehen. Den entscheidenden Rückschluss daraus hat Judas jedenfalls nicht gezogen. Oder hat er Jesu Aussage gar als stillschweigende Zustimmung missverstanden? Das erscheint jedoch unwahrscheinlich. Vermutlich hatte das sog. Böse Judas zeitweise „rumgedreht".

Nachdem Judas gegangen war, konstatierte Jesus, wieder in der Vorschau auf die Zukunft: *Jetzt ist der Menschensohn verherrlich und Gott ist in ihm verherrlicht. Wenn Gott in ihm verherrlicht ist, wird auch Gott ihn in sich verherrlichen und er wird ihn bald verherrlichen. Meine Kinder, ich bin nur noch kurze Zeit bei euch. Ihr werdet mich suchen und was ich den Juden gesagt habe, sage ich jetzt auch euch. Wohin ich gehe, dorthin könnt ihr nicht gelangen. Ein neues Gebot gebe ich euch: **Liebt einander**. Wie ich euch geliebt habe, so sollt auch ihr einander lieben. Daran werden alle erkennen, dass ihr meine Jünger seid, wenn ihr einander liebt.* Auf die Nachfrage von Petrus, wohin Jesus ginge: *Wohin ich gehe, dorthin kannst du mir jetzt nicht folgen. Du wirst mir aber später folgen.* Petrus verstand nicht ganz, sagte aber immerhin, dass er Jesus folgen wolle. Jesus entgegnete ihm: *Du willst für mich dein Leben hingeben? Amen, amen, ich sage dir: noch ehe der Hahn kräht, wirst du mich dreimal verleugnen.*

Und so geschah es. Es geschah aber auch, dass Petrus später sein Leben Jesus widmete und ihm dann auch im Tod nachfolgte. Immerhin. Aber bis dahin ist noch ein weiter Weg.

Wohnungsbauer

Kapitel 14 des Johannesevangeliums beginnt dann so: *Euer Herz lasse sich nicht verwirren. Glaubt an Gott und glaubt an mich! Im Haus meines Vaters gibt es viele Wohnungen. Wenn es nicht so wäre, hätte ich euch dann gesagt: Ich gehe, um einen Platz für euch vorzubereiten? Wenn ich gegangen bin und einen Platz für euch vorbereitet habe, komme ich wieder und werde euch zu mir holen, damit auch ihr dort sei, wo ich bin. Und wohin ich gehe – den Weg dorthin kennt ihr.* Thomas jedenfalls kannte den Weg nicht und fragte nach. Darauf Jesus: ***Ich bin der Weg und die Wahrheit und das Leben;*** *niemand kommt zum Vater außer durch mich. Wenn ihr mich erkannt habt, werdet ihr auch meinen Vater erkennen. Schon jetzt kennt ihr ihn und habt ihn gesehen.* Philippus fragte nach und bat, dass Jesus ihnen den Vater zeigen möge. Jesus muss ihm antworten: *Schon so lange bin ich bei euch und du hast mich nicht erkannt, Philippus? Wer mich gesehen hat, hat den Vater gesehen. Wie kannst du sagen: Zeig uns den Vater? Glaubst du nicht, dass ich im Vater bin und dass der Vater in mir ist? Die Worte, die ich zu euch sagte, habe ich nicht aus mir selbst. Der Vater, der in mir bleibt, vollbringt seine Werke. Glaubt mich doch, dass ich im Vater bin und dass der Vater in mir ist; wenn nicht, dann glaubt aufgrund eben dieser Werke. Amen, amen, ich sage euch: Wer an mich glaubt, wird die Werke, die ich vollbringe, auch vollbringen, und er wird noch größere als diese vollbringen, den ich gehe zum Vater. Alles, um was ihr in meinem Namen bitten werdet, werde ich tun, damit der Vater im Sohn verherrlicht wird. Wenn ihr mich um etwas in meinem Namen bitten werdet, werde ich es tun.   Wenn ihr mich liebt, werdet ihr meine Gebote halten. Und ich werde den Vater* *bitten und er wird euch einen anderen Beistand geben, der für immer bei euch bleiben soll, den Geist der Wahrheit, den die Welt nicht empfangen kann, weil sie ihn nicht sieht und nicht kennt. Ihr aber kennt ihn, weil er bei euch bleibt und in euch sein wird. Ich werde euch nicht als Waisen zurücklassen, ich komme zu euch. Nur noch kurze Zeit und die Welt sieht mich nicht mehr; ihr aber seht mich, weil ich lebe und auch ihr leben werdet. An jenem Tag werdet ihr erkennen: Ich bin in meinem Vater, **ihr seid in mir und ich bin ein euch**. Wer meine Gebote hat und sie hält, der ist es, der mich liebt; wer mich aber liebt, wird von meinem Vater geliebt werden und auch ich werde ihn lieben und mich ihm offenbaren.* Auf weitere Nachfrage, warum er sich nur den Jüngern, nicht aber der Welt offenbaren wollte, ergänzt Jesus: *Wenn jemand mich liebt, wird er mein Wort halten; mein Vater wird ihn lieben und wir werden zu ihm kommen und bei ihm Wohnung nehmen. Wer mich nicht liebt, hält meine Worte nicht. Und das Wort, das ihr hört, stammt nicht von mir, sondern vom Vater, der mich gesandt hat. Das habe ich zu euch gesagt, während ich noch bei euch bin. **Der Beistand aber, der Heilige Geist, den der Vater in meinem Namen senden wird, der wird auch alles lehren** und euch an alles erinnern, was ich euch gesagt habe. **Frieden hinterlasse ich euch, meinen Frieden gebe ich euch**; nicht, wie die Welt ihn gibt, gebe ich ihn euch. Euer Herz beunruhige sich nicht und verzage nicht. Ihr habt gehört, dass ich euch sagte: Ich gehe fort und komme wieder zu euch. Wenn ihr mich liebtet, würdet ihr euch freuen, dass ich zum Vater gehe; denn der Vater ist größer als ich. Jetzt schon habe ich es euch gesagt, bevor es geschieht, damit ihr, wenn es geschieht, zum Glauben kommt. Ich werde nicht mehr viel zu euch sagen; denn es kommt der Herrscher der Welt. Über mich hat er keine Macht, aber die Welt soll erkennen, dass ich den Vater liebe und so handle, wie es mir der Vater aufgetragen hat. Steht auf, wir wollen von hier weggehen.*

Mehrere dieser Worte sind Bestandteil der Liturgie. Aber – versehen wir sie wirklich in ihrer Tragweite? Judas dürfte, wenn man die Bemerkung über den Herrscher der Welt liest, wohl in der Tat Opfer des sog. Bösen gewesen sein, zeitweise zumindest. Wichtig ist auch die Anmerkung Jesu, dass dieser Herrscher der Welt keine Macht über Ihn hätte, dass Er aber freiwillig die Sühnetat auf sich nähme. Diese beiden Statements Jesu sollen uns zeigen, dass das Passionsgeschehen eine Liebestat Jesu/Gottes um unseretwillen war, kein Zufallsereignis der Geschichte. So dürfen wir also zusammenfassend erkennen, dass Weihnachten, Leben, Passion, Ostern und Pfingsten zusammengehören. Sie sind geplante Abfolge göttlichen Heilsgeschehens. Die Folge sollte der Friede sein.....

Wahrheit zwischen Fake und Fakten

Auffallend ist, dass Jesus gegen Ende Seiner Zeit in Freiheit viele Worte macht. Wichtige Worte, entscheidende Worte. Scheint Er enttäuscht zu sein, dass Seine Taten selbst für die Jünger nicht so offenbar waren, dass sie zweifelsfrei an Ihn, Jesus, den Menschensohn, als inkarnierten Sohn Gottes glaubten? Man könnte es meinen. Und wenn dann noch Simon, genannt der Fels – Petrus – in Kürze Jesus leugnen wird, dann scheint alles möglich. Die Intensität der langen Rede Jesu jedenfalls erscheint als Menetekel, damit wir Gott erkennen und an Ihn glauben sollen.

Jesus jedenfalls geht – Er geht den Weg der Erlösung für unsere Sünden, für das, was wir Menschen verbockt haben. Sogar für Petrus, auf den Er später seine Kirche bauen will, muss Er zunächst sühnen. Später wird sich Petrus wirklich als Fels erweisen. Aber insgesamt trägt die Kirche seit seiner zeitweisen Leugnung, Jesus zu kennen, einen Webfehler in sich, eine Erbsünde, die sich in all den

Jahrhunderten mit ihren zahlreichen Verfehlungen und Missetaten belegt. Bis heute, bis zum Missbrauchsskandal. Jesus hat das gewusst und versucht, eindringlich zu warnen und uns Menschen auf die Problematik hinzuweisen. Mal gibt es Jahrhunderte, in denen Sein Wort ankommt und umgesetzt wird, aber es gibt auch dunkle Jahrhunderte....

Was können wir tun? Es gibt nur einen Weg – auf Gott vertrauen und uns auf die Worte Jesu verlassen, der uns den Hl. Geist verheißen hat. Dieser wird uns leiten, wenn – wenn wir uns die Mühe machen und uns Mühe geben, auf IHN zu hören, denn der Hl. Geist ist unteilbar Gott, wie schon weiter vorn beschrieben. Wir Menschen müssen dazu eigentlich nicht viel leisten; wir müssen an den dreieinen Gott glauben und uns auf Ihn, vermittelt durch den Hl. Geist, verlassen. Dabei müssen wir versuchen, soviel zu verstehen wie möglich und dann das Verstandene zu leben nach besten Kräften. Im Buch stehen einige Argumente dafür. Für alles andere sagt Gott uns zu, uns zu leiten durch eben den Hl. Geist, und unsere Fehler, wenn wir sie bereuen, zu sühnen, weil sie durch Jesus bereits gesühnt sind. Diese Voraussetzungen erscheinen wenig, trotzdem verfehlen sie so manche Menschen.

Ich bin das Wort, die Wahrheit und das Leben, steht in Joh. 14,6 (s.o.). Dadurch können wir zu Gott kommen. Aber Vorsicht – Gott könnte, weil Er eben Wahrheit und Leben ist, laut schreien: Alles hört auf mein Kommando. Das könnte Er, aber das will Er nicht; Er lässt uns Menschen die Freiheit der Wahl. Wir Menschen behalten selbst dann unseren freien Willen, selbst wenn wir damit vom rechten Weg abweichen – also die Unwahrheit wählen. Dabei gibt es zwei prinzipielle Möglichkeiten für diese falsche Wahl – einmal durch Unachtsamkeit, d.h. durch unsorgfältiges Hinhören und damit Überhören. Das ist zwar irgendwie sündig, aber vor allem schlampig, also ggf. in einem zweiten Schritt korrigierbar (Vorbild dafür ist Simon, der erst leugnete, dann aber wie ein Fels für die Wahrheit einsteht.). Die andere Möglichkeit ist die Entscheidung wider besseres Wissen. Heutzutage nennt man das Fakenews glauben. Diese kommen meist lautstark (hic!) und scheinbar logisch daher, aber bei genauer Prüfung der Fakten erkennt man schnell, dass das alles Unsinn, dass das alles Lüge ist: also Fake anstatt Fakten. Aber man muss sich schon die Mühe machen, nicht solchen Fakes und ihren Verbreitern, den Rattenfängern hinterherzulaufen. Es gibt nur eine Wahrheit – Er; Er aber schreit nicht. Umso wichtiger ist es deshalb, dass wir Menschen lernen – das geht nur durch bereitwilliges Hören –, Gottes leise Stimme auch im Alltag zu vernehmen. Je mehr wir uns Mühe geben, je öfter wir es versuchen, desto besser wird es uns gelingen. Denn – Jesus ist nicht wirklich weg. Er ist und bleibt da, wie Er es in Seiner Liebe versprochen hat (vergl. Ps. 23: Du bist bei mir – auch im finsteren Tal der vorgründigen Fakenews). Es liegt allein an uns, das zu glauben, zu begreifen und danach zu handeln – wir müssen dafür aber unsere Ohren spitzen und Fakes entlarven. Können wir das? Wollen wir das? Das ist die entscheidende Frage. Eine Glaubensfrage. Aber selbst dabei können wir auf die Führung des Hl. Geistes vertrauen.

Wenn wir uns also Mühe geben und versuchen, mit ganzer Kraft zu lieben, wird Er uns entgegenkommen, denn Er ist die Liebe selbst. Dann können und werden wir bleiben im Haus des Herrn immerdar (Ps. 23). Dann wird Er uns die Wahrheit zeigen und damit das Leben schenken. Kein Fake! Das Leben bei Ihm und mit Ihm und in Ihm ist Faktum.

Vater-Sohn-Verhältnis

Es gibt ein schwieriges Wort -auch für uns Heutige. *Ich bin im Vater und der Vater ist in mir*. Das bedeutet, dass Jesus und der Vater eins sind. Und nach Jesus irdischem Weggang wird Er durch den Hl. Geist gegenwärtig bleiben. Also alles kryptisch und nebulös? Man kann es so sehen; man kann es aber auch anders verstehen. Gott ist allgegenwärtig, ob als Vater, als Sohn, als Geist. Ich erinnere nochmals an die drei Aggregatzustände der gleichen Grundsubstanz. Im Eis ist Wasser, im Wasser ist Wasserdampf; selbst Eis kann unmittelbar in Wasserdampf übergehen und umgekehrt. Aber alle drei sind und bleiben, egal wie sie äußerlich erscheinen – H20, also immer gleich. Wenn wir das als Metapher verinnerlichen, dann kommen wir zu der Erkenntnis, dass Jesu Worte klar sind. Zugegeben, für die Menschen vor 2000 Jahren, die diese naturwissenschaftliche Metapher noch nicht kannten, schwieriger als für uns Heutige, die wir dieses „Drei in Eins" eigentlich ganz leicht sogar in der Schule lernen. Umso problematischer ist es, dass die heutigen Menschen sich immer mehr von dem dreifaltigen Gott entfernen. Aber letztlich sind die Worte Jesus schon damals glaubhaft gewesen. Er hat eindrucksvoll auf Seine Werke verwiesen, die Zeugnis von Seiner Göttlichkeit abgelegt haben. Insofern müssen wir vermeiden, Wahrscheinlichkeiten nach unseren begrenzten menschlichen Maßstäben allein zu bewerten. Es ist nun mal so – für uns Menschen ist das alles vom Menschenstandpunkt aus unwahrscheinlich. Aber da Jesus in Personalunion auch Gott ist, muss DIESER Maßstab an seine Taten, an Ihn selbst angelegt werden. Hier gibt es keine Unmöglichkeiten. Gott ist allmächtig. Wenn man diesen Maßstab anlegt, bleibt nicht einmal mehr Glaube im Sinne von Nicht-Wissen übrigen. Dann bleibt nur noch Wissen übrig. Wissen, dass es Gott gibt, dass Gott lebt, dass Gott uns Menschen trotz unserer Fehler liebt. Nur so ist begreiflich, dass Gott sich selbst zur Sühne hingegeben hat, um das Böse in uns wieder herauszubekommen. Öffnen wir Ihm unser Herz, damit Er diese Erlösungstat auch für jeden einzelnen Menschen vollbringen kann.

Ich weiß, dass Gott lebt. Ich vertraue auf Ihn, verlasse mich auf Ihn. So bin ich in Ihm geborgen.

Das ist eine Erkenntnis, die Zeit gebraucht hat, bis ich sie so verinnerlichen konnte. Aber Gott ist geduldig und hat mich Schritt für Schritt zu dieser Erkenntnis des Glaubens geführt. Auch Jesus hat während Seiner Tage auf Erden nicht einen fertigen Glaubenssatz hingeklotzt, sondern Er hat behutsam sein „kommt und seht" gesprochen. Ich durfte kommen und dadurch sehen. Dafür bin ich dankbar. So ist die Antwort auf die noch kommende Frage des Pilatus: Was ist Wahrheit?- klar:

Gott ist die Wahrheit!

Jesu Abschiedsrede

In Kapitel 15 folgt nun die sog. zweite Abschiedsrede Jesu:

*Ich bin der wahre Weinstock und mein Vater ist der Winzer. Jede Rebe an mir, die keine Frucht bringt, schneidet er ab und jede Rebe, die Frucht bringt, reinigt er, damit sie noch mehr Frucht bringt. Ihr seid schon rein kraft des Wortes, das ich zu euch gesagt habe. **Bleibt in mir und ich bleibe in euch**. Wie die Rebe aus sich keine Frucht bringen kann, sondern nur, wenn sie am Weinstock bleibt, so auch ihr, wenn ihr nicht in mir bleibt. **Ich bin der Weinstock, ihr seid die Reben**. Wer in mir bleib und in wem ich bleibe, der bringt reiche Frucht; denn getrennt von mir könnt ihr nichts vollbringen. Wer nicht in mir bleibt, wird wie die Rebe weggeworfen und er verdorrt. Man sammelt die Reben, wirft sie ins Feuer und sie verbrennen. Wenn ihr in mir bleibt und meine Worte in euch bleiben, dann bittet um alles, was ihr wollt; ich werdet es erhalten. Mein Vater wird dadurch verherrlicht, dass ihr reiche Frucht bringt und meine Jünger werdet.*

*Wie mich mein Vater geliebt hat, so habe auch ich euch geliebt. Bleibt in meiner Liebe! Wenn ihr meine Gebote haltet, werde ihr in meiner Liebe bleiben, so wie ich die Gebote meines Vaters gehalten habe und in seiner Liebe bleibe. Dies habe ich gesagt, damit meine Freude in euch ist und damit eure Freude vollkommen wird. **Das ist mein Gebot, dass ihr einander liebt, so wie ich euch geliebt habe. Es gibt keine größere Liebe, als wenn einer sein Leben für seine Freunde hingibt.** Ihr seid meine Freunde, wenn ihr tut, was ich euch auftrage. Ich nenne euch nicht mehr Knechte; denn der Knecht weiß nicht, was sein Herr tut. Vielmehr habe ich euch Freunde genannt; denn ich habe euch alles mitgeteilt, was ich von meinem Vater gehört habe. Nicht ihr habt mich erwählt, sondern ich habe euch erwählt und dazu bestimmt, dass ihr euch aufmacht und Frucht bringt und dass eure Frucht bleibt. Dann wird euch der Vater alles geben, um was ihr ihn in meinem Namen bittet. Dies trage ich euch auf, dass ihr einander liebt.*

Wenn die Welt euch hasst, dann wisst, dass sie mich schon vor euch gehasst hat. Wenn ihr von der Welt stammen würdet, würde die Welt euch als ihr Eigentum lieben. Aber weil ihr nicht von der Welt stammt, sondern weil ich euch aus der Welt erwählt habe, darum hasst euch die Welt. Denkt an das Wort, das ich euch gesagt habe: Der Sklave ist nicht größer als sein Herr. Wenn sie mich verfolgt haben, werden sie auch euch verfolgen; wenn sie an meinem Wort festgehalten haben, werden sie auch an eurem Wort festhalten. Doch dies alles werden sie euch um meines Namens willen antun; denn sie kennen den nicht, der mich gesandt hat. Wenn ich nicht gekommen wäre und nicht zu ihnen gesprochen hätte, wären sie ohne Sünde; jetzt aber haben sie keine Entschuldigung für ihre Sünde. Wer mich hasst, hasst auch meinen Vater. Wenn ich bei ihnen nicht die Werke vollbracht hätte, die kein anderer vollbracht hatte, wären sie ohne Sünde. Jetzt aber haben sie die Werke gesehen und doch haben sie mich und meinen Vater gehasst. Aber das Wort sollte sich erfüllen, das in ihrem Gesetz geschrieben steht:

Ohne Grund haben sie mich gehasst. Wenn aber der Beistand kommt, den ich euch vom Vater aus senden werde, der Geist der Wahrheit, der vom Vater ausgeht, dann wird er Zeugnis für mich ablegen. Und auch ihr legt Zeugnis ab, weil ihr von Anfang an bei mir seid.

Das habe ich euch gesagt, damit ihr keinen Anstoß nehmt. Sie werden euch aus der Synagoge ausstoßen, ja es kommt die Stunde, in der jeder, der euch tötet, meint, Gott einen heiligen Dienst zu leisten. Das werden sie tun, weil sie weder den Vater noch mich erkannt haben. Ich habe es euch aber gesagt, damit ihr euch, wenn die Stunde kommt, daran erinnert, dass ich es euch gesagt habe.

Jesus spricht mit diesen Worten zwei Dinge an, die kommen werden; einerseits den Ausstoß der Christusjünger aus der Synagoge, und andererseits die Christenverfolgung unter Saulus/Paulus. Die Geschichte der Verfolgung der Christusanhänger ist bekannt. Sie mündet in den Märtyrertod des Stephanus auf Veranlassung von Saulus. Viele andere werden ihm ebenfalls zum Opfer fallen, bis Gott bei Damaskus diesen Christenverfolger „umdreht" und zum Heidenapostel bestimmt. Zuvor aber glaubte Saulus noch, dass er Gott einen Dienst erweise, wenn er diese Christusgläubigen töten würde – genauso hatte es Jesus vorhergesagt. Auch ihr Ausstoß aus den jüdischen Synagoge folgte, wenn auch in harter Konsequenz erst nach dem verlorenen römisch-jüdischen Krieg. Danach war das Frühjudentum (s.o.) gezwungen, sich nach dem Untergang neu zu formieren. Dies gelang zwar um 200 n Chr., endete jedoch unglückseeligerweise in der Spaltung von Christentum und dann Gründung des rabbinischen Judentum, das so neu entstanden war; es entsprach allerdings nicht mehr dem Judentum, das zur Zeit Jesu galt.

Jesus fährt fort: *Das habe ich euch nicht gleich zu Anfang gesagt; denn ich war ja bei euch. Jetzt aber gehe ich zu dem, der mich gesandt hat und keiner von euch fragt mich:* Wohin gehst du?

*Vielmehr hat Trauer euer Herz erfüllt, weil ich euch das gesagt habe. Doch ich sage euch die Wahrheit: Es ist gut für euch, dass ich fortgehe. Denn wenn ich nicht fortgehe, wird der Beistand nicht zu euch kommen; gehe ich aber, so werde ich ihn zu euch senden. Und wenn er kommt, wird er die Welt der Sünde überführen und der Gerechtigkeit und des Gerichts; der Sünde, weil sie nicht an mich glauben; der Gerechtigkeit, weil ich zum Vatergehe und ihr mich nicht mehr seht; des Gerichts, weil der Herrscher dieser Welt gerichtet ist. Noch vieles habe ich euch zu sagen, aber ihr könnt es jetzt nicht tragen. Wenn aber jener kommt, **der Geist der Wahrheit**, wird er euch in der ganze Wahrheit leiten. Denn er wird nicht aus sich selbst heraus reden, sondern er wird reden, was er hört, und euch verkünden, was kommen wird. Er wird mich verherrlichen; denn er wird von dem, was mein ist, nehmen und es euch verkünden. Alles, was der Vater hat, ist mein; darum habe ich gesagt; Er nimm von dem, was mein ist und wird es euch verkünden. Noch eine kurze Zeit, dann seht ihr mich nicht mehr, und wieder eine kurze Zeit, dann werde ihr mich sehen.*

Jesus hatte also das Kommen des Hl. Geistes vorhergesagt. Er kam schließlich, s.u. und bleibt bis heute.

Die Jünger hörten diese Worte, verstanden sie aber nicht. Jesus merkte das und fuhr fort: *Ihr macht euch Gedanken darüber, dass ich euch gesagt habe: Noch eine kurze Zeit, dann seht ihr mich nicht mehr und wieder eine kurze Zeit, dann werdet ihr mich sehen. Amen, amen ich sage euch: Ihr werdet weinen und klagen, aber die Welt wird sich freuen: ihr werdet traurig sein, aber die Welt wird sich in Freude verwandeln. Wenn die Frau gebären soll, hat sie Trauer, weil ihre Stunde gekommen ist, aber wenn sie das Kind geboren hat, denkt sie nicht mehr an ihre Not über der Freude, dass ein Mensch zur Welt gekommen ist. So habt auch ihr jetzt Trauer, aber ich werde euch wiedersehen; dann wird euer Herz sich freuen und niemand nimmt euch eure Freude. An jenem Tag werdet ihr mich nichts mehr fragen. Amen, amen ich sagte euch:* **Was ihr den Vater in meinem Namen bitten werdet, das wird er euch geben.** *Bis hetzt habt ihr noch um nichts in meinem Namen gebetet. Bittet und ihr werdet empfangen, damit eure Freude vollkommen ist.*

Dass Bitten erfüllt werden, ist eine grandiose Zusage unseres Gottes/Jesu; jedoch – man muss beachten, dass man nicht erfüllt bekommt, was man sich selbst wünscht, sondern nur darauf hoffen darf, was man im Namen Jesu bittet. Das setzt aber Vermeidung von Eigeninteresse voraus.

Jesus fährt fort: *Dies habe ich in Bildreden zu euch gesagt; es kommt die Stunde, in der ich nicht mehr in Bildreden zu euch sprechen, sondern euch offen vom Vater verkünden werde. An jenem Tag werdet ihr in meinem Namen bitten und ich sage euch nicht, dass ich den Vater für euch bitten werde, denn der Vater selbst liebt euch, weil ihr mich geliebt und weil ihr geglaubt habt, dass ich von Gott ausgegangen bin. Ich bin vom Vater ausgegangen und in die Welt gekommen; ich verlasse die Welt wieder und gehe zum Vater.*

Seine Jünger sagten daraufhin: Jetzt redest du offen. Jetzt wissen wir, dass du alles weißt und von niemandem gefragt zu werden brauchst. Darum glauben wir, dass du von Gott ausgegangen bist.

Jesus entgegnete: *Glaubt ihr jetzt? Siehe, die Stunde kommt und sie ist schon da, in der ihr versprengt sein werdet, jeder in sein Haus, und mich alleinlassen werdet. Aber ich bin nicht allein, denn der Vater ist in mir. Dies habe ich zu euch gesagt, damit ihr in mir Frieden habt. In der Welt seid ihr in Bedrängnis; aber habt Mut:* **Ich habe die Welt besiegt.**

Wichtig ist bei diesen Worten auch, dass Jesus, der wegen seiner Metaphern und Gleichnisse nicht immer einfach zu verstehen ist/war, ankündigt, dass Er – also mit dem Kommen des Hl. Geistes – (erneut) den erwünschten Klartext sprechen wird. Das wird vielen Menschen ermöglichen, an Ihn als den Messias zu glauben.

Wenn man die offenen Worte des Petrus bei der Pfingstpredigt durchgeht, dann stellt man fest, dass auch hier die Vorhersage Jesu eingetroffen ist.

Übrigens – auch heute noch hilft der Hl. Geist (mir) beim Schreiben über den Glauben. Gerade erlebe ich das wieder beim erneuten Durchgehen des Buchtextes. Ich verstehe Zusammenhänge neu bzw. besser und füge sie in den vorhandenen Text ein.

Abschiedsverständnis

Diese sog. zweite Abschiedsrede ist eine Zusammenfassung der Lehre Jesu in den letzten Jahren seit Beginn seines öffentlichen Wirkens. Sie ist die Grundlage unseres Glaubens. Deshalb ist es nur folgerichtig, dass die Jünger mit dem Glaubensbekenntnis reagieren. Warum hat Jesus so lange mit diesem zusammenfassenden und mehr Klarheit hervorrufenden Worten gewartet, wiewohl Er bereits jede Menge Hinweise auf Seine göttliche Herkunft gegeben hatte, wie wir gesehen haben?   Es könnte daran liegen, dass Er einerseits durch seine Worte und Taten (*kommt und seht*) überzeugen wollte, andererseits ab auch gewartet hat, bis Judas nicht mehr bei den Jüngern war. Denn Judas hat ihn ja abgelehnt – mit den noch anstehenden Folgen, die Jesus natürlich bereits kannte. Selbst die verbliebenen 11 Jünger hatten begriffen, dass Jesus alles weiß. Auch Judas hatte diese Chance, ergriff sie aber nicht. Er ist damit zwar Empfänger der Heilsbotschaft von Jesus gewesen, hat sie aber nicht angenommen. Er hätte es tun können, hat es aber nicht, s.o.

Wir sehen daran, dass Gott uns Menschen, hier in Gestalt des Judas, die Freiheit gibt, Ihn anzunehmen, anzuerkennen und Ihn in allen Lebenslagen einzubeziehen – oder auch darauf zu verzichten.

Durch das Einbeziehen von Gott ist Vergebung von Fehlern, also Sünden, möglich. Voraussetzung sind jedoch Glaube und Reue. Nicht, dass Gott nicht auch unbußfertigen und fernstehenden Menschen vergeben könnte – Er wird es wohl oft tun -, aber dennoch ist der Weg des Glaubens immer noch der bessere. Um unseretwillen. Wer auf Gott/Christus vertraut, muss sich nicht mehr fürchten. Wenn dieses Vertrauen vorhanden gewesen wäre, wäre der Selbstmord des Judas wohl unterblieben.

Warum also die Trennung des Judas von Jesus und den Mitjüngern? Jesus hat es klar ausgesprochen – wer nicht in Ihm ist, ist von der Welt. Judas – und die Pharisäer – war eben nicht in Jesus. Die übrigen Jünger aber fokussierten sich, wenn auch mit kleinen Umwegen, auf Jesus. Damit bekamen sie Seine Zusage, dass sie sich auf Ihn und den Vater, weil diese ja eins sind, verlassen können. Außerdem versprach Jesus den Hl. Geist, der sie begleiten wird.

In welchem „Aggregatzustand" Gott auch handeln wird – Er ist immer bei uns. Diese Zusage hat Jesus in seiner letzten großen Rede bekräftig. Einzige Voraussetzung – Glauben. Martin Luther sagte zurecht: Glaube ist ein Geschenk Gottes in unserem Herzen. Und dafür müssen wir uns öffnen, müssen wir bereit sein.

Öffnen wir uns – ER wird Seine Zusage einhalten, denn ER liebt uns. Wenn wir das verinnerlicht haben, werden auch wir nach und nach in der Liebe wachsen und Ihm, unserem Ziel immer näher kommen.

Wer das aber nicht tut, ja Gott ablehnt, hat seit der Offenbarung Jesu keine Entschuldigung mehr für diese Sünde. Das ist das Tragische daran, denn gerade unsere Zeit lehnt Gott zunehmend ab, weil sie seine Selbstoffenbarung gerade auch in den Naturwissenschaften falsch versteht. Je mehr wir naturwissenschaftlich fortschreiten, desto offenbarer wird die Wunderwelt, die Gott geschaffen hat. Er lässt sich zunehmend in die Karten schauen. Das sollte Glauben fördern, nicht ad absurdum führen. Wer noch staunen kann, der kann auch zum Glauben kommen. Dann kann er das Geschenk Gottes annehmen.

Der Ausruf: Ich glaube, hilf meinem Unglauben ab – er ist als Wunsch sehr berechtigt. Gerade hier gilt die Zusage Jesu – was ihr von mir erbitten werdet im Glauben, werde ich erfüllen. Selbst wenn mal Zweifel auftauchen sollten. Umwege verlängern den Weg zum Ziel zwar, aber sie verhindern das Erreichen des Ziels – und das ist Gott – nicht. Die Zusage von Ps. 23 im Hause des Herrn bleiben zu dürfen, gilt unverändert. Denn: Der Herr ist mein Hirte. Mir wird deshalb nichts mangeln. Ich glaube und vertraue darauf, ja ich verlasse mich darauf und bin deshalb geborgen. Geborgen in Ihm. Großartig. Dafür bin ich aus tiefster Seele dankbar. Ich muss mich nicht mehr fürchten, egal, was kommen mag, auch wenn es schwer werden sollte. Aber Gott begleitet mich auch dann. Ich durfte das selbst schon erleben. Das Besondere an dieser Erkenntnis, an dieser Tatsache ist, dass das letztlich „alte" Zusagen Gottes sind, die auch heute noch passen; auf mich, aber auch auf andere Menschen, die an Gott glauben.

Gott etwas zu verstehen, ist mittels Seiner Selbstoffenbarung möglich. Die Wunderwelt – ich wiederhole bewusst dieses Wort -, die Er geschaffen hat, erkennen wir immer besser in Physik, Biologie, Chemie, Geologie, Quantenphysik etc., indem wir immer weitere Zusammenhänge finden. Sie werden immer komplizierter, zeigen aber gerade dadurch, wie alles alles durchdringt und bedingt. Ein nicht-göttlicher Geist hätte dieses verwobene, enge Netz des „alles in allem" nicht erfinden, zumindest nicht so genial entwickeln können. Deshalb ist es natürlich, an Ihn als den Schöpfer aller Dinge und allen Lebens zu glauben. Er ist der Anfang und das Ende; Er ist: Ich bin. Und so dürfen wir auch darauf vertrauen, durch die Handlung des Hl. Geistes immer mehr über „Gott und die Welt" erfahren zu dürfen, bis wir dann in Seinem Reich ankommen werden. So wie Er alles andere (z.B. im AT) vorhergesagt hat und es dann (siehe NT) eintrat, so dürfen wir auch Seine Aussagen zu den sog. letzten Dingen glauben und auf Seine vergebende Liebe bauen und trauen. Das ist die Heilsbotschaft, wie Jesus sie verkündet hat.

Der göttliche Hintergrund

Ab Kap. 17 beginnt dann das göttliche Drama. Jesus wusste das, denn Er betete: *Vater, die Stunde ist gekommen. Verherrliche deinen Sohn, damit der Sohn dich verherrliche! Denn du hast ihm Macht über alle Menschen gegeben, damit er allen, die du ihm gegeben hast, ewiges Leben schenkt. Das aber ist das ewige Leben: dass sie dich, den einzigen wahren Gott, erkennen und den du gesandt hast, Jesus Christus. Ich habe dich auf der Erde verherrlicht und das Werk zu Ende geführt, das du mir aufgetragen hast. Jetzt verherrliche du mich, Vater, bei dir mit der Herrlichkeit, die ich bei dir hatte, bevor die Welt war!*

Ich habe deinen Namen den Menschen offenbart, die du mir aus der Welt gegeben hast. Sie gehören dir und du hast sie mir gegeben und sie haben dein Wort bewahrt. Sie haben jetzt erkannt, dass alles, was du mir gegeben hast, von dir ist. Denn die Worte, die du mir gabst, habe ich ihnen gegeben und sie haben sie angenommen. Sie haben wahrhaftig erkannt, dass ich von dir ausgegangen bin, und sie sind zu dem Glauben gekommen, dass du mich gesandt hast. Für sie bitte ich: Nicht für die Welt bitte ich, sondern für alle, die du mir gegen hast, denn sie gehörten dir. Alles, was mein ist, ist dein, und was dein ist, ist mein; in ihnen bin ich verherrlicht. Ich bin nicht mehr in der Welt, aber sie sind in der Welt und ich komme zu dir. Heiliger Vater, bewahre sie in deinem Namen, den du mir gegeben hast, damit sie eins sind wie wir: Solange ich bei ihnen war, bewahrte ich sie in deinem Namen, den du mir gegeben hast. Ich habe sie behütet und keiner von ihnen ging verloren, außer dem Sohn des Verderbens, damit sich die Schrift erfüllte.

Aber jetzt komme ich zu dir und rede dies noch in der Welt, damit sie meine Freude in Fülle in sich haben. Ich habe ihnen dein Wort gegeben und die Welt hat sie gehasst, weil sie nicht von der Welt sind, wie auch ich nicht von der Welt bin. Ich bitte nicht, dass du sie aus der Welt nimmst, sondern dass du sie vor dem Bösen bewahrst. Sie sind nicht von der Welt, wir auch ich nicht von der Welt bin. Heilige sie in der Wahrheit; dein Wort ist Wahrheit. Wie du mich in die Welt gesandt hast, so habe ich sie in die Welt gesandt. Und ich heilige mich für sie, damit auch sie in der Wahrheit geheiligt sind. Ich bitte nicht nur für diese hier, sondern auch für alle, die durch ihr Wort an mich glauben. Alle sollen eins sein: Wie du, Vater, in mir bist und ich in dir bin, sollen auch sie in uns sein, damit die Welt glaubt, dass du mich gesandt hast. Ich habe ihnen die Herrlichkeit gegeben, die du mir gegeben hast, damit sie eins sind, wie wir eins sind, ich in ihnen und sie in mir. So sollen sie vollendet sein in der Einheit, damit die Welt erkennt, dass du mich gesandt hast und sie ebenso geliebt hast, wie du mich geliebt hast. Vater, ich will, dass alle, die du mir gegeben hast, dort bei mir sind, wo ich bin. Sie sollen meine Herrlichkeit sehen, die du mir gegen hast, weil du mich schon geliebt hast vor Grundlegung der Welt. Gerechter Vater, die Welt hat dich nicht erkannt, ich aber habe dich erkannt und sie haben erkannt, dass du mich gesandt hast. Ich habe ihnen deinen Namen kundgetan und werde ihn kundtun, damit die Liebe, mir der du mich geliebt hast, in ihnen ist und ich in ihnen bin.

In diesem Gebet fasste Jesus sein ganzes Wirken in der Welt zusammen. Er stellt einerseits klar, dass Er der Sohn Gottes ist und durch Ihn und in Seinem Namen gehandelt hat, um Ihn zu verherrlichen. Gleichzeitig weiß Jesus aber auch, dass Er in seiner irdischen Rolle ein Mensch ist wie wir. Sein göttlicher Auftrag ist dadurch aber nicht gemindert. So hat Er in dieser Menschengestalt seine Jünger ausgewählt. Gleichzeitig weiß Er aber, dass sein göttlicher Vater diese Menschen auserwählt hat. Bis auf einen, jenen aus der Welt.

Es gibt zwei Schwierigkeiten in diesem Text: Einerseits ist es das Wort „verherrlichen" für den Opfertod am Kreuz. Das Kreuz ist in der Tat kein herrlicher Ort. Aber im Kreuz entsteht neues Leben für uns sündige Menschen. Unsere Sünden sind vergeben, wenn wir in uns gehen und bereuen. Ist das nicht herrlich?

Andererseits ist es die Problematik des Judas. Er musste so handeln, wie er es getan hat, denn so steht es in der Schrift – Jesus betont das ausdrücklich. Ob er damit eben der handling agent der Passionsgeschichte war, oder ob er ein eigenständig, auf eigene Rechnung (30 Silberstücke) handelnder Sünder war – wir vermögen das nicht zu beurteilen. Hier sollten wir aufhören zu spekulieren, aber auch aufhören, Judas zu verdammen. Es ist Gottes Wissen und Aufgabe, über Judas zu urteilen. Wir dürfen den tröstlichen Gedanken denken, dass selbst Judas dem göttlichen Erbarmen, der göttlichen Vergebung anvertraut ist, trotz seiner Tat – immerhin hat er seine Tat bereut, wenn er auch nicht an Vergebung glauben konnte. Das besonders ist seine Tragik. Der Gedanke an Erbarmen und Vergebung, wenn wir aufrichtig bereuen, gibt letztlich auch uns Hoffnung, dass auch uns tatsächlich von Gott vergeben werden wird. Wir müssen also Kreuz und Judas zusammendanken. Heraus kommt die Liebe Gottes für uns Menschen. Dazu – und auch zur „Verherrlichung" nachfolgend noch mehr.

Gott – Gottes Sohn

Aus der letzten, eben zitierten Rede Jesu ergibt sich für uns Menschen ein Denkproblem. Jesus als Mensch – das ist irgendwie verständlich. Gleichzeitig ist Er jedoch auch Gottes Sohn. Das jedoch fordert Nachdenken. Wir haben weiter oben gesehen, dass Gott ein Dreieiner Gott ist, der sich in quasi drei Aggregatzuständen als Vater, als Sohn und als Hl. Geist erkennbar macht – je nach Seinem Willen. Wir glauben also an die Trinität Gottes. ER ist und bleibt dennoch „Einer" und unteilbar – aber Er gibt sich uns, die wir mit der Größe Gottes nicht klarkämen, in verschiedener Gestalt zu erkennen, damit wir eine Chance bekommen, Gott ansatzweise begreifen zu können, uns Ihm nähern zu können; als Menschensohn macht sich Gott begreifbar – im wahrsten Sinne des Wortes. Diese Augenhöhe ist ein Gnadenbeweis Gottes und darf nicht falsch verstanden werden als Tri-Theismus von drei Göttern, einem Vatergott, einem Sohnes-Gott und einem Geistesgottes. Um verständlicher zu werden, spricht (der menschliche) Jesus zum (göttlichen)Vater, wohl wissend, dass Er vom Vater nicht getrennt ist, sondern immanenter Bestandteil des Einen Gottes ist. H2O bleibt H2O, auch wenn wir es mal als Eis, mal als Wasser, mal als Dampf erleben. Heißt – physikalisch erkennen wir einen Unterschied, chemisch gibt es keinen. Diese Metapher müssen wir auch auf Gott übertragen, wenn wir Unterschiede meinen, festzustellen. Es gibt nämlich keine. Gott lässt sich auf unterschiedliche Aggregatzustände ein, damit wir uns Ihm besser nähern können. Nicht mehr, nicht weniger. Gott bleibt und IST Gott. Deshalb nochmal – wenn Jesus zum Vater betet, tut er dies für uns, um für uns verständlich zu sein. Etwa so, wie auch wir mehrere Gedankenstränge gleichzeitig denken können. Aber handeln, handeln können wir nur eindimensional – nacheinander. So hat also Gott durch die „Vermittlung" der Menschengestalt Jesu uns Menschen geholfen, Ihn besser verstehen zu können. Jedoch – wenn wir die einzelnen Vorgänge aus rein menschlicher Sicht analysieren, gehen wir in die Irre. Lassen wir das, denn: Gottes „Sohn" IST Gott, der „Hl. Geist" IST Gott.

Liebe als Metapher für Gott

Liebe – das ist eine Metapher für Gott, ein Synonym für Ihn – Liebe ist nicht zu analysieren. Sie tut, was sie aus Liebe tut, nicht aus Rationalität. Nur aus dieser Perspektive heraus ist das „Jesus-Drama" überhaupt annehmbar. Verstehen – verstehen können wir es nicht. Höchsten so – auch wir lieben unsere Kinder immer noch, auch wenn sie mal Quatsch gemacht haben. Das ist irrational – ja, aber viel wichtiger: Das ist Liebe! Diese Empathie gilt es immer auf die Beziehung von und zu Gott als Grundvoraussetzung anzuwenden.

So wie wir die durch unser Kind kaputtgemachte Vase bezahlen und das Kind trotzdem weiterlieben, so liebt auch Gott uns, trotz unserer Sünden. Und er bezahlt ebenfalls für sie.

Weil Gott die personifizierte Liebe ist, deshalb – und auch das sagt Jesus hier deutlich – sorgt Er für die, die an Ihn glauben; also an den Vater wie an den Sohn. Glauben an Jesus Christus als Sohn Gottes, also unser Erlöser – das ist quasi die Eintrittskarte in Gottes Kraftfeld. Wo Er ist, da sollen auch die sein, die ihm angehören. Das gehört in die Verherrlichung mit dazu. Sie sollen eins sein mit Ihm wie Sohn und Vater eins sind. Hier also nochmals die klare Aussage, dass Vater und Sohn eins sind, also ein Gott in diesen beiden Erscheinungsformen.

Verherrlichung?

Herrlichkeit – dieses Wort, dem wir schon weiter vorn begegnet sind, ist in der Bibel mehrdeutig. Einerseits meint es ganz unmissverständlich die göttliche Erscheinung in Herrlichkeit. Aber Jesus meint es in einer zweiten, sich zunächst nicht erschließenden Bedeutung. Er umschreibt damit den Prozess seiner eigenen Leidensgeschichte. Wie das? Leiden als Verherrlichung? Ist das nicht Masochismus? Wenn man aus menschlicher Perspektive urteilt, könnte man meinen, dass Jesus in diese Richtung dachte. Aber da Er Gott ist, denkt Er umfassender, nämlich einerseits in Sühne unserer Sünden, andererseits aber auch an das, was nach der Sühne kommt, nämlich die Auferstehung. Und diese ist unbestreitbar der Herrlichkeit Gottes immanent.

Dass Jesus als Gottes Inkarnation sich dieser umfassenden Sichtweise bediente, merkt man spätestens bei seinen letzten Worten am Kreuz. Er zitiert dort Ps. 22: Warum mein Gott hast du mich verlassen? Hoffnungsloser geht es eigentlich nicht. Aber das ist so nicht richtig. Als frommer Jude, der Jesus ja auch war, war es ihm geläufig, beim ersten Vers eines Psalmzitats gleich den ganzen Psalm gleichsam mitzudenken. Damit ist Ps. 22 trotz seines trostlosen Auftaktverses letztlich ein Hoffnungspsalm: Unsere Väter hofften auf dich, und da sie hofften, halfst du ihnen heraus. Zu dir schrien sie und wurden errettet. ... Hilf mir ....du hast mich erhört. ... er wird Nachkommen haben, die ihm dienen. ...Sie werden kommen und seine Gerechtigkeit predigen dem Volk, das geboren wird. Denn er hat's getan.

 Dieser Psalm, lange vor Jesu Leben auf Erden geschrieben, beschreibt in den anderen, hier ausgelassenen Versen, ziemlich genau Jesus und seine Taten. Deshalb ist dieser Ps. 22 die Voraussage des Heils einerseits und andererseits der Christenheit, des Volkes, das geboren wird. Begründung: Er hat's getan. Nämlich die Menschen erlöst und ihnen den Weg zurück zu Gott wieder geöffnet, der durch ihre Sünden versperrt war. Jesus konnte selbst in seiner irdischen Todesstunde auf die Zukunft verweisen - in und trotz all seiner irdischen Verzweiflung. Welche Liebestat! Insofern ist selbst die Passion Jesu ein Mittel zu seiner Verherrlichung. Wir müssen aus Gottes Sichtweise denken und dürfen es auch. Menschliche Verzweiflung ist verständlich, aber nicht die Antwort Gottes. Er geht weiter. Er geht über sich selbst hinaus in Seinem inkarnierten Leib. Er kehrt zu Seiner vollen göttlichen Existenz zurück und schafft es dadurch aus reiner Liebe heraus das Böse, das wir Menschen tun, zu sühnen und uns dadurch den Weg zu Gott wieder zu ermöglichen. Gnade und Liebe – das sind die Kennzeichen von Jesu, also Gottes Tat. Das ist Gottes Herrlichkeit. Uns obliegt allein die Dankbarkeit im Glauben. Können wir da noch zögern?

Passionsdrama

Nach diesen Gebets-Worten ging Jesus hinaus in das Kidrontal, wo der Garten Getsemane liegt. Alles, was Jesus bis hierhin vorbereitet hatte, trat nun in ein irdisches Passionsdrama ein. Dort im Garten, der allen Jüngern, damit auch Judas, wohlbekannt war, traf Judas Jesus wieder. Er holte die Soldaten und liefere Jesus ihnen aus. Tat er das wirklich? Jesus hätte ganz leicht diesen Weg verhindern können zu gehen. Aber weil Sein Ziel die Entsühnung unserer Sünden war, ließ Er das geschehen. Sicher – es wäre ein Leichtes für Ihn als Gott gewesen, einfach zu sagen: Ego te absolvo – zu jedem einzelnen von uns. Warum also der scheinbare Umweg über die Passion, die hier im Garten ihren Lauf begann?

Wir Menschen sagen leichthin: Was nichts kostet, ist nichts Wert. Gott weiß um diese Sichtweise. Deshalb hat Er es so eingerichtet, dass die Erlösung nur durch öffentliche Sühne möglich wurde. Der Tod Jesu geschah nicht als Betriebsunfall, sondern als bewusste Tat Gottes um unseretwillen, damit wir den Preis – nämlich die Todesstrafe für unsere Vergehen – erkennen konnten und mussten. Eigentlich hätten wir die Strafe verdient und hätten sie selbst durchleiden müssen. Das Gesetz, Gottes Gesetz, ist hier unmissverständlich. Aber schon in alter Zeit hat Gott es zugelassen, dass die Menschen ihre Sühne mittels der Opferung eines Sündenbocks erbringen durften. Der Tod des Opfertiers wurde ihnen als opfernde Sünder zugerechnet. Das war also letztlich eine Geldstrafe (für den Kauf des Opfertieres) als Ersatz für die eigentlich richtige Todesstrafe; Sünden dürfen nicht existieren, deshalb müssen sie „abgetötet" werden. Letztendlich gehört unser Tod am Ende des Lebens doch noch in diese Abfolge der Sündenursache und ihrer Beseitigung. Während unseres Lebens aber gilt die Vergebung durch Jesu Stellvertreterbuße. So können wir im Zeitpunkt des Todes eine reine Weste vorweisen – Gott/Jesus sei Dank.

Aber mit der „Geldwirtschaft" der Sünden ist das so eine Sache. Wie so etwas pervertiert werden kann, kennen wir vom mittelalterlichen Ablasshandel. Das ging soweit, dass sogar schon bezahlt wurde, bevor der Mord erfolgt war. Der wurde dann quasi im Voraus gesühnt. Das ist einfach nur pervers. Analog muss man das auch mit dem Sündenbock denken. Was wäre folglich die Konsequenz gewesen? Wieder Rückabwicklung und eigenes Einstehen für die Sünden? Die Folge wäre über Kurz oder Lang die Auslöschung des Menschengeschlechts gewesen, denn sündig sind wir alle. Die Unterscheidung in größere und kleinere Sünden ist unsinnig. Klar besteht scheinbar ein Unterschied zwischen Mobbing und Mord. Aber in letzter Konsequenz sind beide als Fehlhandlungen eben Sünden und damit voll gegen das Gesetz. Strafe wäre die Folge -unausweichlich.

Gott hat auch das gesehen – und was menschliche Sünder unter Verwendung des Sündenbocks ausgehebelt haben, nämlich die Reue. Ein Opfer ist aber nur dann wirklich ein Opfer, wenn es etwas kostet und wenn man es in Reue tut. Dort setzt nun Gott an. Ausrotten lassen will Er die Menschheit nicht. Aber Sünden kann

Er auch nicht ungestraft lassen, auch nicht quasi durch Senkung des Preises sozusagen weichspülen. Was hat Gott in sich deshalb beschlossen? Klaren Opfertod des menschlichen Sünders – also Kreuzigung. Nur – aus Barmherzigkeit hat Gott es so eingerichtet, dass diese Kreuzigung der Sünden den Einzigen, der sie nicht verdient hat, getroffen hat, Seine Sohnesgestalt. Was bleibt dann für uns Menschen übrig? Tanzen und sich freuen? Ja, durchaus, dass wir nochmal davongekommen sind. Aber das ist nur die eine Seite. Die Zweite ist, dass wir uns dieser Opfertat an unserer Stelle bewusst sein müssen. Das muss zur Folge habe, dass wir in unserem Leben nach bestem Wissen und Gewissen versuchen, sündenfrei zu leben. Das muss auch zur Folge haben, dass wir das, was uns nicht gelingt, ehrlich bereuen. Dann dürfen wir darauf vertrauen, dass Gott diese „übriggebliebenen" Sünden aufgrund unseres Unvermögens selbst auf sich nimmt und sühnt. Er drückt quasi den Reset-Knopf unseres Lebens.

Aber das ist kein Automatismus. Unsere Vorleistung muss sein zu bereuen. Das ist die entscheidende Zustandsänderung gegenüber dem Zustand des AT mit der Opferung von Sündenböcken. Mit dem Kreuzigungstod Jesu gab es zwar auch ein Stellvertreteropfer, aber hautnah – an einem Menschen, an Jesus. Verstehen wir nun das unendlich große Geschenk, dass Gott uns hier macht, wenn wir an Ihn glauben und Ihn um Erbarmen bitten? Wir sind dies Gott Wert.

Das macht dann unseren unausweichlichen biologischen Tod irgendwie doch noch leichter, weil wir hoffen dürfen, dass wir danach in Seinem Reich weiterleben dürfen. Jesus selbst hat es vorhergesagt und versprochen. Wir dürfen es glauben. Ich tue es.

Der „Ich bin es" liefert sich aus

Jesus „spielte" also mit. Er wusste, was mit ihm geschehen sollte, schreibt Johannes. Deshalb fragte Jesus: *Wen sucht ihr?* Und dann auf die Antwort, dass Jesus gesucht würde: *Ich bin es.*

Die Reaktion der Menschen ist bezeichnend. Sie wichen zurück und stürzten. Warum? Ich bin es – das ist der Name Gottes. Vor IHM, also vor Gott, nicht niederzustürzen – undenkbar. Ungewollt bieten die Protagonisten ein Jammerspiel einerseits und andererseits gleichzeitig ungewollt eine Anbetung dieses „Wanderpredigers" als Verkörperung Gottes – sie wussten bzw. verstanden das aber nicht. Die Wahrheit wurde nicht erkannt.

Zum letzten Mal äußerte sich Jesus eindeutig und unmissverständlich. Spätestens jetzt hätte die Chance für die Beteiligten bestanden, sich eines Besseren zu besinnen und Gott in Gestalt Jesu anzubeten. Aber genau das geschah nicht, denn Jesus verzichtete auf Seine göttliche Macht. So glaubten sie also, einen Menschen namens Jesus aus Nazaret vor sich zu haben – nur als Menschen. Mit dem konnten sie fertig werden. Die Doppelnatur blieb ihnen verborgen. Jesus ließ sie in diesem Irrglauben.

Wir stehen immer noch ungläubig staunend vor der Tatsache, dass das alles mit Gott in Gestalt Jesu geschah, überhaupt geschehen konnte. Ist Gott etwa doch nicht so allmächtig wie wir glauben sollen? Doch, ER IST allmächtig. Daran gibt es keinen Zweifel. Spätestens mit der Auferstehung des menschlich toten Leibes Jesu ist das klar. Wer außer Gott hätte denn sonst diese grandiose Allmacht?

Das Böse

Aber die Allmacht Gottes soll hier jetzt noch nicht das Thema sein. Noch ist Jesus ja nicht gekreuzigt worden. Hier an dieser Stelle der Auslieferung müssen wir uns mit etwas anderem befassen. Nämlich mit dem Bösen. Ob das Böse oder der Böse. Wer weiß das? Letztlich ist das gleich böse. Böse ist das Gegenteil von Gott. Gegenteil, also Widersacher Gottes.

Warum muss das alles besprochen werden? Weil das Böse bzw. seine Existenz zu vergessen bedeutet, dass wir „nur" noch Gott sehen. Auf den ersten Blick nicht schlecht, jedoch – wenn wir das Böse übersehen, dann kommen wir zwangsläufig zu dem Schluss, dass auch das Böse in der Welt – Krankheiten, Katastrophen, Kriminalität, Gewalt etc. – von Gott wenn schon nicht gewollt, so doch nicht verhindert würde. Damit wäre es aus mit dem „lieben Gott". Gott ist jedoch gut. Also kann Er das Böse nicht wollen. Wenn es doch existiert – und daran gibt es keinen Zweifel - , kann es Gott nicht geben, weil Gott ja der „liebe" Gott ist, ja die Liebe selbst personifizieren soll.

Zusammen mit einer falsch verstandenen Naturwissenschaft ist der Schluss dann – Gott gibt es nicht. Basta. Ist es wirklich so einfach?

Eine solche theologische Milchmädchenrechnung ist blanker Unsinn. Wir Menschen lassen uns vom Bösen verführen und tun dann Böses. Gott dagegen macht hier gar nichts böse. Das wäre auch ein Widerspruch in sich. Gott ist Liebe. Liebe aber ist nie böse, kann es gar nicht sein. Nicht einmal menschliche Liebe ist böse in sich. Fazit – da es das Böse zweifelsohne gibt, Gott aber die Liebe ist, haben beide nur soviel miteinander zu tun als sie das Gegenteil voneinander sind. Damit gibt es den vorbeschriebenen (falsch verstandenen) „lieben Gott" nicht, sondern nur Gott den Allmächtigen und Ewigen mit Seiner überbordenden Liebe.

Da aber das Böse in uns Menschen existiert, brauchen wir Unterstützung einerseits – die dürfen wir gläubig immer wieder von Gott erfahren – und andererseits Sühne für all das Böse, das wir entweder selbst tun oder zumindest geschehen lassen. Fazit – Böses ist Widerspruch zu Gott. Unauflösbar. Also könnten wir mehr oder weniger bösen Menschen nicht zu Gott kommen. Trotzdem dürfen wir das – hören wir nur Jesu Botschaft. Wie also kann dieser Widerspruch aufgelöst werden? Er kann nicht aufgelöst werden durch Nachdenken etc., sondern nur durch die Allmacht Gottes selbst.

Nun ist es so, dass Sühne für Böses sein muss. Das ist menschlich akzeptiert. Also müssten wir einem Strafenkatalog entgegensehen. Dies wäre die logische Folge, aber dann wären wir für immer von Gott getrennt. Gott will aber Gemeinschaft mit uns Menschen, die Er selbst als Sein Ebenbild geschaffen hat, haben. Was Er allerdings nicht will, ist Toleranz des Bösen. Gott ist deshalb auf die für uns Menschen grandiose Idee gekommen, die notwendige Sühne auf sich selbst zu nehmen in Seiner Gestalt des Menschensohnes. So können wir Menschen verstehen, dass Sühne notwendig ist, müssen sie aber nicht selbst auf uns nehmen. Wir würden das gar nicht durchstehen können. Gott aber kann auch das. So hat Er beschlossen, in Gestalt des Menschensohnes unsere menschlichen Sünden zu sühnen. Das Böse hat dadurch seine Macht verloren. Zwar darf es noch das Szenario von Jesu Leiden und Tod inszenieren, aber mit der Auferstehung Jesu ist dann Schluss damit.

Auf weitere Aspekte von Schuld, Sühne, Sündenbock etc. wurde weiter oben schon hingewiesen.

Es gibt allerdings eine Ausnahme – da Gott uns Menschen einen freien Willen gegeben hat, können wir zwischen Gut und Böse wählen. Wir machen zwar, auch wenn wir das Gute wählen, immer wieder Fehler. Aber diese werden/wurden von Jesus gesühnt; wir müssen dazu unsere Sünden bekennen und um Vergebung bitten. Hier „schulden" wir Einsicht und Reue.

Wenn wir allerdings – und das tun einige Menschen auch – das Böse wählen, sind wir von dieser Barmherzigkeit Gottes abgeschnitten, solange wir uns nicht doch noch eines Besseren besinnen.

Fazit – das Böse der Passionsgeschichte ist vom Bösen inszeniert und veranlasst. Aber die Erwartung des Bösen, Gott durch Jesu Tod zu besiegen, hat Gott in Seiner Allmacht durch die Auferstehung des Sohnes Gottes in Jesu Gestalt verhindert. Noch ist das Böse nicht ganz besiegt. Und je mehr wir es leugnen oder hinnehmen, desto mächtiger ist es. Aber wir haben mit Jesus, mit Gott DIE Stütze, die das Böse letztlich besiegen wird. Die Offenbarung des Johannes weist darauf hin und zeigt, dass der Kampf zwischen Gut und Böse heftig werden wird, aber – nur das ist entscheidend – Gott wird siegen. Wir dürfen bei diesem Sieg auch unseren Anteil erhalten. Seine Liebe gibt ihn uns. Wir können dafür einfach nur dankbar sein.

Auch so kann man Gottes Herrlichkeit verstehen.

Die Festnahme Jesu

Auf die nochmalige Nachfrage der Verhaftungstruppe, dass sie Jesus von Nazaret suchen, antwortete Jesus: *Ich habe euch gesagt, dass ich es bin.* **Wenn ihr also mich sucht, dann lasst diese gehen.** Jesus bestätigt hier, dass Er allein für alles und alle geradestehen und sühnen wollte. Wir haben zwar unseren Sündenanteil im Gegensatz zu Jesus, der ohne jede Sünde war und ist, aber Er tritt für uns ein und sorgt dafür, damit wir laufen gelassen werden. Das ist formal die Verhaftung und dann Verurteilung des Falschen, aber gleichzeitig ein überwältigender Ausdruck von Gottes Liebe. Jesus agiert hier als unser „Stellvertreter". Er hält den Kopf hin, den es eigentlich uns kosten sollte.

Petrus begreift plötzlich, was da vor sich geht und will mit seinem Schwertstreich Jesus verteidigen. Dieser lässt es aber nicht zu, da Er weiß, dass auch Petrus nicht frei von Sünde ist. Außerdem würde sich Petrus zwar todesmutig, aber im Sinne des Heilsplans Gottes kontraproduktiv, ins Getümmel stürzen. Jesus weiß das: *Steck das Schwert in die Scheide. Der Kelch, den mir der Vater gegeben hat – soll ich ihn nicht trinken?*

Nach der Festnahme wird Jesus dem Hannas vorgeführt, dem Schwiegervater des amtierenden Hohepriesters Kajaphas. Damit waren die Karten schon vorgemischt, denn Kajaphas hatte eine ganz klare Meinung. Er dachte, dass es besser sei, einen Menschen, gemeint ist Jesus, zu töten, als dass das Volk ins Unglück rennen würde. Für ihn war es also ein größeres Unglück, dass Jesus mit Seinem Anspruch, in Gottes Namen zu sprechen, beim Volk ankommen und Gehör finden würde, wodurch seine althergebrachte priesterliche Autorität untergraben würde; gar, dass Jesaja und andere Propheten bzgl. der Erscheinung des Messias Recht bekommen könnten. Jesus, so hat Kajaphas zurecht erkannt, war eine größere religiöse Autorität als er selbst, der Hohepriester. Das aber durfte nicht sein..... Jedoch – mit welchem Anspruch konnte er so denken? Gott hatte vor langer Zeit die Leviten ausersehen, als Priester zu agieren. Als aber aus Babylon kaum Leviten zurückkehrten, hatten Sadduzäer die religiöse Führung übernommen (Anmerkung: Wir sind gewohnt, die Pharisäer anzuschuldigen. Das ist so nicht ganz richtig. Zur Zeit des zweiten, herodianischen Tempels waren die Sadduzäer die Priesterkaste, die das Leben bestimmte, weil ja die Leviten nach dem Exil ausgefallen waren. Die Pharisäer als dritte Priesterkaste waren vergleichsweise eine Minderheit. Erst nach der nächsten Kriegskatastrophe, dem jüdisch-römischen Krieg, blieben sie übrig und starteten aus ihren Reihen (s.o.) die Wiedererrichtung des Judentums – dann allerdings als sog. rabbinatisches Judentum, wie wir es heute noch kennen. Einerseits hat das dazu geführt, dass eine im Vergleich zur alten Tora überformale jüdische Religionsverfassung in Form des Talmuds etabliert wurde, andererseits wir Heutigen dieses rabbinatische Judentum als Blaupause für Juden allgemein ansehen, auch für das Judentum zu Jesu Zeit. Das aber ist so nicht korrekt, wie schon beschrieben. Die Tora Jesu, auf die Er Bezug nimmt, ist die Mischna, nicht aber ihre wesentliche, mittelalterliche Erweiterung als Talmud). Einerseits rutschten die Sadduzäer, zu denen Kajaphas gehörte, wegen „Levitenmangels" gezwungenermaßen in die Führungsrolle, andererseits aber leider schon damals so formal, dass der religiöse Kern der Botschaft Gottes an Sein Volk unter den Formeln schon damals teilweise verloren ging, fast zur Unkenntnis verdeckt wurde. Das war der Beginn des Unglücks, das alle die traf, für die die Form wichtiger war als der Inhalt. Jesus trat, wiewohl Er Gott war, nicht mit Machtattributen auf, sondern mit Demut und auf Augenhöhe auch mit Sündern. Einem machtbewussten Hohepriester musste das suspekt erscheinen. Also musste dieser Jesus verschwinden. Wir wissen, wie die Geschichte weitergeht. Bedenken wir dabei, dass Kajaphas die Sache formal und dem geltenden Recht gemäß korrekt einfädelte und durchzog bis hin zu der Tatsache sogar, dass nicht ein Jude Jesus tötete, sondern die heidnische Besatzungsmacht, auf die man ja sowieso als Jude herabsehen konnte. Also wurde alles richtig gemacht, hatte Jesus einfach nicht aufgepasst, die Gesetze einzuhalten?

Wohl kaum. Sinnentleerte Gesetze sind hohle Formeln, die nicht mehr zum Schutz der Gesellschaftsmitglieder dienen, sondern sie gängeln und infolgedessen ungerecht behandeln. Jesus hat das immer wieder gezeigt. Das einmal gute Gesetz Gottes – im Kern blieb es gut – wurde zur hohlen Phrase umgestaltet - im eigenen Interesse der Schriftgelehrten. Ganz klar, dass Gott in Gestalt von Jesus das zurechtrücken musste. Der Konflikt war vorprogrammiert. Wieder hier der Hinweis – nicht die Juden als solche haben Jesus missverstanden und verdammt; es waren die Führer und selbstgerechten Priester. So musste Jesus durch Seinen Sühnetod – wiewohl Er eigentlich bzw. persönlich unschuldig war- die Wertigkeit wieder zurechtrücken. Stand vor Jesus infolge des Missverhaltens von Angehörigen der Priesterkaste und seiner Fehlinterpretation das Gesetz zwischen dem Volk und Gott, so hat Jesus sich umgedreht, so dass das Gesetz das Volk schützen konnte; Beispiel: die Heilung eines Kranken am Sabbat war formal zwar gesetzeswidrig, jedoch nach dem Gesetz der Nächstenliebe geboten.

Petrus und der Hahn

Nun folgt die Perikope des Petrus, der schlicht dreimal leugnet, Jesus zu kennen. Sicher, er wollte in der Nähe seines Meisters sein, aber er war gleichzeitig voller Angst, Angst, was ihm als Jesusjünger in dieser aufgeheizten Antijesus-Situation geschehen könne. Zum Schluss zeigt sich, dass niemand daran Interesse hatte, einen kleinen Anhänger (Petrus war zu diesem Zeitpunkt noch keine „öffentliche" Person) zu belangen, mithin Petrus gar nicht im Focus stand, sondern dass Jesus selbst in dieser Situation der Focus des Hasses war und blieb. Seine Anhänger waren nicht relevant. Die Angst des Petrus war zwar verständlich, aber nicht so groß wie er befürchtete. Jesus wusste auch um diese Tatsache. Mut ist den meisten Menschen nicht gegeben, zumindest nicht immer. Erst wenn sie in sich gefestigte Persönlichkeiten sind, weil sie begriffen haben, dass Gott ihnen beisteht (Ps. 23 .. fürchte ich kein Unglück, denn du bist bei mir …), dann kann Mut entstehen. Insofern ist die Entwicklung von Petrus vom Leugner zum Fels der Kirche in Jesu Nachfolge logischerweise eine Folge zunehmenden Gottvertrauens. Die Perikope zeigt eindrücklich, dass das Zeit und Erleben braucht; das Herabkommen des Hl. Geistes ist der Anfang dieser positiven Entwicklung. Noch ist das Geschehen aber nicht an diesem Punkt angekommen, noch erscheint das Leugnen von Jesus aus heutiger Sicht unverständlich. Aber so darf man nicht urteilen.

Noch gilt das, was auch uns Heutigen sooft passiert – dass wir vergessen, dass wir einen mächtigen Helfer haben, der für uns eintritt. Aber wir können aus der Biographie des anfänglichen Feiglings zum Mutigen Prediger lernen. Es kostet ihn zwar zum Schluss den Kopf, aber er dafür hat die Gemeinschaft mit seinem Gott gewonnen. Haben wir Heutige diesen Mut?

Die Gefangenenbefragung ging weiter als Petrus zuhörte. Jesus sollte über seine Lehre berichten. Er entgegnete dem Frager: *Ich habe offen vor aller Welt gesprochen. Ich habe immer in der Synagoge und im Tempel gelehrt, wo alle Juden zusammenkommen. Nichts habe ich im Geheimen gesprochen. Warum fragst du mich? Frag doch die, die gehört haben, was ich zu ihnen gesagt habe; siehe, sie wissen, was ich geredet habe.* Jesus hat völlig recht. Er hat nie eine Geheimlehre verbreitet. Er hat die Tora (=hier Mischna) immer im Hinterkopf gehabt. Aber wenn man nicht hören bzw. verstehen will, kann man selbst Offensichtliches nicht verstehen und begreifen. Jesus wurde wegen dieser Rede geschlagen. Er fragte deshalb: *Wenn es nicht recht war, was ich gesagt habe, dann weise es nach; wenn es aber recht war, warum schlägst du mich?* Hannas hatte daraufhin nichts mehr zu sagen und schicke Jesus zum Hohepriester selbst. Wenn man nicht hören will, muss man verstummen, wenn man mit den Tatsachen konfrontiert wird.

Jetzt krähte der Hahn – und Petrus Versagen wurde ihm ins Gedächtnis gerufen. Das war für ihn die Katharsis in seinem Verhältnis zu Jesus. Nachdem der Hl. Geist etwas später über ihn gekommen war, konnte diese Katharsis den Simon zum Petrus, dem Felsen machen, wie Jesus ihm vorhergesagt hat.

Römische Macht

Kajaphas blieb auch irgendwie stumm, denn er ließ Jesus zu Pilatus bringen. Diejenigen, die Jesus dorthin führten, blieben draußen, um nicht durch den Besuch eines römischen Gebäudes unrein zu werden. Als wenn dieser Besuch sie unrein gemacht hätte. Wieder sehen wir, dass das Formalgesetz als wichtiger angesehen wurde als die Tatsache, dass sie schon allein durch die Vorverurteilung Jesu unrein geworden waren. Pilatus kam also heraus und ermöglichte es so, dass die Juden die Befragung live miterleben konnten.

Pilatus ist nicht dumm. Er riecht den Braten. Er merkt, dass er das Werkzeug für Fanatiker spielen sollte, indem er die fadenscheinige Anklage durch diese Fanatiker zu einem Todesurteil nutzen sollte. Er versucht deshalb mehrere Wege. Letztlich scheitert er. Zunächst aber fragte er Jesus gemäß der Anklage, ob der der König der Juden sei. Jesus antwortet mit einer Gegenfrage: *Sagst du das von dir aus oder haben es dir andere über mich gesagt?* Pilatus erkennt, dass Jesus weiß, was vor sich geht. Deshalb antwortet er, dass nicht er die Sache betreibe, sondern Jesu Volk und die Hohepriester ihn anklagen würden. Er fragt deshalb direkt, dass Jesus ihm sagen solle, was er getan habe. Jesus antwortet: *Mein Königtum ist nicht von dieser Welt. Wenn mein Königtum von dieser Welt wäre, würden meine Leute kämpfen, damit ich nicht den Juden ausgeliefert werde. Nun aber ist mein Königtum nicht von hier.* Auf die Nachfrage von Pilatus: *Du sagst es, ich bin ein König. Ich bin dazu geboren und dazu in die Welt gekommen, dass ich für die Wahrheit Zeugnis ablege. Jeder, der aus der Wahrheit ist, hört auf meine Stimme.* Darauf kippt die Situation. Pilatus, der bis dahin noch durchaus jesusfreundlich agiert hatte, zuckt nun mit den Schultern und fragt: Was ist Wahrheit? Wahrheit war für ihn, den Römer, etwas Relatives, somit Wert, eine philosophische Debatte zu beginnen. Wahrheit war auch eine Machtfrage – wer die Legionen befehligt, hat die Definitionshoheit über die Wahrheit.

Trotzdem ist Pilatus immer noch der Auffassung, dass Jesus unschuldig ist. Er sagt das offen den Juden, die vor dem Prätorium warten. Weil er auch verstanden hat, dass die Juden eine Verurteilung wollten, bot er ihnen einen wirklichen Verbrecher an. Das aber war zuviel für die Juden. Ein echter Verbrecher war ja wie sie, ihnen ähnlich. Jesus aber war ein durch und durch guter Mensch, das erkannten sogar seine Feinde an. Jedoch – gerade das war die hintergründige Begründung dafür, dass sie lieber einen Verbrecher, Barnabas, freihaben wollten auf das Angebot von Pilatus hin, anstatt den „Gutmenschen" Jesus. Gutmenschen sind allgemein nicht beliebt, weil sie vielen Menschen den Spiegel des eigenen Versagens vorhalten. Deshalb musste der Gutmensch weg.

Pilatus wehrte sich nicht mehr. Das Volk war aufgestachelt. Emotional hatte er als Römer, als Vertreter der Regierungsmacht, kein spezielles Interesse an einem Juden, auch wenn dieser Jesus war. So folgte er dem Wunsch der Masse und machte sich damit letztlich zum Werkzeug der Priesterkaste. Wahrheit im Sinne Jesu ist nämlich ein Synonym für Gott: Ich bin das Licht, die Wahrheit und das Leben. Wahrheit im Sinne eines philosophisch vorgebildeten Römers war dagegen eine mögliche Überzeugung, die man diskutieren konnte. Wahrheit im Sinne von Objektivität war nicht gemeint. Das muss man beachten, wenn man hier den Wahrheitsbegriff beurteilen will. Noch hatten die Römer nichts von Gott, von Jesus und der göttlichen Wahrheit erfahren; noch war Paulus nicht bekehrt, noch war er nicht als „Heidenapostel" bei den Römern gewesen. Deshalb trifft Pilatus keine Schuld durch willentliche Fehlverurteilung. Für Römer damals war Wahrheit in der Tat volatil. Pilatus' Fehler war die Gleichgültigkeit. Es hätte ihm freigestanden, mit Jesus eine zünftige Diskussion des Begriffs Wahrheit zu führen. Er verzichtete darauf.

Hinzukommt, wenn man in den anderen Evangelien über diese Szene liest, dass der Mobb schrie. Ob Pilatus allerdings dann aus Angst so gehandelt hat, wie er es tat und wie es immer wieder behauptet wird, ist zumindest fraglich. Er hatte mehr als eine Legion gut ausgebildeter Soldaten unter seinem Kommando. Auf einen kurzen Befehl hin hätten sie den Mobb abgeschlachtet und das Problem „gelöst" gehabt. Es ging wohl wirklich nicht um Pilatus' Angst, auch wenn erkennbar ist, dass ihm die Situation unangenehm war. Warum sonst hätte er mehrere Versuche unternommen, Jesus freizulassen. Aber am Ende siegte die emotionale Unbetroffenheit eines Römers dem Angehören eines besiegten Volkes gegenüber. Nochmal – Pilatus kannte weder Judentum noch Christentum. Er kannte als Grundlage einer Entscheidungsfindung nur griechisch-römische Philosophie und römische Staatsraison. Jesus wurde also zum Tode verurteilt und zur Hinrichtung abgeführt. Im Zweifel für Rom und gegen den Angeklagten.

Die Kreuzigung Teil 1

Kapitel 19 des Johannesevangeliums schildert nun den Ablauf einer römischen Kreuzigung, wie ihn viele Verbrecher vor und nach Jesus unter römischer Herrschaft erleiden mussten. Jesus war also hier keine Ausnahme. Oder doch? Jesus war unter den vielen Gekreuzigten der Einzige, der schuldfrei war. Er war der Einzige, der diese scheußliche Tötungsart freiwillig auf sich genommen hat.

Die Schuld, die hier am Kreuz gesühnt wurde, war kein Verbrechen, wie Menschen es vollbringen können und leider auch vollbringen. Die Schuld, die den Kreuzestod verdient hatte, war und ist unsere prinzipielle Schuld als sündige Menschen. Darüber ist nun nochmals zu sprechen. Insgesamt jedenfalls ist unter diesem Blickwinkel, der der einzig richtige ist, das Urteil des Pilatus damit völlig gerecht. Er wusste es zwar nicht, aber wir Heutige können und müssen das so erkennen. Siehe, was weiter oben über Sünde und Bestrafung steht.

Jeder Kreuzigung ging eine Geißelung voraus. Der Erstickungstod am Kreuz hängend ist extrem qualvoll; selbst für Römer galt eine Kreuzigung als schmachvoll. Ersticken als solches ist qualvoll, wie wir von lungenkranken Menschen wissen. Ihnen erleichtern wir einen unheilbaren Zustand durch Sedierung. Das ist barmherzig. So unverständlich sich das nun liest – auch die Römer kannten diese Tatsachen, und versuchten immerhin, den Erstickungstod durch zwei Maßnahmen „erträglicher" zu machen, nämlich dadurch, dass sie den Delinquenten durch die Geißelung schon halb tot schlugen, und ihm dann mittels eines Betäubungsmittels – Myrrhe – das Bewusstsein eintrüben wollten. Die Geißelung hat Jesus erlebt, Myrrhe hat Er abgelehnt.

Die Geißelung war dabei von besonderer Härte im Vergleich zum üblichen – Jesus erhielt 3-mal soviele Geißelhiebe wie andere, wohl in der Hoffnung, dass ein halbtotgeschlagener Mensch für die Juden Sühne genug sei und die Kreuzigung nicht mehr hätte erfolgen müssen. Es gibt jedenfalls Hinweise für diese mögliche Annahme. Die Juden aber bestanden auf der Tötung.

Dass Jesus den Betäubungstrank ablehnte, könnte ein Hinweis darauf sein, dass Er Sein Sühnewerk für uns Menschen in vollem Bewusstsein durchführen wollte, evtl. ja auch musste, um alle bußwilligen Menschen zu erreichen.

Dass eine Soldateska ihren Spott mit einem Delinquenten trieb, war leider üblich, gerade bei einer Kreuzigung des Angehörigen eines besiegten Volkes. So ist die Dornenkrone zu verstehen. Jesus sollte ja erhöht werden – unter Schmerzen. So litt Er unter unserer menschlichen Überheblichkeit. Noch lebte Jesus und hätte weiter leben können, denn Pilatus unternahm tatsächlich noch einen Versuch, nach dieser Misshandlung Jesus freizulassen. Aber angefangen vom Hohepriester schrie der Mobb: Kreuzige ihn. Pilatus entgegnete ihnen: Nehmt ihr ihn und kreuzigt ihn. Denn ich finde keine Schuld an ihm. Hier sagt Pilatus ganz klar die Wahrheit über Jesus. Darauf schrien sie, dass Jesus sterben müsse, weil er sich gesetzeswidrig zum Sohn Gottes gemacht habe. So also ist es nun raus: Die Begründung für das Todesurteil der Juden war ausgesprochen. Dass es von den Römern exekutiert werden musste, lag an der damaligen politischen Lage – der römischen Besetzung der Levante, also auch Jerusalems.

Sein oder Nichtsein – das ist die Gottesfrage

Wieso kam niemand auf die Idee, dass Jesus sich nicht zum Sohn Gottes gemacht hatte, sondern dass Er Gottes Sohn IST? Wie schon gesagt – alles wäre mit der Anerkennung dieser Tatsache als wahr anders geworden. Jedoch – wäre das in Jesu eigenem Interesse gewesen? Menschlich gedacht, könnte man das meinen. Wenn man allerdings den vorgeschilderten Ablauf und die freiwillige Gefangennahme Jesu rekapituliert, dann bleibt nur der Schluss, dass Jesu mit voller Absicht Seinen Tod plante (zu den möglichen Gründen siehe weiter vorn), sogar auch durch Kreuzigung, denn als schlimmste aller Tötungsarten war sie gerade ausreichend zur Sühne für die Missetaten und Sünden der Welt. Deshalb provoziert Er auch den prinzipiell immer noch zurückhaltenden Pilatus, indem Er auf die Frage, woher Er komme, schwieg. Sicher, Pilatus hätte mit der richtigen Information nicht viel anfangen können, aber wer weiß?

Jedenfalls wird Pilatus ärgerlich: weißt du nicht, dass ich Macht habe, dich freizulassen, und Macht, die zu kreuzigen? Jesus wusste es sehr wohl. So entgegnete Er: *Du hättest keine Macht über mich, wenn sie dir nicht von oben gegeben wäre; darum hat auch der eine größere Sünde, der mich dir ausgeliefert hat.* Trotz dieser verbalen

Konfrontation wollte Pilatus Jesus immer noch freilassen, schreibt Johannes. Die Juden lärmten wieder. Und nun gelingt es ihnen, Pilatus doch einen Schrecken einzujagen, indem sie ihm drohen, ihn beim Kaiser in Rom anzuschwärzen.

Interessant ist dabei Jesu Zurechtrückung der Schuldfrage. Klar, in römisch besetztem Gebiet hatte die Besatzungsmacht das exklusive Rechtsprivileg, also auch der Verhängung von Strafen hin bis zur Kreuzigung. Die besetzen Völker hatten dieses Recht verloren. Damit sagte Jesus mit Seiner Bemerkung, dass Er zwar durch römische Soldaten zu Tode gefoltert werden würde, aber lediglich als Handlung agents der eigentlichen Personen, die das Urteil über Ihn veranlasst hatten, nämlich der Führungselite des besetzten jüdischen Volkes. Die Verantwortlichen an Seinem Tod sind damit die Männer um den Hohepriester und dieser selbst. Wichtig hierbei – man darf nicht sagen: die Juden waren schuldig am Tod Jesu. Viele Juden waren nämlich zum Glauben an den Messias gekommen; schuldig war die Führung dieses Volkes nebst Claqueurs. Diese Differenzierung, die in späteren Jahrhunderten oft unterlassen worden ist, ist wichtig. Man kann die Verurteiler von Jesus namentlich benennen, also keine amorphe Masse.

Weiter - Angst ist ein probates Mittel, um Menschen unter Druck zu setzen, Dinge zu tun, die sie eigentlich gar nicht wollen; man nennt das Erpressung. Pilatus jedenfalls wollte Jesus nicht verurteilen. Der ganze Ablauf zeigt das. Aber als er dann persönlich! unter Druck gesetzt wird, wird er zum Spielball der Fanatiker. Wir Heutige verurteilen deshalb das Handeln des Pilatus. Aber ist das folgerichtig? Wir wissen, dass Erpressung, und darum handelt es sich hier, Menschen zu allem Möglichen zwingen kann, was sie ohne diese Erpressung nie freiwillig getan hätten. Pilatus also mildernde Umstände zuzubilligen, erscheint fair.

Dennoch muss man bedenken, dass er der Vertreter der Staatsmacht war. Damit hätte er durchaus gegen Fanatiker vorgehen können. Warum er sich dieser selbstbewussten Position nicht bediente? Wir wissen es nicht. Wir können nur vermuten, dass Pilatus Handlung in Gottes Heilsplan der Erlösungstag „eingepreist" war. Warum sonst hätte Jesus Pilatus provozieren sollen, um seine Verurteilung zu erreichen – s.o.? Weiter – selbst diese Provokation hatte nicht ausgereicht, erst die Erpressung stimmte Pilatus um. Damit zeigt sich wieder, wie wir Menschen sind. Uns fehlt das Standing in solchen Situationen. Uns ist die Angst um unsere eigene Haut viel näher. Hier sind sich Pilatus und Petrus erstaunlich ähnlich. Angst hatten sei beide – um sich, weniger um Jesus, der zum eigentlichen Opfer ihrer Angst wird.

Sogar die Erpressung zeigt beim ersten Versuch bei Pilatus keine Wirkung: Er fragte die Juden: Euren König soll ich kreuzigen? Pilatus wollte offensichtlich nicht, aber er ging dann den Weg des geringeren Widerstands, und ließ Jesus doch hinrichten. Pilatus war schließlich nur ein Mensch und versagte, wie so viele Menschen damals und heute. Er konnte von seinem Standpunkt aus nicht erkennen, dass Jesus nicht nur Mensch und Delinquent war, sondern darüber hinaus auch noch Gottes Sohn in spezieller Mission der Erlösung der Menschheit.

Aber nochmals – Jesus betete in seiner Todesstunde: *Vater vergib ihnen, denn sie wissen nicht, was sie tun.* Wenn man das durchdenkt, dann gehörte alles zu Gottes Heilsplan – alles, auch das Versagen von Petrus und Pilatus – und aller anderen, die sich völlig bedeckt hielten. Auch sie – aus Angst um sich selbst. Warum dachte keiner an Ps. 23: ich fürchte kein Unglück, denn du bist bei mir?

Das ist nicht einmal christlich generiertes Gedankengut, das ist alt-jüdische Erkenntnis. Aber Menschen vergessen selbst solche Tatsachen, wenn es ihnen gefährlich wird. Jesus jedenfalls ging damals, als Er vom Mobb angegriffen werden sollte, einfach hindurch - ohne Schaden zu nehmen. Hier erkennen wir, wie groß der Abstand zwischen uns Menschen, und Jesus als

Menscheninkarnation, ist. Wenn es uns gelingt, uns ganz eng an Jesus zu halten, dann haben wir die Chance, unsere Angst zu überwinden. Gelingt uns das?

Die Kreuzigung Teil 2

Interessant ist, dass das Johannesevangelium die Kreuzigung mit wenigen Wort berichtet – anders als die anderen Evangelien, die hier fast wie Gerichtsreporter berichten. Johannes erwähnt nur, dass Jesus das Kreuz – also den Querbalken – selbst trug. Vom Stürzen (das ist aber wohl erfolgt, denn die synoptischen Evangelien berichten es, das Turiner Grabtuch belegt eine entsprechende Nasenbeinfaktur) darunter erzählt er nichts. Auf Golgata erfolgt dann die Kreuzigung, zwischen zwei anderen. Dass das verurteilte Verbrecher gewesen sein sollen – Johannes lässt das unerwähnt.

Warum? Weil er damit andeuten will – die anderen, das sind wir, also die anderen hier als Stellvertreter für die sündige Menschheit? Denkbar wäre es. Die Anonymisierung und Verallgemeinerung der Mitverbrecher jedenfalls ist eine andere theologische Aussage als mit dem Finger auf zwei böse Menschen zu verweisen.

Pilatus lässt aber die Tatsache, dass er sich hat hinreißen lassen, den Befehl zu Jesu Tötung zu geben, nicht ganz kommentarlos vorübergehen. Er schreibt, entgegen den Wünschen der Juden: JNRI. (Jesus Narzarenus Rex Iudaeorum) Also Jesus IST König der Juden. Punkt. Als die Priester intervenieren, dass die Inschrift geändert werden solle, nämlich in eine Behauptung, weigert sich Pilatus endlich und gibt Jesus die „amtliche" Bezeichnung als König der Juden. Hier kommt Pilatus der Wahrheit dann doch nahe, denn wir Heutige bezeichnen Jesus durchaus als Herrn und König. Wir beten dies in jeder Messe beim Kyrie (Kyrios = König)

Die Verteilung der Hinterlassenschaft Jesu war Brauch bei den Hinrichtungskommandos. Das ist nicht weiter erwähnenswert. Wichtig ist allein die Tatsache, dass selbst so etwas Römisches in der alten jüdischen Schrift, unserem AT, erwähnt, also vorausgesagt worden ist: Sie verteilen meine Kleider unter sich und warfen das Los um mein Gewand.

Gott hat selbst eine solche Sache in sein Heilswerk einbezogen und selbst damit bezeugt, dass die Kreuzigung kein Geschichtsunfall war, sondern die von IHM selbst geplante und vorbereite Erlösungstat. Die damaligen Handelnden sind dadurch einerseits Metaphern für die sündige, erlösungsbedürftige Menschheit, andererseits aber auch letztlich Handling agents für Gottes Erlösungswerk. Denn damit Menschen diese Erlösungstat als für sich essentiell verstehen und verinnerlichen konnten, war es wegen unserer menschlichen Begrenztheit notwendig, dass wir das Geschehen exemplarisch „an Unseresgleichem" erleben konnten: Schuld, Vergebung, Erlösung aus Liebe.

Schlussakt

Als letzte Handlung in Menschengestalt denkt Jesus noch im Todeskampf nicht allein an sich, sondern Er denkt besonders an zwei Menschen, die Ihn begleitet haben, die Ihn lieben. Es sind Maria, Seine irdische Mutter, und „der Jünger, den er liebte". Wir dürfen davon ausgehen, dass Johannes hier sich selbst umschreibt, indem er sich namentlich zurücknimmt. Denn Jesus sagt: *Frau, sieh, dein Sohn*. Und zu dem Jünger: *siehe deine Mutter*.

Da Maria ihren leiblichen Sohn soeben verliert, erhält sie als irdischen Ersatz einen Mann nach Jesu Herzen. Wichtig ist dabei, dass Josef, der Maria seinerzeit vor dem Skandal als schwanger gewordene Ehebrecherin geschützt hatte, hier nicht erwähnt wird. Josef wird, außer in der Geburtsperikope von Jesus nicht erwähnt als handelnde Person – von kurzen Episoden abgesehen wie dem Suchen nach Jesus, als Er als Junge im Tempel zurückgeblieben war. Warum wird Josef nicht erwähnt? Vielleicht, weil Maria ihr soziales Netz als Frau von Josef behalten hat. Jesus hat hier die menschliche Dimension im Vordergrund, nicht die soziale, auch wenn damals ein Sohn zu dem Versorger der Eltern im Alter werden sollte. Gott hat bei Seinem Handeln wie immer einen anderen Gedanken, eine andere Absicht.

Nachdem Jesus nun für Seine irdische Mutter gesorgt hat, was in dieser Situation eine äußerst große Liebestat ist, weiß Er, dass Er alles vollbracht hatte. Deshalb fragt Er noch nach dem Essig – anstatt dem Wein, der das Symbol Seines Blutes werden wird – und spricht dann Seine letzten Worte: *Es ist vollbracht*. Johannes berichtet, weil er es selbst miterlebt hat: Und Er neigte Sein Haupt und übergab den Geist.

Fokus legen müssen wir auf den letzten Satz, eben weil er von Johannes überliefert ist, der dabei war. Jesus übergab den Geist. Ich lese das so, dass dieser Geist Gottes Gegenwart in der menschlichen Hülle des Jesus aus Nazaret war, der nun dieser menschlichen Hülle nicht mehr bedarf und dorthin zurückkehrt, wo Er schon immer war. Dieser Rückzug wird, wie sich zeigen wird, nur kurz dauern. Denn der Geist weht, wo Er will. Und Er will. Der Geist ist ja immanenter Aggregatzustand des ewigen, allmächtigen Gottes. So wird Er fulminant wiederkommen – und bleiben!. Aber das ist noch ein Vorgriff.

Die Hinrichtungsszene geht zunächst weiter. Weil ein Erstickungstod sich quälend lange hinziehen konnte, weil am Kreuz ein kleiner Schemel befestigt war, mit dem sich der Delinquent abstützen und so etwas - wenn auch zu wenig – Luft holen konnte, wodurch die Qual sich verlängerte; weil das also so war, aber am kommenden Sabbat keine Sterbenden bzw. Leichen am Kreuz hängen durften, sorgten die Soldaten durch Zerschlagung der Beine der Delinquenten dafür, dass sie sich nicht mehr abstützen konnten, so dass der Erstickungstod früher eintrat und die Körper abgenommen werden konnten. Jesus wurde aber nicht so traktiert – denn Er war zu diesem Zeitpunkt schon tot. Warum ist das so wichtig zu erwähnen? Weil auch dieses Hinrichtungsdetail in der Schrift viele Jahrhunderte vor „Erfindung" der Kreuzigungsmethode schon erwähnt wurde: „Man soll an ihm kein Gebein zerbrechen." Einmal mehr ist das ein Hinweis Gottes auf Seinen durchdachten Heilsplan. Man muss „nur" seine Augen öffnen - im Glauben.

Ein weiteres Wort steht in dieser alten jüdischen Tora-Geschichte: „Sie werden auf den blicken, den sie durchbohrt haben". Auch das ist ein früher Hinweis auf die für ein Hinrichtungskommando notwendige Überprüfung, ob der Verurteilte auch wirklich gestorben war. Wie das? Mit einer Lanze, über die jeder Fußsoldat verfügte, wurde einfach in die Lunge gestochen. An anderer Stelle, in den synoptischen Evangelien, wird berichtet, dass Blut und Wasser aus dieser Lanzenwunde strömten. Auch das ist bedeutsam – Blut: klar, wenn man eine Wunde verursacht, muss sie bluten. Aber Wasser? Nun, es war chemisch gesehen kein Wasser wie H_2O. Es war vielmehr das, was man laienhaft als Lungenwasser bezeichnet. Medizinisch korrekt ist das eine seröse, wasserartige Flüssigkeit, nämlich angesammelt aufgrund eines Lungenödems, das beim Erstickungstod entsteht. Aber dieser Bericht des Lanzenstoßes ist mehr. Jesus gibt sich noch im Tod als Gabe an die Menschen. Er hat sich zu Lebzeiten als lebendiges Wasser bezeichnet, s.o.. Selbst im biologischen Tod fließt also Wasser aus Ihm, um sich den Menschen weiter zu geben. Erinnern wir uns an die H_2O-Metapher für Gott.

Man muss deshalb diese kleinen, historisch im römischen Reich gut belegten Prozesse in ihrer theologischen Bedeutung annehmen. Die Vorhersage solcher relativen „Kleinigkeiten" in einer von JHWH den Propheten Jahrhunderte vor Jesu menschlichem Erscheinen gegebenen Weissagung ist ein unzweifelhafter Beleg, dass Gott einen langen Atem hat, um Seine Heilsgeschichte den Menschen mitzuteilen. Wer das als Zufall bezweifeln möchte, sollte mal darüber nachdenken, was wir denken würden, hätte ein Römer vor 2000 Jahren die Entwicklung von Auto und Flugzeug vorhergesagt. Wir würden zurecht denken, dass das „nicht mit rechten Dingen" zugegangen wäre. In den alten Schriften war die Wahrscheinlichkeit genauso scheinbar unmöglich. Aber den Juden sei Dank – sie haben die Worte ihres Gottes über die Jahrhunderte treu bewahrt – und dann selbst solche für sie damals nicht verständlichen Dinge in ihre Tora hineingeschrieben.

Wir haben den Ausdruck: „nicht mit rechten Dingen". Damit meinen wir, dass es eine überirdische Macht erfordert, wenn etwas Unmögliches geschieht. Nun, hier wurde etwas in die Tat umgesetzt, was Jahrhunderte vorher ohne Kenntnis dieser Kreuzigungsmethode schon vorhergesagt und schriftlich nachlesbar festgehalten wurde. In der Tat – das ist ein Beleg der Handlung einer „überirdischen Macht" – eben Gottes.

Jesus und die Frauen

Noch ein Detail der Szenerie soll beleuchtet werden. Berichtet wird nicht nur, dass Johannes unter dem Kreuz stand zusammen mit Maria, sondern dass noch weitere Frauen anwesend waren. Auch Maria aus Magdala. Also nur ein einziger Mann – ansonsten alles Frauen. Das hat für mich eine Bedeutung. Männer handeln oft aus Eigeninteresse, Frauen zeigen ihre menschliche Betroffenheit und ihre Anteilnahme. Für mich ist es nur folgerichtig, dass sich dann Jesus am Tag Seiner Auferstehung zuallererst diesen Frauen, die auch im Tod zu Ihm standen, offenbarte. Das geschah, BEVOR Petrus und Johannes später den Auferstandenen zu sehen bekamen. Wenn man diese Reihenfolge kritisch beurteilen will, dann werden hier Frauen, also Mitglieder der jüdischen Gesellschaft, die als zweitrangig galten, von Gott ganz klar sogar den männlichen Aposteln vorgezogen. Das wirft schon ein ziemlich anderes Licht auf das Wertesystem Gottes im Vergleich zum herkömmlich tradierten patriarchalischen Herrschaftssystem der Menschen, damals wie heute. Wohlgemerkt – es geht hier nicht um ein nebensächliches Ereignis. Nein, es geht um DAS Ereignis des Christentums, es geht um die Auferstehung Jesu! Wenn es sie nicht gegeben hätte, würde es kein Christentum geben.

Für mich ist das ein klares Statement: Frauen sind, auch wenn unsere menschlichen Gesellschaften das allermeist anders sehen und so handeln, keine Wesen zweiter Klasse. Nein, für Jesus sind sie erstklassig. Maria ist die Allererste, das allererste Lebewesen, das Gottes Gegenwart inkorporiert – als Seine irdische Mutter. Erst danach kommen Männer dazu – ziemlich zeitgleich wie der Traum des Josef. Aber dennoch erst in der Nebenrolle. Und so verabschiedet sich Jesu von „Seinen" Frauen, die Ihn treu begleitet und für Ihn gesorgt hatten. Ebenso begrüßt Er dann auch zuallererst Seine Frauen, Seine Jüngerinnen als Wiederauferstandener. Sie hatten weniger Scheu gezeigt gehabt, sich zu Ihm als Messias zu bekennen. Er hatte sich sogar seinerzeit einer verfemten, gering geachteten Samaritanerin als Messias geoffenbart, die daraufhin das ganze Dorf bewegt. Frauenpower, die auch Männer mitgerissen hat.

Vergessen wir auch nicht, dass es die ausschließlich männliche Führungselite des jüdischen Volkes war, die Jesus ans Kreuz hat nageln lassen.

Frauen – ganz psychologisch modern betrachtet – sind leidens- und liebesfähiger als die meisten Männer. Im Johannesbrief steht: Gott ist Liebe, und wer in der Liebe bleibt, bleibt in Gott und Gott bleibt in ihm. Frauen haben i.d.R. den einfacheren Zugang zu Gott. Deshalb müssen wir m.E. die Auferstehungsperikope unbedingt auch aus der Sicht von Frauen lesen und verstehen.

Sicher – Jesus hat ausschließlich Männer als Apostel berufen – wie berichtet wird. Vergessen wir jedoch nicht, dass jahrtausendelang das Patriarchat herrschte, das Frauen unterdrückte. Könnte es also sein, dass die Männer der folgenden Jahrhunderte die Berichte über Jesu Beziehung zu Frauen nicht weiterberichtet hatten - aus patriarchalischer Überheblichkeit? Wir wissen, dass das analoge Verschweigen von Frauen für viele Lebensbereiche galt. Warum also nicht auch für die Evangelien? Wenn es sogar in den „Männerbericht" gelangt war, was Jesus mit Frauen zu tun hatte, scheint mir die Frage nicht abwegig. Gott ist größer als wir Menschen denken – Gott liebt alle Menschen, also logischerweise Frauen genauso wie Männer. Immerhin fangen wir Heutige an, umzudenken. Wir haben immer mehr Frauen in kirchlichen Ämtern. Wir haben nun auch entdeckt, dass es Kirchenlehrerinnen gab und gibt. Sogar die lange Zeit verfemte Maria aus Magdala wird nun als Kirchenlehrerin anerkannt. Gott ist immer für Überraschungen gut. Überraschungen? Nicht wirklich. Aus engstirniger Menschensicht mag es Überraschungen geben, aber aus der Sicht von Gottes Allmacht kaum –Ihm ist nichts unmöglich.

Noch eine Tatsache, die in den kanonischen, also offiziellen Bibeltexten steht: Apg. 1, 12-14 berichtet, dass die Apostel nach Jesu Himmelfahrt in Jerusalem in das „Obergemach" gegangen sind, „wo sie nun ständig blieben". Um das zu bestätigen, folgen die Namen der übriggebliebenen 11 Apostel: Petrus, Johannes, Jakobus, Andreas, Philippus, Thomas, Bartholomäus, Matthäus, Jakobus, der Sohn des Alphäus, Simon der Zelot und Judas, der

Sohn des Jakobus. Interessant und entscheidend ist der Satz nach der Namensaufzählung: „Sie alle verharrten dort einmütig im Gebet, zusammen mit den Frauen und Maria, der Mutter Jesu, und seinen Brüdern." Also: zusammen mit den Frauen. Frauen sind somit dokumentiere Mitglieder des engsten Jüngerkreises. Spätestens jetzt ist klar, dass in der Kirche, deren Gründungsdatum die erste Ausgießung des Hl. Geistes war, historisch etwas schiefgelaufen ist. Sie heißt später: römisch-katholisch: Rom war ganz klar ein Männerstaat. Hat sich also in die historische Kirche das Patriarchat eingeschlichen, um die ursprünglich bei Jesus gleichberechtigten Frauen auf Platz 2 zurückzuverweisen? Das wäre männliche Machtpolitik übelster Art und müsste endlich beseitigt werden, nicht nur in den nachreformatorischen Kirchen (weil auch hier noch sehr viel Patriarchat steckt, siehe die Berufungsgeschichte der evangelischen Bischöfin Maria Jepsen), sondern und gerade auch in der katholischen und orthodoxen Kirche.

Was also ist künftig zu denken? Die Männerkirche steckt in einer Krise. Ohne Frauenmitarbeit wäre sie längst am Ende. Kann es nicht so sein, dass Gott diese Männerkrise nutzt, um Frauen gleichberechtigt zu berufen? Viele Konfessionen tun dies bereits, auch wenn sie noch „männerlastig" sind. Sind diese Kirchen etwa nicht christlich? Hören wir auf, diese Frage aus der Menschenperspektive zu betrachten. Die Benchmark ist Jesus – und nur Er. Lassen wir uns vom Hl. Geist inspirieren.

Das Begräbnis - schiefgegangen

Zunächst aber zum Begräbnisbericht: Josef von Arimathäa tritt auf. Er ist ein Jünger – aber ein bis dahin Angehöriger einer aus Furcht schweigenden Gruppe. Jetzt endlich traut er sich aus der Deckung heraus, bittet Pilatus um den Leichnam von Jesus, was dieser erlaubte. Ein weiterer Schweiger outet sich – Nikodemus. Er beschaffte eine große Menge von Myrrhe und Aloe sowie die erforderlichen Leinenbinden zum Einwickeln des Leichnams. Auch wird ein neues Grab in der Nähe der Hinrichtungsstätte zur Verfügung gestellt. Johannes berichtet allerdings hier nichts über den Besitzer. Aber er wird bekannt gewesen sein, gibt sich also auch offen als ein Jünger zu erkennen.

Mit Kapitel 20 beginnt die Grundlegung unseres christlichen Glaubens. Denn Maria von Magdala, die kurz zuvor noch unter dem Kreuz gestanden hatte, völlig ohne Hoffnung, will wenigstens menschlichen Anstand zeigen und den hastig ins Grab gelegten Leichnam nach den Begräbnissitten versorgen. Es ist eine letzte Liebestat. So ohne Perspektive kommt sie also zum Grab. Es ist leer. Der Verschlussstein ist fortgerollt, was erheblicher Kraftanstrengung bedurfte. Da lief sie schnell zu Simon Petrus und dem anderen Jünger, den Jesus liebte, und sagte zu ihnen, dass Jesus aus dem Grab entfernt worden sei. So der kurze Bericht von Johannes.

Aus den synoptischen Evangelien wissen wir, dass Maria von Magdala nicht allein gegangen war (Lk 24), sondern mit anderen Frauen, und sie zusammen dann am Grab zwei Männer in leuchtenden Gewändern trafen, die ihnen mitteilen, dass der im Grab Gesuchte auferstanden sei: „Was sucht ihr den Lebenden bei den Toten? Er ist nicht hier, sondern Er ist auferstanden. Erinnert euch an das, was Er euch gesagt hat, als Er noch in Galiläa war: *Der Menschensohn muss in die Hände sündiger Menschen ausgeliefert und gekreuzigt werden und am dritten Tag auferstehen.*" Da erinnerten sie sich und berichteten alles den Elf und den Übrigen. Lukas nennt dabei drei Frauen mit Namen, auch Maria von Magdala, und „die übrigen Frauen". Lukas schreibt weiter: „Sie erzählten es den Aposteln. Doch die Apostel hielten diese Reden für Geschwätz und glaubten ihnen nicht." Immerhin macht sich

Petrus auf und geht ins Grab – und findet den Bericht der Frauen bestätigt. Gleichzeitig ist damit indirekt bestätigt, dass erst die Frauen, danach erst die Männerapostel das Grab leer gesehen hatten. Johannes berichtet mehr über das Handeln von Petrus und sich selbst. Als sie zum leeren Grab kamen – „ging auch der andere Jünger, der als Erster zum Grab gekommen war, hinein; er sah und glaubte." Zuvor noch hatten sie den Bericht überheblich für Fake gehalten.

Hier bei Johannes scheint die Bedeutung der Frauen zweitrangig, denn Maria v.M. geht zu Petrus. Aber das ist zu kurzsichtig gedacht. Maria v.M. darf nämlich Jesus sehen. Er begegnet ihr. Sie ist also das erste menschliche Wesen, dem Jesus erscheint - Maria v.M. ist eine Frau!

Markus (Mk 16,9) schreibt übrigens wörtlich: „Als Jesus am frühen Morgen des ersten Wochentages auferstanden war, erschien er zuerst Maria aus Magdala." Das ist an Klarheit und Richtigkeit dessen, was ich hier geschrieben habe, nicht zu überbieten. Jesus stellt auch nach Seinem Tod und in Seiner Auferstehung die (damalige Männer-)Welt auf den Kopf.

Eine Tatsache – mehrere Geschichten

Bei Johannes wird danach die Geschichte in anderer Reihenfolge erzählt. Erst nachdem Petrus und wohl Johannes beim leeren Grab waren, berichtet Johannes auch über Maria. Sie sah im Grab zwei Engel in weißen Gewändern. Sie fragten Maria, wen sie suche. Auf ihre Angabe hin, bekam sie eine überraschende Antwort. Sie sah zwar einen Mann, dachte aber, es sei der Gärtner, denn sie erkannte Jesus nicht, nicht einmal, als Er sie direkt fragte: *Frau, warum weinst du. Wen suchst du?* Maria sagte es dem Unbekannten und bat darum, dass er ihr sage, wohin der Leichnam weggebracht worden sei. Jesus antwortet auf diese Bitte nur mit einem Wort. Er spricht Maria mit ihrem Namen an. *Maria!* Sofort dreht diese sich um – und erkennt. Diese Erkenntnis ist entscheidend – und wird wieder einer Frau zugesprochen. Jesus setzt fort: *Halte mich nicht fest, denn ich bin noch nicht zum Vater hinaufgegangen. Geh aber zu meinen Brüdern und sag ihnen: Ich gehe hinauf zu meinem Vater und eurem Vater, zu meinem Gott und eurem Gott.* Maria berichtet das danach den Jüngern. Sie sagt dabei: „Ich habe den Herrn gesehen!"

Wenn man den Wortlaut des Berichtes detailliert liest, steht dort: Ich gehe hinauf zu meinem Vater. Im Umkehrschluss kann das bedeuten: Noch bin ich auf der Erde und stehe vor dem Grab, das ich eben durch meine Auferstehung verlassen habe. Dann wäre die Begegnung mit Maria und den anderen Frauen noch live nach der Auferstehung erfolgt, wohingegen die Begegnung mit den Männern erst später erfolgt ist, mithin durch Wiederkehr vom Vater. Die von uns gefeierte eigentliche Himmelfahrt ist dann als die letzte aszendierende Wiederkehrerscheinung vor dem jüngsten Tag zu verstehen. Weitergedacht sieht man auch hier eine zeitliche Bevorzugung der Frauen Seines Kreises.

Auch hier also wieder ein Bekenntnis einer Frau, dass sie den Herrn gesehen hat! Und das, obwohl in der antiken Welt Frauen nicht zeugnisberechtigt waren. Jesus denkt demonstrativ anders. Seine ersten Zeugen sind genau diese Frauen. Jesus setzt sich also wieder einmal über gesellschaftliche Konventionen hinweg. Er handelt wie vor Seiner Kreuzigung – Menschen sind Ihm wichtig, nicht Konventionen. Diese hatte Er nur anfangs berücksichtigt, als Er ausschließlich Männer als Apostel berief; quasi als Einstiegsszenario in Seine Denkweise: *Kommt und seht*. Dazu war es notwendig, die Menschen dort abzuholen, wo sie standen – damals eben in der Vorherrschaft der Männer. Aber spätesten mit Ereignissen wie Seiner Offenbarung der Samaritanerin gegenüber oder Seiner Erscheinung unmittelbar nach der Auferstehung hat

Jesus diese Bindungen gesprengt. Es ist schade, dass unsere jetzige katholische Kirche weiter in gesellschaftlichen Konventionen beharrt. Die Altkatholiken oder die Protestanten sind hier schon weiter. Sie sind diesbezüglich näher an Jesus. Ein evtl. ketzerischer Gedanke: Könnte es sein, dass in der immerhin viele Jahrzehnte nach Jesu Tod geschriebenen Evangeliensammlung, zu der auch das hier berücksichtigte Johannesevangelium zählt, bei der Apostelberufung der Patriarchatsgedanke umgesetzt wurde, obwohl Jesus vielleicht auch Frauen gleichberechtigt als Apostolinnen berufen hatte? Immerhin bezeichnen wir Maria v. Magdala als „Apostolin der Apostel". Immerhin wurde sie jahrelang in der Männerkirche als Sünderin verfemt, dann erst in den letzten Jahren als Apostolin anerkannt.

Es wird wohl schwierig sein, eine historisch einwandfreie Begründung oder Widerlegung dieses Gedankengangs zu führen. Das bedeutet aber im Umkehrschluss auch, dass die Begründung, dass nur Männer zu Kirchenführern berufen seien, ebenfalls nicht historisch zweifelsfrei belegt werden kann. Im Zweifel aber für den „Angeklagten" - sagen wir. Also im Zweifel für die Berufung von Frauen in das Priesteramt – in allen Konfessionen. Heilige kennen wir genügend – männlich wie weiblich. Also unterschiedsfrei. Der Hl. Geist gießt Sein Charisma auf beide Geschlechter.

Jesus und Sein Denken und Handeln sind allein die Benchmark, der wir zu folgen haben. Insofern ist es sogar traurig, dass die patriarchalische Organisation der Kirche überhaupt entstanden ist mit ausschließlich Männern an der Spitze. Zwar gab es danach zahlreiche charismatische Frauen wie z.B. die beiden Teresas, und die Anerkennung von Frauen als Kirchenlehrerinnen, zu denen nun auch Maria v. Magdala gerechnet wird, aber noch wird die katholische Kirche ausschließlich nur von Vertretern der Hälfte der Menschheit geführt, nämlich von Männern. Jesus hatte das damalige Patriarchat aufgebrochen wie gezeigt. Die

Männerdominierung ist nicht in Jesu Interesse. Es gibt so viele Hinweise, dass Jesus alle Menschen unabhängig von Herkunft und Geschlecht in Seinen Dienst nimmt. Kirche aber ist nichts anderes als Dienst – also bitte gleichberechtigt wie ihr Vorbild Jesus es vorgibt. Ansätze gibt es zwar inzwischen, wie durch den neuen Vorsitzenden der Bischofskonferenz Georg Bätzing. Aber der Widerstand ist zäh. Das erinnert an das geschilderte Verhalten der damaligen Pharisäer, denen an ihren Pfründen mehr gelegen war als an Gottes Boten. Die Pharisäer hatten damals Gottes Sohn verworfen; heute tut das die katholische Kirchenorganisation mit Jesu Vorbild der Gleichwertigkeit und Gleichberechtigung der Geschlechter.

Damals, als Jesus gekreuzigt gewesen war, hatten sich die Jünger zusammengetan und zusammen eingeigelt. Maria, Jesu irdische Mutter, war mit ihnen. Johannes schreibt allerdings nur „Jünger". Aber das kann inklusiv verstanden werden, denn wir wissen, dass viele Frauen zur Jüngerschaft Jesu zählten. Jesus trat unter sie: *Friede sei mit euch. Wie mich der Vater gesandt hat, so sende ich euch.* Danach hauchte Er sie an: *Empfangt den heiligen Geist. Denen ihr die Sünden erlasst, denen sind sie erlassen; denen ihr sie behaltet, sind sie erhalten.*

Das ist ein Vorgriff Jesu auf das Pfingstereignis. Dabei kam dann der Hl. Geist über die Menschen – Frauen wie Männer.

Stellt sich damit wieder die Frage, was Jesu wollte – und wie Er ggf. missverstanden worden war, weil die patriarchalische Gesinnung der damaligen Gesellschaft ein anderes Denken für unmöglich erachtete. Ich glaube, dass Jesus nicht endgültig nur Männer bevorzugte, sondern das nur anfangs tat, um den Menschen entgegenzukommen. Das ist Didaktik, aber nicht für immer in Stein gemeißelt. Lesen wir Apg 1,14: Dort wird beschrieben, dass in dem Raum mit den Aposteln auch die Frauen und Maria, die Mutter Jesu waren, mit den Brüdern, also weiteren Jüngern. Das ist offensichtlich Usus gewesen. Von daher liegt die Vermutung nahe, dass der Empfang des Hl. Geistes schon vor dem formalen Pfingstereignis auch die Frauen des Jüngerkreises um Jesus umfasste. Das hätte zur Folge, dass Jesus auch Frauen – eine Revolution in der damaligen Zeit – den Sendungs- und Bindungs-/Lösebefehl anvertraut hätte. Ich glaube, das passt hervorragend zu Jesus, der alle Konventionen in Liebe zu den Menschen durchbrach. Er hat wohl nicht nur Männer, sondern auch Frauen zu Seinen Nachfolgerinnen bestimmt und erwählt. Die katholische Kirche hinkt dieser Benchmark hinterher, was andere Konfessionen längst vollzogen haben. Aber die Erkenntnis ist angekommen. Hoffen wir auf die Umsetzung in Jesu Sinne. ER ist es Wert.

Die endgültige Offenbarung im Pfingstereignis war ebenfalls umfassend. Wir müssen die letzten offen erkennbaren Handlungen von Jesus höher bewerten, als seine Anfänge mit der evtl. ausschließlichen Berufung von Männern*); der historische Hintergrund wurde bereits erwähnt. Das Patriarchat hat spätestens mit der Erstinformation an eine Frau über den wichtigsten Glaubensurgrund des Christentums, nämlich der Auferstehung Jesu, ausgedient.

Mag man noch den Papst als Petrusnachfolger, also des Mannes Simon Petrus, männlich exklusiv akzeptieren – die Verkündung, die Lehre, die Sakramente sind mit Herabsenden des Hl. Geister auf den gesamten Jüngerkreis, der Frauen und Männer einschloss, für beide Geschlechter offen, für Christinnen und für Christen. Viele Probleme der katholischen Kirche fänden eine weitere Lösungsmöglichkeit mit der auch irdischen Ordinierung von Frauen – in der Umsetzung des pfingstlichen Aussendungsbefehls von Jesus, in dem Er den Hl. Geist auf alle Gläubigen ausgegossen hat – also auch praktisch als geschlechtsneutrales allgemeines Priestertum. Dass formale Ordination die Folge dessen sein muss, gerade im Sendungsbefehl Jesu, erscheint selbstverständlich und selbsterklärend.

*) Interessante Nebenbemerkung: Wir beklagen, dass im Koran die jüngeren Suren, die von Intoleranz gegen Andersgläubige geprägt sind, mehr Beachtung finden als die älteren aus den Anfängen, die Christen als Gläubige akzeptieren. Hier scheint Politisches im Koran durch, wenn man die Geschichte des Islams verfolgt. In der christlichen Kirche scheint es ähnlich.

Schlussfolgerung

Der Einwand, dass in den Evangelien nur über die Jünger (oft ist die grammatikalisch maskuline Wortform inklusiv und meint somit beide Geschlechter) berichtet wird, also mittels eines maskulinen Wortes, ist nicht wirklich stichhaltig. Einerseits waren offensichtlich Frauen anwesend, wie Lukas in der Apostelgeschichte berichtet, andererseits ist es eine Frau gewesen, die Jesus empfangen hat, Maria, ist es eine Frau gewesen, die Jesus als Auferstandenen als allererstes Menschenwesen sehen und mit Ihm sprechen durfte (Maria aus Magdala). Er hat sie dann ausgesandt, die Apostel bzw. Jünger über seine Auferstehung zu informieren. Das ist Sukzession, die bei Frauen beginnt. Dass Männer dabei helfen dürfen, nämlich als Apostel, ist Jesu Adaptation an die damaligen Verhältnisse mit seinem Zeugnisprivileg für Männer. Es hat Jahrhunderte gedauert bis zum Zeugnisrecht auch für Frauen. Jesus war definitiv schneller und hat Frauen zu Seinen Erstkontaktpersonen berufen. Jesus stellt ja überhaupt unsere menschliche Hierarchie auf den Kopf: Wer im Himmel der Größte sein will, ist auf Erden der, der am meisten dient.

Frauenordination nun als rein katholisches Problem abzutun, das Protestanten so nicht kennen, ist so nicht richtig. Zwar gibt es schon lange weibliche evangelische Pfarrerinnen. Jedoch – erst 1992 wurde eine Frau zur ersten lutherischen Bischöfin der Welt gewählt -Maria Jepsen in Hamburg. Es hatte bis dahin in ihrer eigenen

213

Konfession viele Widerstände gegen eine Bischöfin gegeben – und selbst noch nach ihrer Ordination. Fazit für mich – Kirche – egal welcher Konfession – muss über weibliche Ordination nachdenken und zwar nicht verbum e verbo, sondern sensus de sensu – also nicht unter formal-menschlicher, damit eingeschränkter Sichtweise, sondern unter Jesu, also umfassender, weil göttlicher Sichtweise. Dann kann es nur eine Folge geben: Gott ist für alle Menschen da, unabhängig vom Geschlecht. Damit ist die Nachfolge auch nur von Ihm abhängig, nicht von ein paar menschlichen Sonderchromosomen XX bzw. XY. Immerhin hat Gott auch diese geschaffen.

Folgerichtig: Wer am besten Zeugnis über Jesus, seine Inkarnation und Auferstehung, ablegen kann, ist ein Mitglied der Gesellschaft, das am geringsten geachtet wurde; damals waren das Frauen. Dass aber gerade von Ihnen die Kardinalpunkte unseres Glaubens bezeugt werden, ist evident. Sie sind Cardo des Christentums – oft ohne formale Umsetzung. Das ist m.E. eine Missachtung, zumindest ein Missverständnis von Jesu Botschaft und Handeln. ER hat den Hl. Geist, Seinen Hl. Geist, auf das gesamte Christenvolk ausgesandt. Wer immer Ihn annimmt, ist damit vom Hl. Geist erfüllt – chromosomenunabhängig.

Ausgießung des Hl. Geistes

Noch ein Wort an dieser Stelle zur Ausgießung des Hl. Geistes: Es gibt zwei Versionen, nämlich die, die uns allen durch das Pfingstfest geläufig ist. In Apg 2,1-11 wird das Herabkommen des Hl. Geistes als Brausen wie von einem Sturm geschildert. Der Geist sorgt dann für Verständigung, in dem Er die Rede der Apostel, also wohl auch die bekannte Pfingstrede von Petrus, simultan in viele verschiedene Sprachen übersetzt – immerhin 17 verschiedene Sprachen werden wörtlich aufgeführt. Will wohl heißen, dass die Pfingstbotschaft des

Dreifaltigen Gottes für alle Menschen da ist und für alle Menschen auch verständlich ist. Die Folge ist durchaus als Beginn der Kirchenentstehung zu begreifen.

Aber es gibt auch die Stelle aus dem Johannes-Evangelium, nämlich Joh 20,19-23. Das ist eine andere Ausgießung. Die Objekte sind nämlich nur 11 Männer, nämlich die übrig gebliebenen Apostel mit -weiblicher - Begleitung. Jesus war, wenn man der Schilderung des Johannes glaubt, nach Seiner Auferstehung erstmals den Jüngern hinter verschlossenen Türen erschienen. ER wünschte ihnen den Friedensgruß und zeigte ihnen Seine Hände und Seine Seite – als Beleg, dass Er es ist. Eines der nächsten Worte ist dann: *Wie mich der Vater gesandt hat, so sende ich euch.* Dann hauchte Er sie an und gab ihnen damit den Hl. Geist und die Aufgabe, über Sünden und Sünder zu entscheiden. Wenn das an dieser Stelle steht, dann sind Ostern – Auferstehung und Ausgießung des Hl. Geistes Parallelitäten, die engst zusammengehören. Pfingsten ist in diesem Fall ein österliches Ereignis. Wie passen die beiden Stellen in Apg und Joh zusammen? Sie beschreiben vermutlich zwei Ereignisse – einmal das Ereignis aus dem Evangelium, das besagt, dass der Auferstandene über Seinen Geist weiterlebt. Ostern und Pfingsten sind hier unmittelbar miteinander verbunden. Zum zweiten muss aber der Geist auch auf die ganze Menschheit ausgegossen werden. Jesu Versprechen gegenüber Seinem engsten Kreis zieht nun „weitere Kreise" und wird zur Erlösungsbotschaft für alle Menschen, die an den dreifaltigen Gott glauben und Ihm vertrauen. Der Hl. Geist ist nach dem öffentlichen Pfingstereignis nicht mehr privatissime, sondern coram publico erfahrbar. Damit ist Er ebenfalls für Frauen – und wie gezeigt, gerade für sie mit wesentlichen Besonderheiten – erfahrbar und gültig; Er nimmt sie in Seinen Auftrag hinein.

Glauben oder Sehen?

Die Berufung des Simon Petrus an die Spitze der so gegründeten Kirche wird im Johannesevangelium ebenfalls beschrieben. Zuvor kommt noch die Perikope mit Thomas. Weil er bei der ersten Erscheinung mit Ausgießen des Geistes nicht persönlich anwesend war, zweifelte er und bat um einen unwiderlegbaren Beweis. Jesus tut ihm den Gefallen, aber mit einer Ermahnung: *Streck deine Finger hierher aus und sieh meine Hände. Streck deine Hand aus und leg sie in meine Seite und sei nicht ungläubig, sondern gläubig.* Thomas erkennt nun Jesus und nennt Ihn zurecht: mein Herr und mein Gott. Jesu Antwort: *Weil du mich gesehen hast glaubst du.* ***Selig sind, die nicht sehen und doch glauben.***

Wir alle sind mehr oder weniger in der Position von Thomas. Wir können Jesus ja nicht mit unseren Augen sehen. Stimmt das wirklich? Nun, mit den beiden Hochleistungsorganen in unserem Kopf, mit denen wir elektromagnetische Wellen aufnehmen, ins Gehirn schicken und uns dann ein Bild daraus machen – mit diesen Augen können wir Jesus nicht sehen. Stimmt. Aber – ja aber – wir wissen, dass wir manchmal Dinge, die wir mit offenen Augen vor unseren Augen sich abspielen sehen, nicht wahrnehmen. Wir übersehen sie wiewohl wir sie physikalisch perzeptiert haben. Aber wir wissen ebenfalls, dass es nicht ausreicht, diese Lichtquanten zu perzeptieren. Wir müssen sie im Sehzentrum umrechnen und lernen, dass dieses Ding da vor uns ein Baum ist, dass diese Wackelprodukt ein lebender Mensch ist etc. etc. Wir können also im physikalischen Sinne gar nicht sehen. Wir haben Umrechnen von Lichtquanten in Muster gelernt, die wir dann Baum, Mensch, Auto nennen. Da das die allermeisten Menschen so können, halten wir das für sehen. Aber das ist es gerade nicht. Sehen findet i.e.S. als Erkennen nur im Sehzentrum des Gehirns statt.

Wir kennen das, vergessen aber diese Tatsache. Sogar wenn wir realistisch träumen, lernen wir, dass wir etwas sehen und für real halten, war realiter gar nicht existiert, sondern ein Traum war. Aber dennoch – seit der Zeit der modernen Psychologie und Hirnforschung wissen wird, dass das genauso ein Erkennensvorgang ist wie das direkte physikalische Umrechnen der Lichtquanten. Träume sind keine Schäume, sondern Sehen unseres Gehirns in der Umrechnung von Erfahrung. Das das die Überprüfung mit der üblichen Realität oft nicht aushält – sei's drum. Oft, aber nicht immer. Wir kennen alle Geschichten, dass gute Ideen im Traum entstanden. Das Gehirn hat sie also gesehen.

Wenn wir folglich von dem physikalisch/physiologisch engen Begriff des Sehens absehen und ihn auf Erkennen erweitern, denn das ist das eigentliche Sehen, dann können wir auch Gott sehen. Nicht so, wie den Baum oder das Auto vor unserer Nase, aber so überzeugend, dass wir dann genauso sicher wissen, dass ER lebt. Das ist dann Glaube.

Ich glaube!

Wir müssen nur verhindern, dass wir das Erkennen in den Lichtquantenperzeptionsorganen für die alleinige Wahrheit halten. Das Begreifen dessen, was im Sehzentrum ermittelt wird, - das ist die eigentliche Realität.

So verstehen wir, dass Jesus bei den Emmausjüngern lange da war, gesehen wurde mit den Augen, aber nicht erkannt wurde. Erst als Er mit der für Ihn typischen Handlung des Brotbrechens das Erkennen ermöglichte, wurde Er von den Jüngern erkannt – aber dann mit den irdischen Augen nicht mehr quantentechnisch gesehen.

So verstehen wir auch, dass Josef seinerzeit nach dem Traum die junge Maria, wiewohl sie nicht von ihm schwanger war, doch angenommen hat als Frau. Josef hat exemplarisch erkannt, was er nicht mit den anatomischen Augen gesehen hat, nämlich, dass Maria vom Hl. Geist schwanger geworden war. Josef hat auch

217

erkannt, dass er seinen Augen weniger trauen darf als seiner Erkenntnis. Denn mit den Augen hat er den dicken Bauch von Maria gesehen und auch gewusst, dass er daran nicht beteiligt war. Josef ist das Paradebeispiel für einen Menschen, der seinen Augen im besten Sinne des Wortes nicht traut, sondern seinem Erkennen des Hintergrunds. Das ist wahres Sehen.

Deshalb sagt Jesus zurecht: Selig sind, die nicht sehen (mit den Lichtperzeptionsorganen) und doch glauben (weil sie erkennen).

Hier endet das formale Johannesevangelium. Das ist auch durchaus verständlich, weil darin die unmittelbaren Handlungen des Jesus in menschlich-leiblicher Gestalt berichtet werden, vor allem gerade auch Seine Selbstaussagen zu seiner immanenten Göttlichkeit.

Aber wir wissen aus den synoptischen Evangelien und anderen Schriften und Schriftfragmenten aus der damaligen Zeit, dass sich Jesus nach Seiner Auferstehung in Seinem verklärten Leib vielen Jüngerinnen und Jüngern gezeigt hat. Ein paar Begegnungen wurden schon erwähnt. Dem eigentlichen Evangelientext schließen sich noch Schriftstellen an wie der Epilog zu Petrus und dem Lieblingsjünger.

Fisch im See

Als die Fischer, also die Apostel, fischen gehen, weil der Alltag sie wiederhat und Jesus weg ist, scheitern sie mit ihren Fangbemühungen. Sie kommen morgens müde und erfolglos zurück und sehen Jesus am Ufer stehen: *Meine Kinder, habt ihr keinen Fisch zu essen?* fragt er sie. Sie verneinen, woraufhin Er sie wieder aufs Wasser schickt mit einer klaren Anweisung: *Werft das*

Netz auf der rechten Seite des Bootes aus und ihr werdet etwas finden. Sie tun es und machten einen riesigen Fang. Jesus demonstriert ihnen daraufhin, dass 153 Fische im Netz zappelten.

Die ganze Perikope ist auf den ersten Blick merkwürdig. Am einfachsten ist noch die Zahl 153 zu erklären: Damals lehrte ein Wissenschaftler, dass es auf der Welt 153 verschiedene Fischarten gäbe. Also bedeutet diese Metapher – alle Menschen können Jesus ins Netz gehen bzw. Seinen Menschenfischern. Ohne Unterschied.

Aber wieso erkannten die müden Fischer anfangs nicht, dass es Jesus war, der am Ufer stand? Scheinbar ist das wieder ein Sehproblem, wie schon weiter oben geschildert. Dass da ein Mann stand – klar. Aber dass das Jesus war, erkannten sie erst anhand der Handlungen des Mannes. So können auch wir zu Erkenntnis Gottes gelangen. Nicht alles Sehbare ist im Inneren verständlich, evident. Wir müssen das Gesehene bedenken, damit wir zur Erkenntnis kommen.

Merkwürdig ist dann auch der Satz des nackten Petrus. Nackt im Sinne von kleidungslos? Nackt im Sinne von unschicklich bekleidet? Nackt im metaphorischen Sinne? Gänzlich nackt ist wohl nicht anzunehmen, denn Petrus ist Jude. Anders als die Griechen haben sich Juden eigentlich immer irgendwie im Intimbereich bedeckt. Aber unmöglich ist diese völlig Kleiderlosigkeit nicht, denn einerseits gab es damals keine Badekleidung, wie wir sie heute kennen, Petrus hatte aber im Wasserbereich gearbeitet, also Landkleidung sicher nicht getragen, also evtl. auf jede nass werdende Kleidung verzichtet, immerhin waren er und seine Freunde unter sich; außerdem wäre die griechische „Kleiderordnung" denkbar gewesen, weil die Levante damals hellenistisch geprägt war. Unschicklich bekleidet würde die Kleidervorschriften der damaligen Zeit aus jüdischer Sichtweise betreffen – an Land sicherlich zu bedenken, aber bei der Arbeit auf dem See? Bleibt als Verständnis dieser Textstelle wohl am besten die Bedürfnishaftigkeit im übertragenen Sinne. Bedürftig der Nähe zu Jesus, den Petrus nach dessen Tod vermisst. Diesem Bedürfnis aber hilft Jesus ab, indem Er sie alle speist mit von Ihm vorbereiteten Brot und Fisch. Dabei offenbart Er sich seinen engsten Jünger und Aposteln als völlig real existierend. Das ist wohl die Bedeutung, dass die nackte Seele des Petrus von Jesus und Seinen Gaben bedeckt wird.

Dreifache Frage

Dann kommt die Stelle, die wir kennen. Petrus wird gefragt: *Petrus, Simon, Sohn des Johannes, liebst du mich mehr als diese?* Petrus bestätigt das. *Weide meine Lämmer*, ist Jesu Entgegnung. Nach der zweiten Frage und Petrus' Antwort sagt Jesus: *Weide meine Schafe.* Und Er fragt nochmals, ob Petrus Ihn liebe. Petrus ist von der dreifachen, gleichen Frage offensichtlich getroffen. Jesus entgegnet wieder: *Weide meine Schafe.*

Und weiter: *Amen, amen, ich sage dir: Als du jünger warst, hast du dich selbst gegürtet und gingst, wohin du wolltest. Wenn du aber alt geworden bist, wirst du deine Hände ausstrecken und ein andere wird dich gürten und dich führen, wohin du nicht willst.* Jesus schließt ab mit*: **Folge mir nach**.*

Angesichts der dreimaligen Verleugnung Jesu im Hof des Hohen Rates scheint die dreimalige Frage verständlich. Wichtiger ist wohl eher, dass Petrus durch die Dreimaligkeit innerlich getroffen wird. Jesus macht ihm daraufhin eine klare Ansage: einerseits den Auftrag, Seine Schafe zu weiden und ihm nachzufolgen, also uns Menschen zu führen und in Jesu Sinne und Namen zu lehren und somit Seine Kirche zu gründen. Anderseits sagt Jesus Seinem Apostel voraus, dass er sterben wird und wie. Petrus wurde gekreuzigt wie sein Herr. Ob mit dem Kopf nach unten, wie die Legende mitteilt, ist nicht verbürgt.

Schicksal des Lieblingsjüngers

Petrus fragte Jesus, was mit Johannes geschehen werde, erhält aber von Jesus keine Antwort: *Wenn ich will, dass er bleibt, bis ich komme, was geht das dich an? Du folge mir nach.*

Nochmals sehen wir die Berufung des Petrus zur Nachfolge. Wir wissen, dass Petrus vom zögerlichen Fischer von Fischen zum Menschenfischer wurde, wie Jesus ihm lange zuvor prophezeit hatte. Johannes lebte sehr lange als Leiter der Gemeinde in Ephesus, wo er wohl sein Evangelium schrieb.

Viele Begebenheiten, die in den sog. synoptischen Evangelien und auch in anderen Schriften wie dem Thomasevangelium und der sog. Logienquelle berichtet sind, finden sich im Johannesevangelium nicht expressis verbis wider, das macht dieses Evangelium besonders. Der entscheidende Unterschied zu den anderen Texten ist, dass mehr über Jesu Rede und Botschaft berichtet wird, weniger über historische Abläufe, wie sie denn waren. Das ist aber kein Widerspruch, sondern einfach eine andere Sichtweise auf unseren Herrn. Es ist gut, historisch Verbürgtes von Ihm zu wissen – Er war keine Märchenfigur aus Tausendundeiner Nacht. Jesus hat wirklich gelebt, das belegen auch außerchristliche Zeitzeugen, direkt und indirekt. Aber der historische Jesus ist nicht der Religionsgründer. Jesus war Zeit Seines Lebens ein frommer Jude.

Erst etwa zweihundert Jahre nach Seinem Tod trennten sich die formal jüdisch bleibenden Gemeinden von den Gemeinden neuen Typs, aus denen dann das spätere Christentum wurde.

Nachwort:

Für mich ging es in dieser vorliegenden Betrachtung nicht so sehr um den historischen Menschen, auch wenn es essentiell ist, dass Er wirklich unter uns gelebt hat. Für mich ging es um das Verständnis Seiner Botschaft; dazu habe ich versucht, das, was Johannes überliefert, so gut ich es aus heutiger Sichtweise kann, zu entschlüsseln und die Worte, die mehr der damaligen Redeweise und ihren damaligen Bildern entsprach, auf Heutige Sprache, auf heutiges Verstehen anzupassen/zu übersetzen/zu erklären. Ich hoffe, das ist mir einigermaßen gelungen, auch wenn ich weiß, dass kein Mensch, also auch ich nicht, Gott wirklich verstehen kann.

So bitte ich meine Leserschaft um Vergebung und Akzeptanz aus geschwisterlicher Toleranz; mir hat es jedenfalls geholfen, Jesus etwas besser zu verstehen, indem ich meine Gedanken niedergeschrieben habe.

Ich bitte auch darum, dass man nun aus theologischer Sichtweise heraus darauf verzichtet zu zeigen, dass die von mir hier benutzte wörtliche Rede Jesu nicht wirklich als Mitschrift das „Originals" zu werten ist, sondern als eine Art „Nachdichtung" dessen, was Johannes behalten hat. Ich weiß das.

Ich weiß, dass +/- 100 Jahre seit Jesu Tod vergangen sind, seit Johannes sein Evangelium schrieb. Ich weiß auch, dass ihm die sog. Logienquelle zumindest teilweise zugrunde lag. Ich weiß auch, dass der Autor des sog. Johannesevangeliums historisch korrekt betrachtet unbekannt ist und man erst später diese Schrift mit seinem Namen in Verbindung brachte; das gilt für alle Evangelien und entsprach dem damaligen Verfahren zur Herkunftsbezeichnung von Schriften aller Art. Ich weiß auch, dass es Stimmen gibt, die unter „Johannes" den Lieblingsapostel Jesu verstehen. Sinngemäß hat diese Ansicht einiges für sich – die Gedanken sind einfach anders als in den mehr geschichtlich berichtenden sog. synoptischen Evangelien; um diese besondere Gedankenwelt geht es aber in meinem Text. Zweifelsfrei bewiesen ist die Autorenschaft jedoch nicht.

Wem das aus historischer Sichtweise nicht gefällt, überlege bitte, dass ich immerhin die aktuelle (neue) offizielle sog. Einheitsübersetzung des Evangeliums zugrunde gelegt habe. Grob falsche oder diskrepante oder anderweitig unrichtige Passagen dürften aufgrund der kritisch durchgesehenen und offiziell kirchlich approbierten Bibelausgabe weitgehend ausgeschlossen sein; ich bewege mich damit wohl auf verlässlichem Boden.

Historisch betrachtet ist eine gewissen Unsicherheit also durchaus richtig erkannt, stehen Fragen offen. Aber ist das sooo wichtig? Für mich ist wichtig, dass wir in diesem sog. Johannesevangelium einen guten Bericht von Jesu Lehre und Denkweise haben. Wichtig ist auch, dass die Schreibweise „antik" ist, also nicht mehr unserem heutigen Sprachduktus entspricht und uns deshalb manchmal kopfschüttelnd oder ratlos zurücklässt. Deshalb ist es essentiell, diesen Stil zu erläutern. Außerdem ist es wichtig, die Hintergründe zu beleuchten. Dann nur wenn man weiß, in welchem Bezug etwas geschrieben ist, kann man den Textinhalt und seine Metaphern wirklich verstehen.

So ist meine Jesus-Biographie (bzw. mein Kommentar auf der Basis des Johannesevangeliums) kein Exegesebuch im eigentlichen Sinne, sondern ein Glaubensbuch, bei dem historisches, medizinisches, theologisches, naturwissenschaftliches Wissen (mir) geholfen hat, mich meinem Gott – unser aller Gott – persönlich zu nähern und an meinen Erkenntnissen Mitgläubige teilhaben zu lassen. In einer immer säkulareren Welt, die mit biblischen Texten und Inhalten Verständnisprobleme hat, ist gerade das umso wichtiger. Auch mir ging es manchmal so, bis ich die Inhalte und Hintergründe verstehen durfte und konnte. Möge also mein Weg anderen Menschen unserer Zeit helfen, die Bibel neu zu entdecken, weil sie von Gott berichtet. ER aber ist unser aller Ziel seit unserem ersten Atemzug auf Erden, ob wir das anerkennen oder erst lernen müssen.

Einmal mehr hatte ich, wie bei meinem letzten Buch, das Gefühl, dass ich wieder einen „Ghost writer" an meiner Seite hatte – den Hl. Geist. Er hat mich so manche Erkenntnis gelehrt, so manchen Zusammenhang aufgedeckt, so manche Verbindung erklärt. Dafür bin ich Ihm dankbar.

Textnachweis des Evangeliums:

Die Evangelien – Neue Einheitsübersetzung

Paulusschwester; Kath. Bibelanstalt Stuttgart 2016

Literaturhinweise:

Albrecht Kellner: Christsein ist keine Religion. SCM Witten, 2016

Stephan Lange: Begründet glauben. Neukirchener Verlag, 2017

Henry Nouwen: Du bist der geliebte Mensch. Herder 2015

St. Schreiber: Begleiter durch das Neue Testament, Patmos 2014

Angelika Strotmann: Der historische Jesus: eine Einführung. Utb 3553, 2. Auflage. 2015

Den CIC (Codes iuris cononici), Amor Laetitia und die Psalmen gibt es in zahlreichen Varianten, so dass ich hier keine Ausgabe hervorheben möchte

Anmerkung: Ich habe hier nur eine kleine Auswahl von Werken aufgeführt, nämlich dann, wenn sie meine Gedanken wesentlich beeinflusst haben. Wer mehr Literatur zu diesem Themenkreis sehen möchte, möge in das Literaturverzeichnis meines Buches schauen: Ist Glaube unmodern? BOD Norderstedt 2020

Ferner habe ich viele Informationen aus vielen Vorlesungen an der Kathol. Hochschule St. Georgen, Frankfurt/M. erhalten, die ebenfalls in das Buch eingeflossen sind.